오직 성령으로 충만함을 받으라 시와 찬송과 신령한 노래들로 서로 화답하며 너희의 마음으로 주께 노래하며 찬송하며 범사에 우리 주 예수 그리스도의 이름으로 항상 아버지 하나님께 감사하며 그리스도를 경외함으로 피차 복종하라 아내들이여 자기 남편에게 복종하기를 주께 하듯 하라 이는 남편이 아내의 머리 됨이 그리스도께서 교회의 머리 됨과 같음이니 그가 바로 몸의 구주시니라 그러므로 교회가 그리스도에게 하듯 아내들도 범사에 자기 남편에게 복종할지니라 남편들아 아내 사랑하기를 그리스도께서 교회를 사랑하시고 그 교회를 위하여 자신을 주심 같이 하라 이는 곧 물로 씻어 말씀으로 깨끗하게 하사 거룩하게 하시고 자기 앞에 영광스러운 교회로 세우사 티나 주름 잡힌 것이나 이런 것들이 없이 거룩하고 흠이 없게 하려 하심이라 이와 같이 남편들도 자기 아내 사랑하기를 자기 자신과 같이 할지니 자기 아내를 사랑하는 자는 자기를 사랑하는 것이라 누구든지 언제나 자기 육체를 미워하지 않고 오직 양육하여 보호하기를 그리스도께서 교회에게 함과 같이 하나니 우리는 그 몸의 지체임이라 그러므로 사람이 부모를 떠나 그의 아내와 합하여 그 둘이 한 육체가 될지니 이 비밀이 크도다 나는 그리스도와 교회에 대하여 말하노라 그러나 너희도 각각 자기의 아내 사랑하기를 자신 같이 하고 아내도 자기 남편을 존경하라

_에베소서 5장 18-33절

팀 켈러, 결혼을 말하다

The Meaning of Marriage

The Meaning of Marriage:
Facing the Complexities of Commitment with the Wisdom of God
by Timothy Keller with Kathy Keller
Copyright © 2011 by Timothy Keller with Kathy Keller
All rights reserved.

Korean Translation Copyright © 2014 by Duranno Press
This Korean edition published by arrangement with Timothy Keller with Kathy Keller
c/o McCormick & Williams, New York
through Duran Kim Agency, Seoul.

팀 켈러, 결혼을 말하다

지은이 | 팀 켈러
옮긴이 | 최종훈
초판 발행 | 2014. 5. 26.
116쇄 발행 | 2025. 3. 20.
등록번호 | 제1988-000080호
등록된 곳 | 서울특별시 용산구 서빙고로65길 38
발행처 | 사단법인 두란노서원
영업부 | 02)2078-3333 FAX | 080-749-3705
출판부 | 02)2078-3330

책값은 뒤표지에 있습니다.
ISBN 978-89-531-2050-1 03230

독자의 의견을 기다립니다.
tpress@duranno.com http://www.duranno.com

두란노서원은 바울 사도가 3차 전도 여행 때 에베소에서 성령 받은 제자들을 따로 세워 하나님의 말씀으로 양육
하던 장소입니다. 사도행전 19장 8-20절의 정신에 따라 첫째 목회자를 돕는 사역과 평신도를 훈련시키는 사역,
둘째 세계선교(TIM)와 문서선교(단행본·잡지) 사역, 셋째 예수문화 및 경배와 찬양 사역, 그리고 가정·상담 사역 등을
감당하고 있습니다. 1980년 12월 22일에 창립된 두란노서원은 주님 오실 때까지 이 사역들을 계속할 것입니다.

팀 켈러, 결혼을 말하다

팀 켈러 지음 | 최종훈 옮김

두란노

지난 40년 동안 친구가 되어준 이들,
삶의 여정이 갈리고 나뉘며 비록 몸은 멀어졌지만,
우리 부부와, 서로와, 그리고 첫사랑과
결코 멀리 떨어져본 적이 없는
아델르와 덕 캘훈 부부,
루이즈와 웨인 프레이저 부부,
게일과 게리 서머스 부부,
신디와 짐 위드머 부부에게
이 책을 드립니다.

contents

결혼, 그 영광스러운 비전을 위하여

> 모든 결혼을 만드신 최고의 창조주께서,
> 그대들의 마음을 하나로 묶으시느니라. (윌리엄 셰익스피어, 《헨리 5세》)

결혼한 이들을 위한 책

이 책은 땅속 깊이 박힌 세 갈래 뿌리를 가진 한 그루 나무에 빗댈 수 있다. 첫 갈래는 아내 캐시와 37년 동안 꾸려 온 결혼 생활이다. 아내는 이 책을 쓰는 데 많은 도움을 주었을 뿐만 아니라 6장을 직접 썼다. 아내와 나는 버크넬 대학에서 함께 공부하고 있던 처제, 수전(Susan)의 소개로 처음 만나게 되었다. 처제는 아내에게는 나에 대해, 내게는 아내에 대해 자주 이야기했다. C. S. 루이스가 쓴 《나니아 연대기》[1]에 깊은 영향을 받은 아내는 내게도 그 작품을 추천해 주라고 동생을 채근했다. 나는 그 책을 읽으며 적잖은 감동을 받았고 C. S. 루이스의 다른 책들도 찾아 읽었다. 1972년, 아내와 나는 나란히 보스턴 노스 쇼어(North Shore)에 있는 고든 콘웰 신학교에 입학했다. 그리고 얼마 지나지 않아서 루이스가 인간을 가까운 친구, 또는 그 이상으로 만들어 준다고 했던 '보이지 않는 끈'이 우리 사이에 존재한다는 것을 깨달았다.

> 눈치챘겠지만, 당신이 참으로 사랑하는 책들은 '보이지 않는 끈'으로 묶여 있다. 딱 꼬집어 말로 표현하지는 못해도 그것을 사랑할 수밖에 없게 만드는 공통적인 특성이 무엇인지 누구보다 잘 알 것이다. …어떤 '느낌'을 주는, 그러니까… 태어날 때부터 가슴 한 구석에 자리 잡은 어떤 갈망 같은 것을 알아차려 주는 누군가를 마침내 만나는 순간, 평생가는 우정이 형성된다.…[2]

우리의 우정은 로맨스와 약혼, 아슬아슬 부서질 것 같은 신혼을 거쳐 검증되고 내구성을 갖춘 원만한 결혼 생활로 이어졌다. 하지만 지금의 삶은 '돼지 앞의 진주 논쟁'과 '똥 기저귀 대전', '혼수로 장만한 식기 세트 박살내기' 등을 비롯해 허다한 우여곡절을 겪으며 이끌어 온 가족사의 소산일 따름이다. 행복한 결혼으로 가는 울퉁불퉁 험한 길의 이정표마다 이런저런 사건들이 있었다. 다들 그렇듯이 우리도 결혼 생활이 생각했던 것보다 훨씬 힘든 일임을 온몸으로 깨달았다. 결혼식은 "흔들리지 않는 토대(How Firm a Foundation)"라는 찬송가를 부르며 행진하는 것으로 마무리되었다. 당시는 그 가사가 고된 시련의 과정을 거쳐서 비로소 견고함에 이르는 결혼 생활의 진실을 얼마나 정확히 잘 표현했는지 감조차 잡지 못했다.

> 불같은 시험 지나서 참 길이 있으니,
> 한없는 은혜 흘러서 네 안에 넘치리.
> 내 너와 함께 있으니 수고도 복이라.
> 네 깊은 아픔 씻어내 정결케 하리라.[3]

이 책은 배우자와 함께 사는 하루하루가 늘 새로운 도전인 사람들, 결혼이라는 '불같은 시험'에 짓눌리지 않고 도리어 그것을 통해 성장하기 바라는 이들을 위한 길잡이이다.

결혼하지 않은 이들을 위한 책

미혼 남녀 수백만 명이 모여 사는 대도시에서 배우자 없이 혼자 사는 교인이 수천 명에 이르는 교회를 이끌었던 목회 경험이 이 책을 쓰는 데 사용된 두 번째 원천이다. 맨해튼에 있는 리디머 장로교회는 대형 교회로는 드물게 창립 이후 줄곧 싱글들이 절대 다수를 차지하고 있다. 출석 교인의 숫자가 4천 명을 막 넘었을 무렵, 유명한 교회 컨설팅 전문가에게 물었다. "교인들 가운데 미혼이 3천 명을 넘는 교회가 얼마나 많습니까?" 컨설턴트가 대답했다. "제가 알기론 이 교회뿐입니다."

　1980년대 후반, 뉴욕 시 한복판에서 사역하면서 서구 문화가 결혼에 대해 뿌리 깊은 모순 감정을 가지고 있다는 것을 확인하고는 깜짝깜짝 놀라곤 했다. 그래서 결혼은 기본적으로 재산과 소유의 문제라든지, 대단히 유동적이고 변하기 쉽다든지, 여성들에게는 개인의 정체성을 말살하고 억압하는 제도에 지나지 않는다든지, 인간 본연의 심리 상태와 맞지 않는다든지, 괜히 사랑을 복잡하게 만드는 '혼인 신고서 한 장'에 불과하다든지 하는 사회 전반에 깔려 있는 반대 의견에 귀를 기울이기 시작했다. 하지만 이런 반대 입장의 이면에는 결혼해서 가정을 꾸리고 살면서 겪은 저마다의 부정적인 경험들이 서로 첨예하게 충돌하고 있음을 발견하게 된다.

1991년 가을, 그러니까 뉴욕 시에서 사역한 지 얼마 안 되었을 즈음, 나는 9주간에 걸쳐 결혼에 관한 메시지를 시리즈로 전했다. 그만큼 뜨거운 반응과 격론을 불러일으킨 설교는 전무후무했다. 연속 설교의 첫 테이프를 끊기에 앞서, 나는 우선 교회 주류를 이루는 싱글들에게 긴 시간을 투자해 결혼에 관해 가르치는 이유부터 장황하게 해명해야 했다. 현재 미혼인 남녀들은 결혼의 현실과 가능성에 대해 지극히 사실적이면서도 영광스러운 비전을 품어야 한다는 취지였다.

이 글을 쓸 준비를 하면서 결혼에 관한 기독교 서적들을 수없이 읽었다. 대부분 결혼한 이들이 구체적인 어려움들을 헤쳐 나갈 수 있도록 돕는 데 초점을 맞추고 있었다. 이 책은 그런 점에서도 대단히 유용하겠지만, 으뜸가는 목표는 커플과 싱글 모두에게 성경이 가르치는 결혼관을 제시하는 데 있다. 커플들에게는 부부 생활을 망칠 수도 있는 그릇된 관점을 바로잡아 주고, 미혼 남녀들에게는 결혼에 대해 지나친 기대를 품거나 과도하게 외면하는 태도를 버리도록 하는 것이다. 아울러 독자들이 저마다 더 나은 배우자 상을 그리는 데도 적잖이 도움이 될 것이다.

성경에 근거한 책

이 책의 세 번째 재료이자 가장 기본적인 자료를 공급해 준 원천이 있다. 40여 년 전, 그러니까 신학교에 다니던 시절, 나는 아내와 함께 섹스, 성별, 결혼 등에 대해 성경이 어떻게 말하고 있는지 공부했었다. 이어서 15년에 걸쳐 그 가르침을 결혼 생활에 적용했다. 그리고 지난 25년 동안, 성경과 실생활에서 얻은 경험을 활용해 도시에서 살아가는 젊은이들에게 성과 결혼에 관한 지침을 주고, 격려하고, 상담하며, 교육했다. 이제 그 열매를 독자들과 나누려 한다.

하지만 기초 중의 기초는 역시 성경이다.

성경에는 그 무엇과도 비할 수 없는 인류만의 고유한 세 가지 제도가 등장한다. 가족과 교회, 그리고 국가다. 학교는 사회가 번영하는 데 결정적인 요소임에도 성경은 거기에 대해 단 한 마디 언급도 없다. 기업이나 박물관, 또는 병원에 관한 이야기도 없다. 사실 성경이 언급하거나 규정하지 않는 인류의 대단한 제도와 사업을 꼽자면 종류와 분야에 상관없이 거의 전부라고 해도 지나치지 않다. 덕분에 우리 인간들은 성경이 제시하는 인생의 보편적인 원리에 따라 마음껏 이런저런 틀과 일들을 만들어 내고 운영할 자유를 누리고 있다.

하지만 결혼은 다르다. 미국 장로교회에서 쓰는 《공동예배서(Book of Common Worship)》에 따르면, 하나님은 "인류의 안녕과 행복을 위해 결혼 제도를 만드셨다." 결혼은 청동기 후기에 재산권을 규정하는 방식으로 출발해서 오늘에 이른 것이 아니다. 성경은 창세기의 결혼(아담과 하와)으로 시작해서 계시록의 결혼(그리스도와 교회)으로 끝난다. 결혼은 하나님의 아이디어인 동시에 그 밑바닥에 깔린 특정한 인류 문화의 성격을 반영하는 인간의 제도이기도 하다. 그러나 결혼이라는 개념과 그 뿌리는 하나님께 있으므로 주님이 결혼을 어떻게 설계하셨는지 알려 주는 성경 말씀은 대단히 중요한 의미를 갖는다.

미국 장로교회의 결혼 예식에 "하나님이 제정하시고, 그분의 계명을 좇아 규정되었으며, 주 예수 그리스도가 복 주신 혼인"이란 표현이 등장하는 까닭이 여기에 있다. 창조주께서 친히 만드신 제도라면, 결혼하는 이들로서는 마땅히 그 목적을 알고 거기에 맞추려 노력해야 하지 않겠는가! 다른 일들은 다들 군말 없이 그렇게 한다. 자동차를 한 대 산다고 생각해 보자. 자동차, 그러니까 스스로 만들 수 있는 수준을 훨씬 뛰어넘는 이 기계를 넘겨받은 구매자는 딸려 온 매뉴얼을 꼼꼼히 읽어 보면서 제작자가 가르

13

치는 대로 관리하고 수리한다. 그렇게 하지 않았다간 끔찍한 일이 벌어질 수도 있기 때문이다.

하나님이나 성경을 모르면서도 행복한 결혼 생활을 꾸려가는 이들 가운데는 알게 모르게 전반적으로 주님의 가르침을 좇고 있는 경우가 허다하다. 그러나 의식적으로 그 의도에 따르는 편이 훨씬 낫다는 데는 두말이 필요가 없을 것이다. 성경 말씀이야말로 결혼의 의미와 의도를 제대로 파악할 수 있는 최상의 무대다.

이 책을 읽고 싶지만 성경이 하나님이 주신 권위 있는 말씀이라는 전제는 받아들이지 못하겠는가? 혹은 성경 말씀을 인정하고 동의하는 점들이 더러 있지만 섹스, 사랑, 결혼 등의 주제에 대해서는 쉽게 신뢰하지 못할 수도 있다. 성경의 지혜들이 지금의 서구의 감성주의와 상당한 차이가 있다고 생각하며, 성경이 섹스와 결혼 등의 주제를 다루는 데에 있어서는 상당히 구시대적이라고 여긴다. 그래서 우리 부부는 오랫동안 결혼의 온갖 면모를 시시콜콜 가르쳐 왔으며 결혼 예배를 인도하면서 결혼에 관해 입이 닳도록 이야기했다. 그러면서 깨달은 것이 있다. 기독교 신앙을 갖지 않거나, 심지어 성경의 관점을 전혀 인정하지 않는 이들조차도 진리의 말씀이 각자의 형편에 딱 들어맞거나 정곡을 찌르고 있다는 사실에 놀라워하는 이들이 수두룩하다는 점이다. 예식이 끝난 뒤에 "예수를 믿지는 않지만, 여태껏 결혼에 관해 이처럼 유익하고 구체적인 얘기는 들어 본 적이 없군요"라고 고백하는 이들이 얼마나 많은지 모른다.

결혼에 대해 바른 시각을 갖기는 말처럼 간단한 일이 아니다. 저마다 개인적인 경험이라는 왜곡된 렌즈를 통해 바라볼 수밖에 없기 때문이다. 부모가 성숙하고 화목하게 결혼 생활을 이끈, 대단히 안정적인 가정에서 성장했다면 '매사가 쉬워' 보일지 모르지만 막상 스스로 가정을 이루게 되면 대단한 노력을 쏟아 부어야 변치 않는 관계를 형성할 수 있다는 사실에 충격을 받을 것이다. 반면 불행했던 가정이나 이혼 과정을 지켜본 경험이 있다면, 아이든 어른이든 지나치게 경계하거나 비관적인 결혼관을 갖게 된다. 관계가 어그러질지 모른다는 두려움에 지레 겁을 먹고 있다가 정말 비슷한 일이 벌어지면 기다렸다는 듯 "그러면 그렇지!"라고 탄식하면서 포기해 버리는 식이다. 결혼에 관해 어떤 부류의 경험을 가지고 있든지 진리의 기초가 없다면 결국 그릇된 마음가짐을 갖게 될 뿐이다.

그렇다면 도대체 결혼에 대해 종합적이고 포괄적인 시각을 어디서 얻어야 한다는 말인가? 시중에는 이미 방법론을 제시하는 책들이 숱하게 나와 있고 적잖이 도움을 주는 것도 사실이다. 하지만 결혼 생활을 안내하는 매뉴얼들은 몇 해만 지나도 구식이 되어 버리곤 한다. 반면 성경이라면 오랜 세월에 걸쳐 다양한 문화권의 수많은 이들을 통해 검증된 가르침을 얻을 수 있을 것이다.

놀라운 약속들로 가득하다

바울이 에베소서 5장에 설파하고 있는 위대한 가르침이 이 책의 뼈대를 이룬다. 사도의 메시지는 그 자체로도 풍성하고 온전하지만 결혼 문제를 다루는 또 하나의 중요한 성경 본문인 창세기 2장과 연결해서 해석하는 데도 그만이다.

1장에서는 바울의 주장을 오늘날의 문화적인 맥락에 맞춰 성경이 제시하는 두 가지 가장 기본적인 사상, 곧 결혼이란 창조주께서 친히 만드신 제도이며 예수 그리스도를 통해 인류를 구원하신 하나님의 사랑을 되비쳐 보여 주는 거울이라는 점을 짚어 본다. 따라서 복음은 결혼의 본질을 깨닫도록 이끌어 주며 결혼은 복음을 이해하는 데 큰 도움을 준다. 2장에서는 결혼한 부부가 성령님의 역사에 기대어 살아야 한다는 바울의 논지를 살펴본다. 성령님은 초자연적인 손길을 통해 각 사람의 심령 속에 그리스도의 구원 사역이 실현되도록 역사하신다. 그리고 결혼을 망치는 주적인 자기중심적인 마음가짐에 맞설 수 있게 도우신다. 부부가 서로 섬겨야 하는 것은 당연한 이야기지만, 그러려면 반드시 성령으로 충만해져야 한다.

3장에서는 결혼의 핵심이자 전부인 이른바 '사랑'으로 들어간다. 그런데 사랑이란 도대체 무엇일까? 여기서는 사랑의 감정과 사랑의 행동, 그리고 로맨틱한 열정과 언약적인 헌신(covenantal commitment) 사이의 상관관계를 알아본다. 4장에서는 혼인의 목적이 어디에 있는지 되새겨보려 한다. 결혼은 영적으로 친구가 된

두 사람이 서로 도와가며 하나님이 설계하신 존재로 변해 가는 길을 모색하는 것이다. 여기서 우리는 '거룩함'의 건너편에 새롭고 더 심오한 차원의 행복이 있음을 알게 될 것이다.

5장은 힘을 모아 그 여정을 가는 데 도움이 될 만한 세 가지 기초적인 기술을 소개한다. 6장에서는 결혼이 남성과 여성이 상대방의 성적인 차이점을 받아들이고 그를 통해 더 성숙해져 가는 현장이라는 기독교의 가르침에 관해 이야기한다.

7장은 싱글들로 하여금 이 책의 내용을 활용해서 독신 생활을 규모 있게 꾸려 가고 결혼 문제를 지혜롭게 판단하도록 돕는 데 초점을 맞춘다. 마지막으로 8장에서는 섹스를 다룬다. 성경이 섹스를 결혼의 울타리 안에 한정하는 까닭은 무엇인가? 성경적인 시각을 받아들인다면 싱글의 성생활은 어떠해야 하며 결혼한 부부의 경우는 또 어떠한가?[4]

이 책을 읽어 나가는 사이에 독자들은 그리스도인의 결혼관 전반을 살펴보게 된다. 앞서 말한 바와 같이 복잡하지 않은 성경 내용에 그 토대를 두었다. 이는 결혼한 남성과 여성 사이에 평생 지속되는 일부일처 관계로 규정한다는 의미다. 성경에 따르면, 하나님은 결혼을 통해 그리스도의 사랑을 보여 주시고, 우리의 성품을 다듬으며, 자녀들을 낳아 양육할 수 있는 안정적인 인간 공동체를 조성하고, 상호보완적인 두 성을 가진 인간이 죽는 날까지 삶의 전 영역에서 연합할 수 있도록 만드셨다. 따라서 그리스도인의 결혼은 동성 사이에 형성될 수 있는 모종의 관계들과는 차원이

다르다. 성경의 저자들은 한 목소리로 그 점을 강조한다. 그러므로 동성애라는 주제를 따로 언급하지 않더라도 이 책 전반에 동일한 사상이 흐르고 있다고 보면 된다.

　결혼에 대한 성경의 가르침은 특정한 문화나 시대를 지배했던 사고방식을 보여 주는 데 국한되지 않는다. 따라서 개인의 자유를 최대한 보장하는 것만이 행복해지는 비결이라는 서구 문화의 내러티브에 정면으로 도전한다. 동시에 결혼하지 않은 성인을 미숙한 존재로 보는 전통적인 사고방식 또한 반대한다. 일부다처제는 당대에 보편적으로 인정받는 문화적인 관습이었다. 하지만 창세기는 그 관습이 가족관계 속에서 빚어낸 참상과 혼란은 물론이고 고통(여성들에게 유난히 심했던)까지 생생하게 묘사하며 비판의 고삐를 늦추지 않는다. 신약 성경의 기자들은 장기간에 걸친 독신생활 또한 합법적인 삶의 방식임을 부각시켰다. 이방 세계에서는 꿈도 꿔보지 못했던 놀라운 주장이었다. 성경 저자들은 당시의 문화적 신념을 해묵은 풍속과 관습의 산물 이상으로 파악하고 사사건건 그에 도전하는 가르침을 제시했던 셈이다.

　그러므로 성경의 결혼관을 피상적인 퇴행이나 낙후된 문화사상쯤으로 치부해서는 안 된다. 도리어 실천적이며 현실적이고 숨이 멎도록 놀라운 약속들로 가득한 가치관이라는 관점으로 보는 편이 더 타당하다. 더구나 그런 통찰들을 깔끔한 서술은 물론이고 멋진 이야기와 감동적인 노래라는 그릇에 담고 있으니 얼마나 근사한가![5] 개인적인 두려움이나 낭만적인 시선, 특별한 경험,

18

편협한 문화적 시각을 통하는 대신 성경의 렌즈 너머로 결혼을 들여다보지 않는 한, 언젠가 마주하게 될 결혼과 관련하여 총명한 결정을 내리기 어려울 것이다.

Timothy Keller

,

part 1 ~~~~~~~~

The
Meaning
of
Marriage

결혼은 현실이다

01 결혼에 대한 잘못된 시각을 바로잡으라

그러므로 사람이 부모를 떠나 그의 아내와 합하여
그 둘이 한 육체가 될지니 이 비밀이 크도다(엡 5:31-32).

우리는 결혼에 대한 감상적인 이야기들을 지겨울 정도로 자주 듣는다. 결혼식에서, 교회에서, 유년 주일 학교에서 우리가 들었던 결혼 이야기들을 모두 모아 본다면 세상에 뿌려진 청첩장만큼이나 어마어마한 양이 될 것이다. 결혼에는 다양한 양상이 존재함에도 사람들은 오직 감정적인 면만 있는 것처럼 떠들어 댄다. 결혼은 분명 영광스러운 일이지만 고단한 과정이기도 하다. 가슴 벅찬 환희와 샘솟는 기운을 의미하기도 하지만 피와 땀, 눈물, 참담한 패배와 상처뿐인 승리를 뜻하기도 한다. 내가 아는 결혼 중에 몇 주를 넘긴 결혼 치고 동화 속 이야기 같은 결혼은 없다. 그러니 대다수 부부들은 온종일 서로를 이해하려는 길고도 힘든 씨름을 벌이다 잠자리에 누워 탄식한다. "그래 결혼은 엄청난 미스터리야. 도무지 모르겠어!" 더러는 결혼이 마치 풀리지 않는 퍼즐이나 한번 들어가면 길을 잃고 마는 미로 같다는 느낌이 들기도 한다.

그런 사정들을 모르지 않지만, 그럼에도 불구하고 결혼보다 더 위대하고 중요한 인간관계는 없다. 성경은 하나님 자신이 첫 번째 결혼을 주재하셨다(창 2:22-25)고 말한다. 여자를 본 남자는 "드디어!"라는 탄성과 함께 시를 쏟아냈다. 본문은 하나님과의 교제가 시작되자마자 등장한 결혼 제도야말로 그 무엇과도 비교할 수 없는 심오한 관계임을 웅변하고 있다. 이는 배우자를 알고 사랑하는 것이 하나님을 아는 것과 마찬가지로 힘들고 고통스럽지만 보람 있고 경이로운 일인 까닭이다.

한없이 고통스럽지만 그만큼 근사한 일, 이것이 성경의 결혼관이다. 그리고 지금이야말로 그런 결혼의 정신을 드높이며 문화 전반에 걸쳐 그 중요성을 깊이 인식하는 것이 어느 때보다 절박한 시점이다.

바닥으로 곤두박질치는 결혼

지난 40년 동안, 미국의 '결혼 선행 지표'(leading marriage indicators,

결혼 건전성과 만족도를 나타내는 실증적 자료)는 지속적인 하락세를 보여 왔다.[1] 이혼율은 1960년대의 두 배 가까이 치솟았다.[2] 1970년대만 해도 결혼한 부부 사이에서 태어나는 신생아의 비율이 89퍼센트였지만 지금은 60퍼센트 정도에 그친다.[3] 무엇보다 두드러지는 사실은 1960년대에는 미국 내 성인 중 72퍼센트가 결혼을 했지만 2008년에 와서는 50퍼센트 어간에 머문다는 점이다.[4]

이런 지표들은 결혼에 대한 경계심과 비관적인 사고방식이 우리 문화 속에, 특히 젊은 세대들 사이에 점점 더 깊이 뿌리내리고 있다는 것을 반증해 준다. 젊은이들은 행복한 결혼 생활을 유지할 가능성이 그다지 높지 않다고 생각하며, 이미 안정된 관계를 유지하고 있는 부부들조차도 성적(性的)으로 따분해질 날이 올지도 모른다는 두려움을 떨쳐 버리지 못하고 있다. 코미디언 크리스 록(Chris Rock)이 던진 질문 그대로다. "싱글로 외롭게 사시겠어요? 아니면 결혼해서 지겹게 사실래요?" 상당수 젊은이들은 이 두 가지 외에는 선택의 여지가 없다고 믿는다. 결혼과 단순히 성적인 욕구를 채우기 위한 만남 사이의 중간 지점(성 파트너와 동거하는 형식)을 오가는 이들이 늘어나는 것은 당연한 귀결일지도 모르겠다.

지난 30년 간, 그런 관행이 폭발적으로 증가하여 이제는 절반 이상의 젊은이들이 결혼하지 않고 동거를 택한다. 1960년대에는 문자 그대로 아무도 그러지 않았다.[5] 이제는 25세부터 39세 사이의 결혼하지 않은 여성 가운데 4분의 1이 이성 파트너와 함께 살고 있으며, 그 가운데 60퍼센트 정도는 30대 후반부터 그런 생활을 시작한다. 이런 일이 가능하게 된 이유는 그들 사이에 광범위하게 퍼져 있는 몇 가지 믿음들 때문이다.

우선 결혼 생활은 십중팔구 불행하다는 편견이다. 이 편견은 결혼의 50퍼센트는 이혼으로 마무리되며 나머지 절반 중에서도 비참하게 사는 경우가 상당수에 이르는 현실이 그 근거가 된다. 따라서 결혼하기 전에 함께 살아보는 것이 보다 나은 배우자를 선택하는 데 도움을 준다고 생각하는 이들이 많아졌다. 그들은 결정을 내리기 전에 그 선택이 과연 최선인지 확인하는 것이 도움이 된다고 주장한다. 동거를 통해 상대에게 정말 끌리는지, 이른바 '화학반응'이 충분한지 파악할 수 있다는 것이다. 갤럽이 실시한 '결혼에 관한 국민 의식 조사'에서 한 남성은 이렇게 밝혔다. "주위를 둘러보면 함께 살아보지 않고 서둘러 결혼부터 한 사람들은 하나 같이 금방 이혼을 하더군요."[6]

하지만 이런 신념이나 가정들에 내재된 문제점은 그것들이 부분적으로 혹은 전체적으로 완전히 틀렸다는 데 있다.

결혼이 주는 엄청난 유익들

갤럽 조사에 응답한 젊은이들의 반응에도 불구하고, "실제로는 혼전 동거 커플들은 결혼한 뒤에 결별할 확률이 그렇지 않은 커플보다 더 높다."[7] 부모의 이혼이라는 고통스러운 경험을 가진 이들이 동거를 선택하는 것은 얼마든지 납득할 수 있는 반응이다. 하지만 현실로 드러난 결과를 보자면, '동거'라는 처방은 질병처럼 치부되고 있는 결혼보다 더 심각한 피해를 끼치고 있는 것이 분명하다.[8]

흔히 접하게 되는 또 다른 가정 역시 잘못되긴 마찬가지다. 결혼한 부부의 45퍼센트가 이혼이라는 결론에 이르는 것은 어김없는 사실이지만 그 가운데 열여덟 살이 되기 전에 고등학교를 중퇴하고 혼전 임신을 한 커플의 비율이 매우 높다는 점을 기억할 필요가 있다. "그러므로 교육 과정을 잘 마치고 적절한 수입이 있으며, 온전한 가정에서 성장하고, 신앙을 가졌으며, 25세 이후에 결혼해서 첫 아기를 낳은 부부의 이혼율은 현저하게 떨어진다."[9]

많은 젊은이들이 결혼 전 동거를 선택하는 데는 경제적인 이유도 크다. 경제적으로 어느 정도 기반을 잡은 후 집 한 칸이라도 장만할 여유가 있을 때 결혼을 하겠다는 의도다.[10] 결혼하게 되면 경제적으로 쪼들리게 마련이라는 전제가 깔린 이야기다. 하지만 전문가들의 연구 결과는 이른바 "결혼이 가져오는 놀라운 경제적 이익"[11]이 있음을 보여 준다. 1992년에 나온 은퇴자 현황 조사에 따르면, 지속적으로 결혼 생활을 해온 이들은 현직에서 물러나는 시점을 기준으로 했을 때 평생 결혼한 적이 없거나 이혼한 뒤에 재혼하지 않은 이들보다 재정 상태가 평균 75퍼센트 정도 더 양호하다고 한다. 특히 눈길을 끄는 대목은, 결혼한 남성의 경우 비슷한 교육 수준과 경력을 가진 다른 이들보다 10-40퍼센트 정도 더 많은 수입을 올린다는 사실이다.

어째서 이런 결과가 나오는 것일까? 결혼한 이들이 신체적으로나 정신적으로 훨씬 더 건강한 생활을 영위한다는 점도 여기에 적잖은 영향을 미쳤으리라 본다. 아울러 결혼은 절망적인 상황이나 질병을 포함해 여러 어려움들을 무난히 처리하도록 돕는 고성능 '충격 흡수 장치'를 제공한다. 그만큼 신속하게 평형상태를 회복할 수 있는 셈이다. 하지만 수입이 늘어나는 요인은 아마도 학자들이 '부부간의 사회 규범'이라고 부르는 데 있을 것이다. 연구 결과들을 보면 부부는 서로를 통해 보다 높은 수준의 책임감과 자기 훈련을 습득하게 된다. 이는 다른 가족 구성원이나 친구들 사이에서는 일어나지 않는 반응이다. 간단한 예를 들어 보자. 싱글들은 누군가 책임져 주는 이가 없으므로 내키는 대로 무분별하게 돈을 쓸 수 있다. 하지만 결혼한 이들은 서로를 위해 눈앞의 즐거움을 미루고 저금이나 투자를 하게 된다. 그 어느 것도 결혼처럼 성품을 성숙하게 만들지는 않을 것이다.

어쩌면 젊은이들이 결혼을 주저하는 주요인은 대다수 부부가 불행한 결혼 생활을 근근이 이어가고 있다는 선입견일지도 모른다. 전형적인 본보기가 될 만한 글 한 편이 인터넷 포털 사이트에 올라왔다. 야후의 〈토론마당〉에 스물네 살 된 남성이 절대로 결혼하지 않겠다는 포스트를 올렸다. 지난 몇 달 동안 기혼 친구들에게 그런 얘길 했더니 다들 웃음을 터트리며 부러워하더라고 했다. 정말 똑똑한 생각이란 칭찬도 받았다. 청년은 기혼남녀 가운데 적어도 70퍼센트는 불행한 관계를 이어가고 있을 것이라고 결론지었다. 한 젊은 여성은 그 근거 없는 이야기에 동의하는 댓

글을 달았다. 자기 주위의 결혼한 이들을 되짚어 보면 딱 들어맞는 수치라는 것이다. "부부 열 쌍 가운데… 일곱은 지옥 못지않게 끔찍한 생활을 하고 있다"는 말로 운을 뗀 그는 이렇게 덧붙였다. "내년에 결혼할 작정이다. 약혼자를 사랑하지만 형편이 달라지면 주저 없이 갈라설 것이다."[12]

최근 〈뉴욕 타임스 매거진〉은 데이나 애덤 샤피로(Dana Adam Shapiro)의 신작 영화, 〈모노거미(Monogamy)〉에 관한 기사를 실었다.[13] 2008년, 감독은 30대 어간의 기혼 친구들 가운데 상당수가 파경을 맞고 있다는 데 생각이 미쳤다. 이에 대한 영화를 준비하면서, 샤피로는 결혼 생활이 파국으로 치닫는 과정을 육성으로 기록하기로 했다. 자신의 결혼 관계가 해체되는 것을 지켜본 이들과 50건에 이르는 심층 인터뷰를 진행하기로 한 것이다. 하지만 오랫동안 지속되고 있는 행복한 결혼에 관해서는 아무런 조사도 하지 않았다. 까닭을 묻는 기자에게 감독은 톨스토이의 말을 인용했다. "행복한 부부들은 죄다 똑같다. 굳이 말하자면 그저 지루할 따름이다."[14] 기자는 이렇게 글을 맺었다. "그러므로 이 영화가 종말론적인 시각까지는 아니더라도 대단히 음울한 눈으로 관계를 바라보고 있음은 놀랄 일이 아니다." 영화는 서로 깊이 사랑하면서도 '행동으로 옮기지 못하는' 두 사람을 그리고 있다. 감독은 또 다른 인터뷰에서도 두 현대인이 상대방의 개인성과 자유를 억압하지 않고 서로 사랑하는 것이 불가능하지는 않겠지만 더없이 힘든 일임에 틀림없다는 주장을 되풀이했다. 기자는 이를 두고, 언젠가 결혼할 작정이고 이번 영화가 결혼에 반대하는 입장을 표방한다고 생각하지도 않지만 스스로 결혼 생활을 꾸려본 경험이 전혀 없는 샤피로 감독은 일부일처제를 '어찌해야 좋을지 모를 만큼 힘든' 일로 보고 있는 것이 아닌가 싶다고 했다. 영화는 미국의 청년층, 특히 도시화가 훨씬 더 진전된 지역의 젊은이들의 전형적인 시각을 반영하고 있다.

맨해튼에서 수천 명의 싱글들이 출석하는 교회를 담임하는 목회자로서 세상의 뭇 미혼남녀들처럼 부정적인 결혼관을 가진 수많은 남녀 젊은이들과 대화를 나누곤 한다. 그들 역시 행복한 결혼의 가능성을 한없이 낮춰 잡는 경향이 뚜렷하다. 하지만 관련 연구들은 하나 같이 부부들 가운데 행복하다고 고백하는 이들의 비율이 높은 편이며(61-62퍼센트) 지난 10년 동안 그 수치가 거의 감소하지 않았다고 보고한다. 장기간에 걸친 추적 조사 결과는 더욱 놀랍다. 당장 만족감을 느끼지 못하는 부부라 할지라도 이혼하지 않고 결혼 상태를 유지하면 적어도 3분의 2정도는 5년 안에 행복해진다는 것이다.[15] 이를 근거로 시카고 대학 사회학과의 린다 웨이트(Linda J. Waite) 교수는 "이혼이 주는 유익이 지나치게 홍보된 감이 있다"고 지적한다.[16]

지난 20년 동안만 하더라도 지속적으로 결혼 관계를 유지하는 부부들의 생활 만족도가 싱글이나 이혼자, 또는 동거 상태인 이들보다 현저하게 높다는 증거들이 홍수처럼 쏟아져 나왔다.[17] 아울러 대다수 부부들이 결혼 생활에서 행복감을 느끼고 있으며 그렇지 않은 커플들이라 할지라도 이혼하지 않으면 차츰 만족스러운 관계로 회복하게 됨을 보여 준다. 뿐만 아니라, 결혼하고 가정을 꾸린 부모 밑에서 성장한 아이들은 그렇지 못한 친구들보다두세 배 긍정적인 삶을 살게 된다는 사실도 여실히 드러났다.[18] 따라서 결혼한다는 것과 결혼한 부모와 더불어 자라는 것이 행복의크기를 부풀리는 엄청난 힘이 된다는 결론에 대해서 누구도 토를달지 못할 것이다.

결혼의 역사가 바뀌고 있다

너나없이 결혼이 바람직한 일이며 행복해지는 길이라 여기던 시절이 있었지만, 지금은 사정이 많이 달라졌다. 버지니아 대학에서나온 '결혼에 대한 국민 의식 조사 보고서'는 이런 결론을 내놓는다. "고등학교 상급반 학생들 가운데, 3분의 1에 조금 못 미치는여학생과 3분의 1을 살짝 웃도는 남학생들만이… 혼자 살거나 다른 방도를 취하는 것보다 결혼하는 편이 훨씬 유리하다고 믿고 있다. 하지만 결혼에 대한 부정적인 자세는 결혼하는 편이 싱글로남거나 누군가와 동거만 하는 것에 비해 사회적으로뿐만 아니라개인적으로도 훨씬 유익함을 일관되게 보여 주는 온갖 실증적 증거들에 정면으로 배치된다."[19] 보고서는 대다수 청소년들이 가진결혼관은 이전 세대의 공감을 얻지 못하며 세계의 모든 주요 종교들의 가르침에 어긋날 뿐만 아니라 사회과학적인 방식으로 축적한 최신 증거들과도 상충된다고 지적한다.

그렇다면 이런 비관론은 어디서 비롯되었으며 현실과 멀찌감치 떨어지게 된 까닭은 어디에 있는가? 역설적이게도 결혼에 대한 비관적인 사고방식은 새로운 형태의 비현실적인 이상주의에 뿌리를 박고 있는 게 아닌가 싶다. 현대 문화가 결혼을 이해하는 방식이 큰 폭으로 변하면서 생긴 현상이란 뜻이다. 법학자 존 위트 주니어(John Witte, Jr.)는 "지난날 보편적으로 인정받았던 '서로 사랑하고 후손을 낳으며 안전을 보장하기 위해 영구적으로 약정된 연합'이라는 결혼의 이상은 차츰 물러가고 '양쪽 당사자의 개인적인 만족을 추구하기 위한 한시적인 성적 계약'이라는 새로운 현실이 그 자리를 차지하게 되었다."[20]

위트의 주장에 따르면, 서구 문명에는 결혼의 '형태와 기능'이 어떠해야 하는가를 두고 몇 갈래 대립되는 관점들이 존재한다. 우선 가톨릭과 프로테스탄트의 시각이다. 각론에서는 몇 가지 차이점들이 드러나지만, 두 진영 모두 남편과 아내가 평생 사랑하고 헌신하는 틀을 만드는 데 결혼의 목적이 있다고 가르친다. 두 남녀가 사사로운 충동과 관심을 억누르고 좋은 관계를 통해 하나님이 베푸시는 사랑을 드러내는 상징이 되고(가톨릭의 강조점) 공공의 유익을 도모하도록(프로테스탄트의 강조점) 단단히 결합되어 있다는 것이다. 개신교에서는 결혼을 그리스도인뿐만 아니라 온 인류를 이롭게 하기 위해 하나님이 주신 선물로 본다. 좀 더 구체적으로 설명하자면, 평생 지속되는 결혼 관계가 자녀들이 잘 성장하고 성숙할 수 있는 유일무이한 사회적 안정을 제공하는 제도라고 인식한다. 사회가 결혼이란 틀에 지대한 관심을 쏟았던 이유는 가정만큼 아이들을 잘 양육할 만한 환경이 그 어디에도 없기 때문이다.

그러나 계몽주의가 지배했던 18-19세기부터 전혀 다른 결혼관이 등장했다는 것이 위트의 설명이다. 이전의 문화는 구성원들에게 의무에서 의미를 찾으라고 가르쳤다. 저마다 부여받은 사회적 역할을 받아들이고 성실하게 수행하라는 것이다. 하지만 계몽주의의 영향이 확대되면서 흐름이 달라졌다. 인격적으로 자신에게 가장 만족스러운 삶을 선택하는 자유와 그 결과에서 삶의 의미를 찾게 된 것이다. 자기를 부정하고, 개인의 자유를 포기하며, 배우자와 가족에 대한 의무를 다하는 데서 정체감을 구하는 대신, 결혼을 통해 정서적이고 성적인 만족을 얻고 자아를 실현하는 마당으로 그 가치를 다시 설정하게 된 것이다.

이런 사고방식을 지지하는 이들은 결혼의 핵심이 거룩한 상징이라든지 더 넓은 인간 집단에 유익을 끼치도록 하나님이 주신 사회적 연대에 있다고 보지 않았다. 도리어 개인적인 만족을 도모하기 위해 양쪽 당사자가 맺은 계약으로 인식했다. 이런 관점에서 보자면, 부부는 하나님이나 사회에 대한 책임을 다하기 위해서가 아니라 오로지 자신만을 위해서 결혼한 존재들이다. 그러므로 남편이든 아내든, 교회나 전통, 또는 더 넓은 공동체가 요구함직한 책임 등은 전혀 신경 쓰지 않고 스스로에게 유익하다고 판단되는 방식으로만 결혼 생활을 이끌어 가게 된다. 간단히 말해서, 계몽주의는 결혼의 공적인 측면을 잘라내어 사유화할 뿐만 아니라, 하나님의 본성을 드러내거나, 또 다른 인격체를 빚어내거나, 자녀를 키우는 일과는 상관없이 개인적인 만족을 추구하는 쪽으로 그 의미를 다시 규정한다. 새로운 결혼관은 서서히, 그러나 확실하게 서구 문화의 주류가 되면서 구시대의 시각을 몰아냈다.

　이런 변화의 중심에는 강한 자의식이 들어 있다. 최근 칼럼니스트 타라 패커 포프(Tara Packer-Pope)는 〈뉴욕 타임스〉에 "행복한 결혼이란 '나'만을 내세우는 결혼인가?"라는 글을 기고했다.

> "부부가 모두 만족을 얻을 수 있는 결혼이 최고라는 의식은 반직관적인 듯하다. 결혼이란 본질적으로 관계를 으뜸으로 여기게 되어 있지 않은가? 하지만 현실은 그렇지 않다. 오랜 세월 동안 세상은 결혼을 경제사회적 제도로 보아 왔으며 배우자의 정서적, 지적 욕구는 그 제도가 존속하는 데 부차적인 요소라는 생각이 지배적이었다. 하지만 현대인들은 관계를 맺으면서 파트너십을 추구하며 삶을 더 흥미진진하게 만들어 줄… 그러니까 제각기 가치를 두는 목표에 도달하도록 도와줄 동반자를 구한다."[21]

이것은 그야말로 혁명적인 변화다. 패커 포프는 한 점 가감 없이 그 실상을 그려낸다. 지난날 결혼은 공익에 이바지하는 공적인 제도로 사용되었지만 이제는 개인의 만족을 위한 사사로운 계약이 되었다. '우리'의 문제가 아니라 '나 자신'이 중요해진 것이다.

하지만 아이러니컬하게도 이렇게 달라진 관점은 결혼에 대한 기대 수준을 끌어올려 배우자에게 치명적인 부담을 안기는 폐단을 낳게 되었다. 전통적인 결혼관으로는 상상조차 할 수 없었던 일이다. 결혼에 대한 비현실적인 동경과 감당하기 어려운 공포감 사이에서 절박하게 허우적거리는 신세가 된 것이다.

완벽한 '소울 메이트'를 찾아서 헤매다

바바라 대포 화이트헤드(Barbara Dafoe Whitehead)와 데이비드 파피노(David Popenoe)가 결혼에 대한 국민의식을 알아보기 위해 "남성들은 왜 헌신하지 않는가?"라는 제목으로 2002년에 실시한 의미심장한 연구 조사에서도 이런 기대의 실상을 또렷이 볼 수 있다.[22] 여성들은 종종 남성들을 겨냥해서 결혼을 두려워하는 '헌신 공포증' 환자라고 비난한다. 보고서를 작성한 저자들은 실제로 "남성들의 태도를 조사한 결과, 그런 일반적 견해를 뒷받침하는 증거가 적지 않다"고 말한다. 그리고는 남성들이 결혼을 기피하거나 최대한 미루면서 내세우는 온갖 이유들을 열거한다. 무엇보다 충격적인 점은 '찰떡같이 들어맞는' 상대, 이른바 '소울 메이트'를 만나기 전에는 결혼하지 않겠다고 응답한 남성이 허다했다는 사실이다. 이것은 도대체 무엇을 가리키는가?

나는 아내를 처음 만났을 때, 둘 사이에 공통점이 참 많다는 것을 한눈에 알아차렸다. 손으로 다 꼽을 수 없을 만큼 많은 책들을 같이 읽었고, 온갖 이야기와 주제들을 공유하고 있었으며, 삶을 생각하는 방식과 기쁨을 느끼는 지점이 비슷했다. 우리는 서로가 참다운 '동지'로서 깊은 우정을 가꿔 갈 상대가 될 수 있음을 금방 감지했다. 하지만 그것은 요즘 젊은이들이 말하는 것과는 다른 개념이었다. 화이트헤드와 파피노에 따르면, '찰떡같이 들어맞는 소울 메이트'가 되려면 두 가지 요소가 필수적이다.

첫째는 신체적인 매력과 성적인 끌림이다. 갓 이혼한 이들을 대상으로 한 샤피로 감독의 인터뷰 가운데 가장 두드러진 주제는 황홀한 섹스가 얼마나 결정적인가 하는 것이었다. 어느 여성은 "그이가 끝내주는 남자인 줄 알고 결혼했다"고 설명했다. 하지만 속상하게도 남편은 갈수록 살이 붙었고 언제부터인가 외모를 가꾸지 않았다. 허니문은 그렇게 끝났다. 그 여성이 상대를 알아가는 통로는 섹스뿐이었다. 정말 원할 때만 성관계를 갖는다는 원칙을 세웠지만 웬만해선 그런 마음이 들지 않았다. "일주일에 기껏해야 한 번, 아니면 그 이하가 보통이었어요. 다양하지도 않고 정신적이나 정서적인 만족도 없었죠. 섹스를 황홀하게 만드는 조급함이나 긴장감, 그러니까 상대방에게 강렬한 인상을 준다든지 유혹하고 싶다는 감정 같은 것도 없고요."[23]

여성의 시각에서 성적인 매력과 끌리는 감정은 잘 맞는 상대를 고르는 기본 요건이었다.

하지만 앞에서 소개한 의식 조사 결과에 따르면, 남성들은

성적인 매력을 넘버원으로 꼽지 않았다. 오히려 "자신을 있는 그
대로 받아주고 바꾸려 들지 않는 짝"[24]을 으뜸으로 쳤다. "이리저
리 달라지게 만들려고 노력하는 여성들에게 원망을 쏟아내는 남
성들이 얼마나 많은지 모른다. …'내 삶에 맞춰 줄 수 있는' 여성
이 최상의 신붓감이라고 거침없이 말하는 이들도 적지 않았다. 한
남성은 단언했다. '정말 천생연분을 만났다면, 아무것도 바꾸지
않고 살던 대로 쭉 살아도 괜찮을 것입니다.'"[25]

무엇이 남자를 남자답게 만드는가?

이는 과거와의 중대한 단절을 뜻한다. 전통적으로 남성들은 결혼
에 '인격 개조'의 성격이 상당 부분 내포되어 있음을 정확하게 인
식하고 혼인 관계에 들어갔다. 지난날에는 결혼을 통해 남자들을
'문명화'한다는 의식이 어느 정도 깔려 있었다. 남성은 여성에 비
해 훨씬 독립적이어서 상호 커뮤니케이션과 지지, 또는 팀워크가
필요한 관계를 형성할 마음과 자질이 부족하다는 것이 일반적인
통념이었다. 따라서 고전적인 결혼의 경우, 남자들에게 서로 의지
하는 새로운 관계를 세워 나가는 법을 배우는 것 또한 결혼의 주
요한 목적 가운데 하나였다.

결혼에 대한 인식 조사에서도 남성들은 결혼이 과거를 바로
잡을 수 있도록 마련된 제도라는 인식을 고스란히 드러냈다. 연구
자들은 남성들을 인터뷰하면서 또래 여성들이 생물학적으로 임신

이 불가능한 시점이 오기 전에 아이를 낳아야 한다는 압력을 받고 있다는 것을 아는지 물었다. 응답자들은 결혼을 차일피일 미루는 태도가 여성 파트너들을 더 어렵게 만들고 있음을 잘 알지만 안타깝게 여기지는 않았다. 어느 남성의 말처럼 "그건 여자들 사정"이라는 식이었다. 조사에 응한 대다수 남성들은 여성과의 관계가 눈곱만큼이라도 자신들의 자유를 제한해서는 안 된다는 단호한 입장을 보였다. 보고서는 다음과 같은 결론을 내렸다. "동거는 남성들로 하여금 집 안에서 안정적이고도 간편하게 여자 친구의 성적인 봉사를 받아가면서 다른 한편으로는… 한층 독립적인 생활을 즐기며 계속 더 나은 파트너를 물색하는 여건을 제공한다."[26]

〈뉴욕 타임스〉의 기명 칼럼에서 사라 립튼(Sara Lipton)은 성적으로 배우자에게 묶이지 않고 자유분방한 행적을 보이는 기혼 정치인들의 이름을 줄줄이 열거했다. 아널드 슈워제네거, 도미니크 스트로스칸, 마크 샌포드, 존 엔자인, 엘리엇 스피처, 뉴트 깅리치, 빌 클린턴, 앤터니 위너 같은 이들이 거론되었다. 자연적인 본능을 변화시키고, 격정을 통제하며, 개인적인 욕구를 부정하는 법을 배우고, 남을 위해 봉사한다는 전통적인 결혼의 목적에 하나같이 반기를 든 인물들이었다.

흔히들 본래 결혼이라는 것이 남자들의 본성과 어울리지 않는다는 식으로 이런 행태를 설명하곤 한다. 사내다운 남성일수록 결혼 생활이 순탄치 못하다고도 한다. "잘난 남자들에게는 성적인 정복욕, 여성들의 넘치는 찬사, 사회 통념에 어긋나는 위험한 정사 따위가 투지와 야망, 자신감과 함께 붙어 다닌다"는 이야기도 있다. 하지만 립튼은 예로부터 결혼이야말로 남자가 진정으로 남자다워지는 무대였다고 주장한다. "서구 역사 전반에 걸쳐 남성다움을 상징하는 으뜸 덕목은 절제였다. …지나치게 음식이나 술, 잠, 섹스를 밝히는 사내는 치국(治國)은커녕 제가(齊家)도 못할 인물로 평가되었다."

뉴욕 주립 대학 스토니브룩 캠퍼스에서 역사를 가르치는 립튼 교수는 이렇게 결론지었다. "선출직 공무원들의 신중하지 못하고 방탕한 성적 일탈행위가 꼬리에 꼬리를 물고 폭로되는 현실을 대하고 보니, 한때 성적인 기량보다 성적인 자제력을 남자다움의 척도로 여기던 시절을 상기시켜 주는 것이 도움이 될지 모른다는 생각이 듭니다."[27]

결혼에 관한 태도 변화의 책임을 남자들에게만 지우는 것은 잘못된 일일 것이다. 오늘날은 남성이나 여성 모두 자신을 '생긴 그대로' 살게 내버려 두는 상대방과 결혼하기를 갈망한다. 그 안에서 정서적이고 성적인 만족을 얻기 위해서다. 그들은 재미있고, 지적인 자극을 주며, 성적인 매력이 흘러넘치고, 여러 가지 관심사들을 공유하며 개인적인 목표와 현재의 생활방식을 지지해 줄 배우자를 바란다. 젊은이들은 큰 폭으로 달라져야 한다든지 그러길 요구하지 않을 누군가를 찾아 헤맨다. 행복하고, 건강하며, 유쾌하고, 삶에 만족하는 환상적인 인간을 수소문하는 셈이다. 역사를 통틀어 이처럼 이상적인 기준을 세우고 배우자를 찾는 이들이 사회를 가득 채웠던 적은 단 한 번도 없었다.

비관적인 이상주의, 그 아이러니컬한 현실

결혼에 대한 이상주의적인 사고방식이 또 다른 비관적인 상황과 맞닿아 있다는 이야기는 언뜻 앞뒤가 안 맞아 보이지만 사방에서 흔히 벌어지고 있는 일이다. 이전 세대에서는 딱 들어맞는 짝이라든지 이상적인 소울 메이트를 찾는다는 소리를 좀처럼 듣기 어려웠다. 하지만 오늘날은 너나없이 자신을 있는 그대로 받아주고 자신의 갈망을 성취시켜 줄 파트너를 찾고 있으며 이는 비현실적인 기대를 만들어내서 탐색하는 쪽과 탐색을 당하는 상대 모두에게 결국 실망을 안기게 되었다.

만족스러운 섹스 파트너를 구하는 것부터가 문제다. 결혼에 대한 국민 인식 조사 보고서는 다음과 같이 기록하고 있다.

> 음란물이 넘쳐나는 현대의 문화도 장차 만나게 될 소울 메이트가 반드시 이러저러해야 한다는 식의 비현실적인 기대를 부추기는 데 일조를 하는 것 같다. MTV와 인터넷, 그리고 텔레비전에서 방영되는 여성 속옷 패션쇼 따위에 영향을 받은 남성들은 소울 메이트의 자질과 미모를 겸비한 아가씨를 만나게 되리라는 환상에 젖어 당장 사귀고 있는 여자 친구와 결혼하기를 차일피일 미루기 십상이다.[28]

하지만 결혼 문화가 변하게 된 요인을 오로지 예쁘고 몸매 좋은 여성을 선호하는 남성들의 욕구에서 찾는 것은 온당치 않다. 여성들도 소비 지향적인 문화에 물들기는 마찬가지다. 남녀 모두 결혼을 인간으로서의 면모를 온전하게 가다듬고 공동체를 완성해 가는 통로가 아니라 개인적인 삶의 목표를 이루는 수단으로 바라본다. 그러니 너나없이 "저마다의 정서적, 성적, 영적 욕구들을 채워 줄" 결혼 상대를 찾을 수밖에 없다. 이는 언젠가 딱 들어맞는 결혼 상대를 찾게 되리라는 극단적인 이상주의로 이어지지만 마침내는 깊은 비관주의로 수렴하게 된다. 썩 괜찮은 배우자감들을 "마음에 쏙 들지 않는다"는 이유만으로 지나쳐 버리는 이들이 수두룩한 까닭이 여기에 있다. 아이러니가 아닐 수 없다.

구시대의 결혼관은 인습적이고 억압적인 인상이 짙은 반면, 결혼을 바라보는 현대인들의 사고방식은 지나치게 분방한 것처럼 보인다. 하지만 결혼율을 떨어트리고 결혼 생활을 숨 막히는 절망감에 빠트리는 혐의는 후자 쪽에 두어야 한다. 자기중심적인 결혼 생활을 원만하게 유지하려면 심리적으로 완벽에 가까울 정도로 안정되어 있으며 성품이 지극히 고결해서 수고로이 손볼 데가 없다시피 한 두 인간이 만나야 한다. 하지만 현실은 그런 인간을 좀처럼 찾기 어렵다는 것이다. 혼인을 자아실현의 방편으로 보는 새로운 관념을 좇노라면 십중팔구 결혼에 지나치게 많은 걸 바라지만 실제로는 거의 충족 받지 못하는 수렁에 빠지고 만다.

존 티어니(John Tierney)는 현대인들을 옴짝달싹할 수 없는 딜

레마에 몰아넣고 있는 오늘날의 문화를 점잖게 꼬집는 풍자 글(Picky, Picky, Picky)을 통해 우리들에게 웃음을 선사한다. 글쓴이는 싱글 친구들이 최근까지 사귀던 그들의 파트너와 관계를 정리하면서 내놓은 이유들을 줄줄이 열거한다.

> "어떻게 된 여자가 '괴테'도 제대로 발음할 줄 모르더라고."
> 《아직도 가야 할 길(The Road Less Travelled)》처럼 심각한 책을 서가에 꽂아 두고 사는 남자랑은 만나고 싶지 않아."
> "살을 확 뺀다면 모를까, 여자치곤 너무 뚱뚱해서…."
> "그래, 남자는 괜찮아. 하지만 다닌다는 회사가 대기업이 아니더라고. 그리고 어쩜 그렇게 목 짧은 검은 양말을 신고 나올 수가 있니?"
> "맞아, 시작은 좋았어. 얼굴도 예쁘고, 몸매도 끝내 주고, 웃음도 유쾌하고, 만사 오케이였지. 팔을 쳐들기 전까지는 말이야." 친구는 불쾌한 표정으로 뜸을 들이더니 고개를 절레절레 흔들며 말을 이었다. "팔꿈치에 때가 끼었더라고!"[29]

티어니는 얼토당토않을 만큼 비현실적인 개인 광고(실제로 존재할 가능성이 거의 없는 '파트너' 구인 광고)들을 두루 살펴본 뒤에, 젊은이들이 이른바 '습관성 흠집 내기(Flaw-o-Matic)'증상에 점점 더 심각하게 물들고 있다는 결론을 내렸다. "끊임없이 경고를 보내는 콩알만 한 장치가 머리에 들어 있기라도 한 것처럼, 상대방의 치명적인 단점을 찾아 속삭이는 내면의 목소리"에 사로잡혀 있다는 것이다. 습관성 흠집 내기에 매달리는 목적은 어디에 있는가? 글쓴이는 "지나치게 많은 것을 얻어 내야겠다든지 조금이라도 비슷한 구석이 있는 상대를 무조건 거부하기로 작정한" 이들이 만들어낸 성향일 수도 있다고 말한다. 하지만 그보다는 혼자 사는 명분을 찾고 거기서 안도감을 얻으려는 장치일 가능성이 더 크다고 지적한다. "그들도 마음속으론 '습관성 흠집 내기' 성향에서 벗어나지 못하는 까닭을 잘 알고 있다. …인정하기가 쉽지는 않겠지만 (발렌타인데이 같은 날에는 더더구나), 개인 광고를 내면서 정말 하고 싶은 얘기는 '혼자 살고 싶으니 내버려 두기 바람'에 가깝다."

이들은 결혼을 크리스토퍼 라쉬(Christopher Lasch)가 말하는 '비정한 세상의 유일한 안식처'[30], 그러니까 결점 많은 남녀가 힘을 모아 안정적이고 사랑과 위안이 넘치는 공간을 창출하는 행위로 보지 않는 것이다. 그러니 '패션모델 출신으로 소설가와 우주비행사를 겸하고 있는'[31] 짝을 찾는 것이다. 자기부정이 아니라 자기만족에 토대를 둔 결혼에는 손 볼 데가 거의, 또는 전혀 없는데다가 이편에게 아무것도 요구하지 않고 무조건 받아 주는 파트너가 필수적이다. 한마디로 현대인들은 결혼 상대에게 너무 많은 것을 요구한다.

반면 어떤 이들은 결혼에 대해 몹시 두려워하기도 한다. 티어니는 자신의 친구들만 생각해도 이 범주에 드는 경우가 한둘이 아니라고 믿는다. 하지만 스스로 인정하든 말든, 완벽하게 들어맞는 짝을 만나길 꿈꾸는 이들이 정말 많다. 무엇보다 오늘날의 문화는 개인의 자유와 자율, 성취에 높은 가치를 부여하고 있으며 사려 깊은 이들이라면 사랑하는 사이라 할지라도 이 세 가지 덕목을 잃어버리고 싶어 하지 않는다는 것을 또렷이 의식하고 있다.

"있는 모습 그대로 날 받아 주는 상대를 원합니다"라고 말은 하지만 스스로 완전하지 않으며 누구든 친밀한 관계를 맺게 되면 그 부분들을 바꿔 놓으려 하리라는 인식을 심중에 간직하고 있다는 뜻이다. 뿐만 아니라 상대편 또한 깊고 깊은 욕구와 흠결들을 가지고 있으리라는 점도 모르지 않는다. 대단히 고통스럽게 들리지만 어김없는 사실이다. 아무도 이런 형편에 처하는 것을 원치 않는다. 하지만 세상, 또는 자신과 마주한다거나 결혼하고 싶지 않다는 속내를 시인하기는 쉽지 않다. 자연히 '습관성 흠집 내기'에 매달리게 되는 것이다. 효과가 없지는 않다. 결혼에서 멀어지게 만드는 데는 그만한 명약이 없기 때문이다.

그러나 단지 자유를 잃어버리기 싫다는 이유로 결혼을 피한다면, 제 마음을 대상으로 최악의 만행을 저지르는 꼴이 된다. C. S. 루이스는 그 점을 신랄하게 꼬집는다.

> 무엇이든 사랑하라. 그렇게 할 때 당연히 마음에 탈이 날 수 있으며 다칠 수도 있다. 한 점 상처 없이 깨끗한 상태를 유지하고 싶으면 아무한테도, 심지어 동물들에게도 마음을 주지 말라. 취미나 사소한 사치 따위로 잘 포장해 두라. 어떤

관계에도 얽혀 들지 말라. 손 탈 염려가 없는 이기심이란 궤짝, 아니 관 속에 꽁꽁 가둬 놓으라. 그러나 안전하고, 음습하고, 움직임이 없고, 공기조차 통하지 않는 궤짝 속에 두는 한 변질은 필연적이다. 상처를 입지는 않을지 몰라도 깨트릴 수도, 뚫고 들어갈 수도, 바로잡을 수도 없는 형국이 될 것이다. 비극을 피할, 최소한 비극을 맞게 될 위험을 막을 대안은 지옥살이뿐이다.[32]

딱 맞는 상대와 결혼할 수 없다

그렇다면 해법이 있을까? 결혼에 대해 성경이 어떻게 말하고 있는지 살펴보자. 우리가 귀를 기울인다면 이 시대 문화 속에서 현대인들이 스스로 만들어 낸 딜레마를 바로잡을 방법까지도 듣게 될 것이다.

성경은 딱 맞는 짝을 만나 결혼하겠다는 것이 실현 불가능한 꿈이라는 이유를 들려준다. 목회를 하다 보니 결혼하려고, 또는 결혼 생활을 유지하려고, 아니면 파국으로 치닫는 부부 관계를 지켜내려고 안간힘을 쓰는 커플들을 종종 만나게 된다. 그때마다 그들에게서 "사랑이 이렇게 힘들 줄 몰랐어요. 애정이라는 게 자연스럽게 우러나와야 하지 않나요?"라는 식의 이야기를 귀에 못이 박이도록 듣는다. 내 쪽의 대꾸도 늘 비슷하다. "사랑만 그럴까요? 프로야구 선수가 되려는 이들은 '빠른 공을 쳐내기가 이토록 힘들 줄 몰랐어!'라고 푸념하지 않을까요? 세상을 떠들썩하게 만들 위대한 작품을 쓰고 싶은 소설가라면 '그럴듯한 인물들을 만들어 내고 줄거리를 구상하는 것이 이처럼 어려우리라고는 생각 못 했네!'라고 한탄하지 않을까요?" 상대방은 빤한 반응을 보인다. "야구나 문학 작품 얘기가 아니잖아요. 이건 사랑 문제라고요. 두 사람이 천생배필이라면, 소위 소울 메이트라면 저절로 사랑하는 마음이 솟아나야 하지 않겠어요?"

여기에 대한 기독교의 답변은 '딱 맞는 짝' 같은 것은 애당초 없다는 것이다. 듀크 대학에서 윤리학을 가르치는 스탠리 하우어바스(Stanley Hauerwas) 교수는 그 점을 지적하며 유명한 말을 남겼다.

> 결혼과 가정을 주로 개인의 성취를 도모하기 위한, 다시 말해서 '온전해지고' 행복해지는 데 꼭 필요한 제도로 가정하는 자기실현 윤리는 부부 생활에 지극히 해롭다. 여기에는 세상 어딘가에 자신에게 꼭 들어맞는 결혼 상대가 있어서 잘 찾아보면 기필코 만나게 된다는 전제가 깔려 있다. 이는 결혼의 결정적인 일면을 간과하는 윤리적 가설이다. 누구나 부적절한 요소를 가진 상대와 혼인할 수밖에 없다는 사실을 제대로 인식하지 못하고 있다는 뜻이다. 아무도 결혼 상대를 속속들이 알 수 없다. 다만 그렇다고 생각할 뿐이다. 처음엔 확실하다고 믿을지 모르지만 그 마음이 변하는 데는 그다지 오랜 시간이 걸리지 않는다. 세상만사가 대부분 그렇듯, 결

혼도 일단 시작하고 나면 더 이상 전에 알던 그 사람이 아닌 법이다. 중요한 건 더불어 살게 된 낯선 상대를 사랑하고 보살피는 법을 배우는 일이다.[33]

하우어바스는 완벽하게 잘 맞는 소울 메이트를 찾는 것이 얼마나 허황된 꿈인지 꼬집어 지적한다. 결혼은 한 인간을 또 다른 존재와 밀접하게 묶어 주는 것이다. 결혼 관계만큼 두 사람이 가까워지는 관계는 그 어디에도 없다. 따라서 누군가와 결혼하는 순간, 당사자는 물론이고 배우자 또한 엄청난 변화를 겪기 시작한다. 실제로 살아보기 전까지는 앞길에 어떤 난관이 기다리고 있을지, 상대가 어떤 인간으로 변모할지 알 길이 없다.

하우어바스의 말에 발끈하는 이들도 적지 않을 것이다. 시대의 흐름과 어긋나는 소리를 용감하게 하고 있으니 말이다. 그는 이 충돌을 부채질하기라도 할 요량으로 자신의 주장을 일반화하기까지 한다. 나이 차가 많거나 전혀 다른 나라의 말을 쓰는 상대라면 결혼을 망설일 이유가 충분하다. 그렇잖아도 어려운 판에 굳이 엄청난 이질감이라는 부담까지 질 필요는 없다! 물론 하우어바스의 법칙을 적용하는 데는 다양한 정도의 차이가 있을 것이다. 누가 봐도 정말 같이 살기 어렵겠다 싶은 상대가 있다. 하지만 그런 부류를 제외하더라도 자신과 완벽하게 들어맞는 사람을 찾는 것은 무척 어려운 일이다. 장시간 무난하게 결혼 생활을 영위해 온 커플이라면 하우어바스가 무슨 소리를 하고 있는지 이해하고도 남을 것이다. 기혼자라면 누구나 해를 거듭해 가면서 결혼할 때 알고 있던 것과는 전혀 다른, 생판 남이나 다름없는 파트너를 사랑하는 법을 배우는 시기를 가져야 한다. 바꾸고 싶지 않은 본인의 습관을 변화시켜야 할 수도 있다. 배우자도 마찬가지다. 그렇게 힘겨운 여정을 따라가다가 마침내 건강하고, 다정하며, 기쁨이 넘치는 관계에 이르는 이들도 있을 것이다. 하지만 완벽하게 들어맞는 짝과 결혼한 덕분으로 해석해선 안 된다. 그런 상대는 어디에도 존재하지 않기 때문이다.

헌사에 이름을 올린 이들은 아내와 내가 40년 넘게 교분을 쌓아온 벗들이다. 이들을 보면서 우리 부부와는 또 다른 차원에서 결혼에 대한 깊은 통찰을 얻었다. 다섯 커플과 가까운 친구 사이가 된 것은 신학교 시절부터였다. 아내들끼리 먼저 친해지고 차츰 남편들도 합류해서 마침내는 모두 절친한 관계가 되었다. 그때부터 40년이 지나도록 서로 편지와 전화, 이메일을 주고받았으며 이집 저 집 찾아다니거나 휴가를 함께 보냈다. 함께 울고 웃었던 세월이었다. 부부 관계든 일상생활이든, 감추는 비밀이나 모르는 사실이 거의 없을 정도다. 처음 만나서 교제하고 신접살림을 꾸렸던 시절의 이야기가 나오면 우리는 시간 가는 줄 모르고 추억에 잠긴다. 그렇게 웃고 떠들며 지새운 밤들을 잊을 수가 없다. 세상에 숱한 남녀들 사이에서 어떻게 한 사람을 평생 같이 살 짝으로 골라낸 걸까? 잠시 정신이 나갔던 건 아닐까?

신디와 짐만 해도 그렇다. 신디는 우아한 그리스 여성으로,

어려서부터 그리스 정교회에 다녔고 조용히 묵상하는 것을 좋아한다. 반면 짐은 잠시도 가만히 있지 못할 만큼 활동적인 성격으로 늘 수선스럽고, 우스갯소리를 잘하는 침례 교인이다. 게일과 게리 부부도 별반 다르지 않다. 나이 차이가 일곱 살이나 나는 것쯤은 문제도 아니다. 대학 시절, 게리가 두 주 동안 황무지에서 야생 체험을 하자고 했을 때, 게일은 홀리데이인 호텔에 가서 자게 될 줄 알았을 만큼 서로 달랐다. 루이즈와 데이비드도 마찬가지다. 루이즈는 예술사와 영문학을 전공하고 개혁신앙을 진지하게 받아들인 여성이었다. 반면 데이비드는 예배를 인도할 때마다 교인들을 다 일으켜 세우고 함께 찬양하게 하는 오순절 계열의 평신도 사역자다. 웨인과 제인 부부도 그렇다. 제인은 '남부의 속물'인 자신에 비해 남편은 도회풍 외모 아래 묻혀 있는 순수한 금덩이었다고 말한다. 더그와 아델르 부부 역시 닮은 구석이 별로 없었다. 아델르는 세계를 누비는 무역업자이자 노련한 선교사로 남자친구(우연찮게 그의 이름도 더그였다)와 막 결별한 참이었다. 반면 더그는 IVF의 소장 간사로 열심히 일하던 때 아델르를 만났다. 결혼 전날까지도 아델르는 우리 부부의 침대 머리에 앉아서 이게 잘하는 일인지 모르겠다며 베개에 얼굴을 묻고 펑펑 울었다. 하지만 지금은 "회의의 구름이 자욱한 지옥 문간에서 결혼 생활을 시작했지만 지금은 천국 문턱에 서 있다"고 고백한다.

우리 부부라고 다를 리 없다. 아내는 데이비드 윌커슨(David Wilkerson)의 책(*The Cross and the Switchblade*)을 읽고 도시 빈민 선교에 부르심을 받았다는 확신을 굳혀 가던 완고한 장로교 신자였다. 장로교 신앙과 완전히 동떨어진 교리를 좇는 군소 교단 교회에 출석하던 나는 교구 책임자에게 장로교 성향이 강한 신학교에 들어가더라도 결코 그쪽을 따라가지 않겠다고 약속한 사람이었다.

우리는 서로 웬만해서는 만날 수 없는 사이였다. 하지만 어찌어찌해서 결혼을 하고 이제는 자식들이 결혼해서 손자손녀를 낳고 키우는 것을 지켜보며 행복해 하기도 하고, 양가 부모들이 수술을 받고 세상을 떠나는 따위의 온갖 슬픈 일들을 겪기도 하면서 이렇게 함께 행복하게, 그리고 열심히 살고 있다.

하우어바스는 딱 맞는 결혼 상대라는 것이 존재하지 않는 첫 번째 이유로 결혼은 인간을 완전히 바꿔 놓는다는 점을 지적한다. 하지만 또 다른 이유가 있다. 결혼 생활을 시작하는 두 남녀는 죄로 인해 영적으로 깨진 상태다. 다른 말로 표현하자면 '호모 인쿠르바투스 인 세(homo incurvatus in se)',[34] 자기중심적인 삶을 살 수밖에 없는 존재라는 뜻이다. 드니 드 루주몽(Denis de Rougemont)은 "예민하고, 이기적이며, 미숙한 이들이 사랑에 빠진다고 해서 어떻게 순식간에 천사가 되겠는가?"[35]라고 되묻는다.

운동 경기의 기량이나 예술적인 능력을 키우기보다 결혼 생활을 잘 꾸려 가는 것이 한층 더 힘들고 고통스러운 까닭이 여기에 있다. 생짜로 타고난 재주만 가지고서는 프로 선수만큼 운동을 잘할 수 없다. 힘겨운 고뇌의 시간을 견디거나 수많은 습작을 써 보지 않고는 위대한 문학 작품을 생산해 낼 도리 역시 없다. 인간이 태생적으로 수없이 많은 흠결을 내면에 지니고 있다는 것을 감안한다면, 특별히 힘쓰지 않아도 다른 인간과 더불어 잘 살 수 있으리라는 기대는 그 자체가 어불성설일지 모르겠다. 따라서 죄의 본질을 가르치는 성경의 교리를 통해 본다면 타락한 세상 전체를 통틀어 그 무엇보다도 선하고 중요한 결혼이 그토록 괴롭고 고단할 수밖에 없는 이유가 어느 정도는 설명이 된다고 할 수 있겠다.

결혼 제도가 죽어 가고 있다

현대인들은 결혼에 뒤따르는 수고로움과 고통을 실제 이상으로 부풀린다. 거의 우주적일 만큼 거대한 비현실적인 기대를 결혼 생활 위에 얹어 버리기 때문이다.

풀리처상을 수상한 작가 어니스트 베커(Ernest Becker)는 현대 문화의 손에서 이른바 '종말론적인 사랑(apocalyptic romance)'이라는 욕망이 빚어졌다고 주장한다. 과거에는 사람들이 결혼을 통해 가정을 꾸리면서 사랑과 지지, 안전이라는 것을 기대했다. 그리고 삶의 의미와 장래의 소망, 도덕적인 잣대와 자기정체감을 구할 때는 늘 하나님과 내생을 돌아보았다. 그러나 오늘날의 문화는 아무도 그런 가치들을 보장하지 못하며 실제로 그런 것이 존재하는지조차 알 수 없다고 가르친다. 따라서 무엇으로든 그 간격을 메워야 하는데 흔히 로맨틱한 사랑이 그 역할을 한다는 것이 베커의 주장이다. 지난날 하나님을 믿는 신앙에서 얻던 것들을 이제는 섹스와 로맨스에서 찾고 있다는 이야기다.

> 사랑을 나누는 파트너가 내 삶의 빈자리를 채워 줄 이상적인
> 존재로 자리 잡게 되었다. 영적이고 윤리적인 온갖 필요들이
> 이제는 오로지 한 개인에게 집중된 것이다. …한마디로 애정
> 을 공유하는 상대가 곧 하나님이 되어 버린 것이다. …'신은
> 죽었다'는 말을 앞세워 위대한 신앙 공동체의 세계관을 간과
> 하는 순간, 인간이 '주님'의 자리를 차지하게 된다.[36] …사랑
> 하는 상대를 하나님의 지위로 격상시키면서 사람들은 결국
> 무엇을 기대하는 걸까? 바로 구원이다. 다른 것이 아니다.

목회를 하다 보니 관계가 어렵다든지 사랑하는 이가 떠났다는 식
의 구슬픈 하소연을 수없이 듣게 된다. 전형적인 예를 들어보자.
제프(Jeff)는 훤칠하고 준수한 청년이었다. 수(Sue)는 그런 제프를
보며 자신이 날마다 마음에 그려왔던 이상적인 배우자의 모습을
제프에게서 찾는다. 게다가 제프는 달변이었다. 남들 앞에서 부끄
러움을 잘 타고 말수가 적어지는 수의 눈에는 모임을 능수능란하
게 이끌어 가고 대화를 주도하는 제프의 모습이 그렇게 멋져 보일
수가 없었다. 남자는 '현재를 즐기는' 스타일이었지만 수는 결단
력이 있고 미래지향적이었다. 차이점이 있지만 완벽하리만치 상
호보완적인 것처럼 보였다.

여자는 그토록 잘생긴 남자가 자신을 좋아한다는 것이 꿈만

같았다. 제프 또한 숱한 여성들로부터 야심이나 포부도 없이 놀기만 좋아한다는 소리를 들어왔는데 이처럼 자신에게 푹 빠진 아가씨를 만난 것이 마냥 기쁘기만 했다. 그러나 결혼하고 한 해쯤 지났을 무렵부터, 수는 남편의 화려한 언변에 대해 남의 말에는 좀처럼 귀를 기울이지 않고 혼자 떠들어 대는 자아도취적인 성향이라고 생각하게 되었다. 무엇보다도 실망스러운 점은 제프가 당최 일할 생각을 하지 않는다는 것이었다. 제프 역시 아내의 조용한 성품을 의뭉스러움으로 여기게 되었다. 그녀가 수줍은 듯 조곤조곤 이야기하는 말투를 상대를 지배하려는 속성이라고 판단하고는 후회에 가슴을 쳤다. 그들의 결혼 생활은 갈수록 조금씩 꼬여 가다가 결국 얼마 못 가서 이혼이라는 파국에 이르고 말았다.

'허니문'은 끝났다. 이처럼 달콤한 로맨스가 속절없이 깨지는 일은 드문 일도 아니며 이미 수세기 동안 되풀이되어 왔다. 일상적이다 못해 불가피한 일처럼 보이기까지 한다. 하지만 현대인들이 경험하는 환멸의 깊이라든지 결혼이 붕괴되는 속도는 이것과는 조금 다른 차원이다. 우리 시대는 무언가가 이러한 결혼 생활의 통상적인 경험을 심화시켜서 마치 독소인양 생각하도록 만들어 버리는 것 같다. 그것은 참다운 소울 메이트를 찾아내기만 하면 모든 흠결이 메워지고 오류가 치유되리라는 환상이다. 이렇게 사랑하는 사람을 신으로 만들려 하지만 실상은 어떤 인간도 하나님처럼 해줄 수는 없다.

그렇다면 이미 수많은 이들이 그러하듯, 결혼을 구시대의 유물로 치부하고 폐기해 버리는 것은 어떨까? 현대인들은 자유롭고 주체적인 개인이기를 원한다. 게다가 오랜 세월에 걸쳐 가족이나 종교, 국가, 정부(하나 같이 사회의 근간을 이루는 제도들이다)가 어떻게 인간을 억압하는 도구로 작용하는지 지켜보아 왔다. 어쩌면 결혼 자체가 의미를 갖던 시대는 진즉에 지나갔다고 보아야 할지도 모른다. 제도로서의 결혼이 죽어 가고 있다는 진단은 1970년대 이래로 계속해서 제기되었다. 얼마 전에도 뉴스 매체들은 PEW 리서치 센터의 조사를 인용해서 미국인들 가운데 결혼이 차츰 의미를 잃어 간다고 믿는 이들이 40퍼센트에 육박한다는 기사를[37] 일제히 쏟아 냈다. 영화 〈모노거미(Monogamy)〉에 출연했던 배우는 언론 매체와의 인터뷰에서 이렇게 주장했다. "우리 나라는 결혼에 실패한 사람들로 넘쳐납니다. 우리는 정말 신성하지만 이미 실패해 버린 이 제도에 대해 지극히 방어적이죠. 틀림없이 새로운 모델을 찾을 수 있을 겁니다."[38]

문제는 우리 자신이다

결혼이란 제도가 삶의 무대에서 밀려 나는 중이라는 인상이 대중적인 것은 사실이지만 비판론자들조차도 아직 확신이 서지 않은 상태여서 이에 대한 의견이 분분하다. 로라 키프니스의 책(*Against Love : A Polemic*)과 파멜라 하그의 신간(*Marriage Confidential*)이 대표적인 예다. 저자들은 상당한 시간을 투자해 가며 전통적인 결혼이 숨 막히는 구습이며 만족스러운 상태가 오래도록 이어지는 진정한 결혼 관계를 찾아내는 것이 사실상 불가능함을 입증하는 사례를 열거한다. 하지만 끄트머리쯤에는 배우자 외의 이성과 성적인 관계를 유지하거나 우발적이고 즉흥적인 섹스에 대해 개방적이라 할지라도 결혼 관계는 계속 이어가야 한다는 식의 주장을 마지못해 꺼내 놓는다.

그러나 엘리사 스트라우스(Elissa Strauss)는 〈슬레이트(Slate)〉지에 기고한 하그의 책에 관한 서평에서 저자가 "일부일처제에 따르는 이들보다 그 밖의 관계를 개척하는 선구자들이 더 나은 삶을 살고 있다는 증거를 단 하나도 제시하지 못한다"[39]고 지적한다. 실제로 하그가 말하는 '반항 커플들(바람을 피우거나 인터넷 채팅으로 만난 낯선 이성과 관계를 맺는 기혼자들)'은 결혼 생활에 만족하지 못하는 데 그치지 않고 결혼에 심각한 타격을 입히고 있었다. 스트라우스는 이렇게 결론짓는다. "안타깝게도 결혼 제도를 완전히 해체하려 들면서… 한편으로는 거기에 충실하라고 말하는 하그의 태도는 수상하기 짝이 없다."[40] 세련된 비판론자들이 결혼 제도를 언급할 때 갖는 뿌리 깊은 모순감정을 잘 꼬집은 평가다.

오늘날 결혼 제도 없이 사회가 존속할 수 있다는 주장들 가운데 진지하고도 일관된 것은 거의 없어 보인다. 일부일처제를 물고 뜯는 현대 비평가들도 적어도 실용적인 차원에서는 결혼 없이는 실생활이 불가능하다는 점을 인정한다. 지금까지 이야기해 온 내용에 대한 실증적인 연구 결과가 갈수록 늘어나고 있으니 그럴 수밖에 없지 않겠는가! 인습적이고 독점적이라고 비판하는 일부 일처제가 성인들은 물론이고 아이들, 더 나아가 사회 전반에 이루 헤아릴 수 없을 만큼 큰 유익을 끼친다는 증거는 지금도 계속해서 차곡차곡 쌓이고 있다.

군이 과학적인 조사까지 동원하지 않아도 결혼은 지금 이 시대에도 변함없이 큰 의미를 갖는다. 어디를 가든 그 제도를 만날 수 있음은 두말할 것도 없다. 결혼이 인생의 중심에 서지 않았던 문명이나 시기는 단 한 번도 없었다.[41] 서구 사회에서 결혼하는 이들의 숫자가 줄어들고 있기는 하지만 짝을 만나 혼인하기를 소망하는 이들의 비율은 전혀 감소하지 않았다. 누구에게나 결혼을 바라는 심오하고도 풍부한 갈망이 있다. 하와를 처음 본 순간, 아담이 내뱉었던 "이제야 나타났구나!"라는 부르짖음에서도 그 동경이 엿보인다. 창세기 1장과 2장에 따르면 인간은 결혼을 위해, 결혼은 인간을 위해 만들어졌다. 그러나 창세기 3장은 삶의 모든 국면이 다 그렇듯, 결혼도 죄로 말미암아 망가지고 말았다고 말한다.

지나치게 로맨틱하거나 이상적인 결혼관을 가졌다면, 인생에 미치는 죄의 영향을 과소평가하는 것은 아닌지 되짚어 보아야 할 것이다. 반면 너무 비관적이고 냉소적이라면 결혼의 거룩한 기원을 놓치고 있을 가능성이 높다. 두 가지가 한꺼번에 뒤섞여 나타난다면 뒤틀린 시각 탓에 곱절의 부담을 지고 있는 꼴이다. 그러나 문제는 결혼 제도가 아니라 우리 자신에게 있는 것이다.

결혼의 커다란 비밀

이야기를 시작하면서 살펴본 바와 같이, 바울은 결혼을 '큰 비밀'이라고 단언했다. 그리고 우리는 결혼이 인간에게 진정 신비로운 일이며 그 자체로 압도적이리만치 중요해서 결코 폐기해 버릴 수 없는 대상임도 살펴보았다. 하지만 바울이 본문에 사용한 헬라어 'mysterion'은 '비밀'이란 개념을 포함해 활용 범위가 넓은 어휘다. 성경에서 이 말은 내부 사람들끼리만 주고받는 비밀한 지식을 전하는 용도가 아니라 하나님이 성령을 통해 드러내시는 예상을 뛰어넘는 경이로운 진리를 표현하는 데 쓰였다.[42] 또 다른 본문에서 바울은 복음에 담긴 구원 목적을 언급하며 이 단어를 등장시켰다. 그런데 놀랍게도 에베소서 5장에서 이처럼 풍성한 의미를 가진 낱말을 결혼에 적용하고 있는 것이다. 31절에서 사도는 첫 번째 결혼을 묘사한 창세기 본문의 마지막 대목을 인용한다. "남자가 부모를 떠나 그의 아내와 합하여 둘이 한 몸을 이룰지로다." 그리고는 "이 비밀이 크도다"(32절)라고 말했다. 문자 그대로, 하나님의 영이 도와주시지 않는 한 결코 이해할 수 없을 만큼 어마어마하게 크고, 근사하며, 심오한 진리라는 것이다.

그렇다면 결혼의 비밀은 과연 무엇일까? 바울은 앞에서(25절) 언급했던 "남편들아 아내 사랑하기를 그리스도께서 교회를 사랑하시고 그 교회를 위하여 자신을 주심 같이 하라"란 말을 다시 한 번 되풀이하고 나서 이내 그리스도와 교회를 두고 이 말을 한다고 덧붙인다. 간단히 정리하자면, '비밀'은 단순히 결혼 자체에 관해서 이야기하는 것이 아니라는 것이다. 예수님이 우리로 하여금 그분과 연합하게 인도하셨던 것처럼 남편들도 아내들에게 그러해야 한다는 메시지다. 그렇다면 이것은 구체적으로 또 무슨 뜻인가?

예수님은 우리를 위해 자신을 주셨다. 성자는 성부 하나님과 동등하지만 그 영광을 버리고 인간의 모습을 취하셨다(빌 2:6). 한 걸음 더 나아가 스스로 십자가를 지심으로써 인류의 죄 값을 치르고 우리로 죄의식과 정죄에서 벗어나게 하셨다. 그 은혜로 우리는 그분과 연합하고(롬 6:5) 하나님의 성품을 입을 수 있게 된 것이다(벤후 1:4). 예수님은 영광을 포기하고 도리어 종이 되셨다. 스스로의 이해득실을 따지지 않고 우리의 필요와 유익을 구하셨다(롬 15:1-3). 그리스도가 희생적으로 섬겨 주신 덕에 거룩한 자녀들은 그분과 깊이 연합하게 되었다. 주님은 늘 우리와 함께 계신다. 바울은 그러한 사실이 결혼 관계를 이해하는 차원을 넘어서 결혼을 제대로 살아 내는 열쇠라고 보았다. 그러기에 성경 전체를 통틀어 결혼을 처음 언급하는 창세기 2장의 본문을 끌어다가 예수님과 교회의 관계를 설명했던 것이다. 어느 주석가는 이렇게 풀이한다. "바울은 하나님은 첫 번째 결혼을 설계하실 당시부터 이미 그리스도와 교회를 염두에 두셨다는 것을 보았다. 그리스도와 사함 받은 주님의 백성 사이의 영원한 관계를 구현해 내는 것이야말로 결혼의 가장 큰 목적 가운데 하나다."[43]

결혼은 본래부터 억압적이므로 없어져야 마땅하다는 의견에 맞설 가장 강력한 답변이 여기에 있다. 빌립보서 2장에서 바울은 예수님을 소개하면서 하나님과 동등함을 당연하게 생각하지 않으시고 기꺼이 하늘 아버지의 종이 되셔서 그 뛰어난 이름을 드러내셨음을 지적한다. 그리스도는 친히 십자가를 지셨지만 하나님은 주님을 죽음에서 다시 살리셨다.

> 이러한 사실은 하나님의 속성을 잘 보여 준다. …성부와 성자, 성령은 저마다의 뜻을 이루기 위해 서로를 조종하지 않으신다. …다양성이 연합을 누르는 법도 없고 연합이 다양성을 해치지도 않는다. 세 분 하나님은 하나이고 한 분은 또 셋이기도 하다.[44]

하지만 거기서 멈춰서는 안 된다. 에베소서 5장에서 바울은 예수님의 면모를 소개하면서 세상에 계실 때조차도 권세를 동원해 인간을 억압하는 것이 아니라 아낌없이 희생하셨다고 설명한다. 이것은 철학적인 수준을 넘어 인격적이고 실질적인 차원의 문제다. 창조주께서 처음부터 예수님으로 말미암아 구원을 얻는 복음을 마음에 담고 계셨다면, 성부가 성자를 통해 자신을 내어 주신 패턴에 가장 근접한 제도는 결혼뿐이라 해도 지나치지 않다. 바울은 결혼이란 애초부터 억압적이고 자유를 구속한다는 비판에 답할 뿐 아니라 혼인이 한없이 소중하고 필요한 일이란 의식을 일깨운다. 할 일이 산더미 같은데 어디서부터 실마리를 풀어야 할지 모르겠는가? 사도는 해답을 제시한다. 하나님이 그리스도 안에서 행하셨던 모습 그대로 배우자를 대하면 나머지는 저절로 따라오게 마련이라는 것이다.

이것이 비밀이다. 예수님의 복음과 결혼은 서로를 해석하는 통로가 된다. 결혼 제도를 세우시는 순간부터 하나님은 벌써 그리스도의 구원 사역을 가정하고 계셨다.

그릇된 선택은 없다

우리는 결혼에 대한 전통적인 사고와 현대적인 의식이 제기하는 관점에 올바르게 대처해야 한다. 스스로의 관심사를 포기하고 가족의 유익을 추구하는 것이 결혼의 목적인가? 아니면 혼인을 자아실현의 디딤돌로 삼아야 하는가? 그리스도의 가르침은 성취와 희생 사이에서 어느 한 쪽만을 선택하는 것이 아니라 상호 희생을 통해 상호 성취하는 길을 따르라고 말한다. 예수님은 모든 걸 포기하셨다. 목숨을 버려서 인류를 구하시고 한 사람 한 사람을 그분의 소유로 삼으셨다. 그리스도인들 역시 회개하고 복음을 믿는 회심을 기점으로 하루하루 거룩한 뜻에 순종하는 결단을 하면서 자아가 죽는 과정을 밟아 간다. 그러나 자기를 쳐서 그리스도께 복종하는 것은 그 무엇과도 비할 수 없을 만큼 안전한 일이다. 주님이 이미 지옥에 가셨다가 다시 돌아오셨기 때문이다. 그 사실을 기억하면 포기하고 순종하다가 자신을 잃어버리지는 않을까 하는 두려움에서 해방될 수 있다.

그렇다면 결혼 생활이 정상적으로 원만하게 유지되려면 어떻게 해야 할 것인가? 먼저 이 비밀, 곧 복음의 실상이 무엇이며 그것이 어떻게 부부 관계에 힘을 불어 넣고 기준을 제시하는지 알아야 한다. 결혼은 복음의 아름다움과 심오함을 드러내 주어서 갈수록 깊이 의지하도록 이끌어 간다. 반면에 복음에 대한 이해의 폭이 넓어질수록 세월의 길이만큼 서로 더 긴밀한 연합을 경험하는 측면도 있다.

이 책의 메시지는 "결혼이 복음의 신비를 드러낸다"[45]는 바로 그 사실에서 출발한다. 결혼은 복음을 통해 심령이 속속들이 새로워지며 바닥을 헤매던 삶이 다시 일어서게 되는 주요한 수단이다. 결혼이 고통스러우면서도 멋진 까닭은 한없이 아픈 동시에 그것이 무한정 근사한 복음을 반영하고 있기 때문이다. 복음이란 이것이다. 우리는 스스로 생각하는 수준 이상으로 죄에 깊숙이 빠져 있으며 내면에 수없이 많은 흠을 간직하고 있다. 하지만 그와 동시에 그리스도를 통해 상상을 초월하는 큰 사랑과 용납을 받고 있는 것도 사실이다. 우리는 결혼 관계를 통해서만 진정한 내면의 변화를 이룰 수 있다. 진리가 없는 사랑은 감상이다. 힘을 북돋우고 지지해 주지만 우리 안의 결점들은 부정하게 한다. 사랑이 빠진 진리는 가혹하다. 정확한 정보를 주긴 하지만 진심으로 귀 기울일 수 있는 방법은 빠져 있다. 그리스도 안에서 구원을 베푸신 하나님의 사랑은 인간의 실상을 가감 없이 드러내는 동시에 인류를 향한 철저하고도 무조건적인 헌신을 보여 준다. 자비로운 헌신은 우리를 강하게 해서 자신의 실체를 직시하고 자복하게 만든다. 그리고 그 확신과 회개는 하나님의 자비와 은혜에 매달리며 거기서 안식을 얻도록 우리를 이끈다.

결혼 생활을 하면서 맞는 힘든 시기들은 이처럼 삶을 변화시키는 하나님의 사랑을 더 절절히 체험하게 해준다. 원만한 부부 관계 역시 사람을 바꾸는 거룩한 사랑을 사무치게 경험하는 마당이 된다. 복음의 말씀은 마음 가득히 주님의 사랑을 채워서 설령 배우자가 마땅히 주어야 할 사랑을 베풀지 않는다 할지라도 올바르게 대처할 수 있게 해준다. 상대방의 죄와 결점을 보고 때로는 이야기할 수도 있겠지만 여전히 사랑하며 온전히 용납하게 해준다. 배우자가 복음의 능력에 힘입어 이편과 똑같은 진실하고 헌신적인 사랑을 맛보게 되면, 머지않아 삶을 바꾸는 사랑을 상대방에게도 나누어 주게 될 것이다.

이것이 크고도 놀라운 비밀의 실체다. 우리는 복음을 통해 결혼의 여정을 이어 갈 능력과 본보기를 얻는다. 그러나 그 모범이 구체적으로 어떤 모습이며 그 권능이 실제로 어떻게 역사하는지에 관해서는 아직도 풀어 가야 할 이야기가 많다. 다시 에베소서 5장으로 돌아가서 이 위대한 비밀을 더 철저하게 보기로 하자.

02   성령의 도우심으로
자기 중심성과 맞서라

그리스도를 경외함으로 피차 복종하라(엡 5:21).

결혼 생활을 다루는 에베소서의 유명한 본문을 여는 말씀은 21절이다. "그리스도를 경외함으로 피차 복종하라."[1] 헬라어 원문으로 보면, 21절은 '성령 충만한' 이들의 몇 가지 특성을 설명하는 긴 문장 끄트머리에 포함된 절이다. 이 마지막 절에 성령 충만의 마지막 특성이 들어 있다. 교만하고 방탕한 마음을 버리고 겸손히 남들을 섬긴다는 것이다. 바울은 21절에서 이처럼 성령님의 권능을 힘입어 순종하기를 당부한 뒤에 아내와 남편의 의무를 이야기하기 시작한다.

서구 문화의 영향을 받은 오늘날의 독자들은 맨 먼저 '순종'

이라는 단어에 눈길이 갈 것이다. 논란이 분분한 '성 역할'이라는 주제를 건드리는 것처럼 보이기 때문이다. 하지만 거기에 대해 왈가왈부하는 것은 도입부부터 바울이 말하려는 핵심을 단 하나도 파악하지 못하게 되는 치명적인 잘못이다. 사도는 앞으로 무엇을 말하든 남편과 아내가 모두 하나님의 영으로 충만한 상태임을 전제로 한다고 못 박는다. 성령님의 권능으로 남을 섬기는 법을 배워야만 결혼 생활이라는 난제에 맞설 힘을 갖출 수 있다는 것이다.

신약 성경을 통틀어 성령님의 역사를 자세하게 설명하는 본문은 요한복음에 처음으로 등장한다. 예수님은 그 가르침을 너무도 중요하게 여긴 나머지 십자가를 지고 돌아가시기 전날 밤에, 상당한 시간을 투자하여 제자들에게 설명하셨다. 흔히들 '성령 충만'이란 말을 들으면 내면의 평안과 능력을 먼저 떠올리지만 그것은 성령 충만의 결과일 뿐이다. 예수님은 성령을 가리켜 "내가 너희에게 말한 모든 것을 생각나게" 하실 '진리의 영'이라고 하셨다(요 14:17, 26). 아울러 "내 영광을 나타내리니 내 것을 가지고 너희에게 알리시겠음이라"(요 16:14)고도 하셨다. 무슨 뜻일까?

'알리다'는 주의를 환기시키는 중대 발표라는 뜻의 헬라어를 번역한 말이다. 그러니까 예수님의 성품과 사역에 담긴 의미를 그리스도인들의 마음과 생각에 사무치도록 펼쳐 보여 주는 것이 성령님의 일인 셈이다.[2] 그러기에 바울은 에베소 교회에 보내는 편지 앞머리에서 "너희 마음의 눈을 밝히사"(엡 1:18) "그리스도의 사랑을 알고 그 너비와 길이와 높이와 깊이가 어떠함을 깨달"(엡

3:18-19)아 알기를 기도했다. 성령님의 사역은 예수님에 대한 진리를 가져다가 거룩한 자녀들의 생각 속에 또렷이 각인시키고 그 가르침이 중심으로부터 위로와 권능을 주며 삶을 변화시킬 만큼 생생하게 심중에서 살아 숨 쉬도록 하는 것이다.

그러므로 성령으로 충만하다는 말은 때로는 고요히, 더러는 격렬하게 기쁨에 겨운 인생을 살아 낸다는 뜻이다. 하나님의 영광과 예수님의 구원 사역에 관한 진리들은 심중에 믿음을 심어줄 뿐만 아니라 가슴으로 노래하게 하며(엡 5:19) 심령으로 그 즐거움을 만끽하게 한다. "시와 찬송과 신령한 노래들로 서로 화답하며 너희의 마음으로 주께 노래하며 찬송하며 범사에 우리 주 예수 그리스도의 이름으로 항상 아버지 하나님께 감사하며"(엡 5:19-20). 아무 때라도 변할 수 있는 우리의 여건들이 아니라 언제나 한결같은 예수님의 진리와 은혜가 찬송의 대상이므로 비록 어려운 일을 만난다 할지라도 마음에서 우러나는 이 노래는 사그라지지 않는다.

성령 충만한 삶에 관한 이야기를 마치기가 무섭게 바울은 곧장 결혼이라는 주제로 들어간다. 결혼과 성령을 좇아 사는 삶 사이에 그만큼 긴밀한 상관관계가 있음을 암시하는 대목이다. 여기서 두 가지 사실을 알 수 있다.

먼저 본문이 그리고 있는 결혼의 그림은 스스로의 가치와 목적을 깨닫지 못한 채 서로의 품안에서 존재 의미와 목표를 찾으려는 애정에 굶주린 주인공을 내세우지 않는다. 진공 상태인 두 인간을 한데 합쳐 놓으면 엄청난 굉음과 함께 더 크고 강력한 진공

이 형성될 따름이다. 바울은 오히려 양쪽 당사자가 인생의 커다란 이슈, 즉 창조주께서 왜 자신을 지으셨으며 그리스도 안에서 어떠한 존재가 되었는가 하는 문제를 해결 받은 상태임을 전제로 한다. 물론 하나님 안에 있더라도 끊임없이 환희에 넘치는 삶을 살 수는 없다. 그것은 자동적이지도, 무한정 지속되지도 않는다. 그럴 수 있는 일이었더라면 "오직 성령으로 충만함을 받으라"는 단호한 명령문으로 18절을 맺을 필요가 없었을 것이다.

우리의 결혼 여정이 영적으로 연료가 다 떨어진 상태에서 이어지는 경우가 적지 않기에 주유소가 어디 있는지, 더 나아가 기름을 채울 데가 있기는 한 건지 분명히 알아야 한다. 그리스도인들은 여기저기 헤매고 다니며 온갖 노력을 다 해본 뒤에 비로소 예수 그리스도의 사역을 통해 거룩한 사랑을 확신하고 전심으로 하나님께 예배를 드림으로써 심령의 변화를 경험한다. 마음의 실린더를 가동시키는 데 필요한 연료는 그뿐이다. 이러한 사실을 깨닫지 못하면 훌륭한 배우자가 될 수 있는 자원을 확보할 수 없다. 배우자가 오직 하나님만 하실 수 있는 방식으로 연료통을 채워 주길 기대한다면, 불가능한 일을 요구하는 것이나 다름없다.

서로 순종하라

그러므로 삶 가운데 역사하시는 성령님의 사역에 의지하지 않고는 결혼과 함께 찾아오는 전반적인 어려움들을 극복하고 이겨 낼 도리가 없다. 성령으로 충만할 때만 마음을 다해 배우자를 섬길 수 있고 서로 책임을 지는 데 필요한 자원들을 확보할 수 있다.

바울은 22-24절에서 논란의 불씨가 될 만한 주장을 내놓는다. 아내는 반드시 남편에게 복종하라는 것이다. 그리고 곧바로 남편들을 향해 그리스도가 교회를 사랑하셔서 '위하여 자신을 내주심 같이'(25절) 아내를 사랑하라고 명령한다. 가만히 보면, 아내들에게 자신을 앞세우지 말라고 했던 말씀보다 더 강력한 호소다. 차차 살펴보겠지만 본문의 간곡한 권면들은 서로 다른 모습을 띠고 있다. 그러면서도 각각의 배우자에게 서로 지대한 영향을 끼칠 수 있도록 희생하라고 가르친다. 남편이든 아내든 스스로가 아니라 상대방을 위해 살아가라는 것이다. 이는 결혼해서 부부로 살아가는 일에 포함된 가장 고단하지만 비할 데 없이 중요한 기능이다.

바울은 그리스도인의 일반적인 생활 원리를 결혼에도 적용한다. 복음을 제대로 받아들인 그리스도인이라면 당연히 인간관계에도 급격한 변화가 와야 한다는 얘기다. 빌립보서 2장 3절에서 사도는 그리스도를 좇는 이들은 "오직 겸손한 마음으로 각각 자기보다 남을 낫게" 여기라고 못 박아 말한다. 착각하지 말라. 남들이 모든 면에서 낫다고 믿으려 노력하라는 비현실적인 주문이 아니다. 그런 가정은 난센스다. 이 말은 이편의 이해보다 상대편의 득실을 먼저 생각하고 중요하게 여기라는 명령이다. 또 다른 본문에서 사도는 계속 말한다. "우리는 자기에게 좋을 대로만 해서는 안 됩니다. …저마다 자기 이웃의 마음에 들게 행동하면서, 유익을 주고 덕을 세워야 합니다. 그리스도께서도 자기에게 좋을 대로 만 하지 않으셨습니다"(롬 15:1-3, 표준새번역). 한 걸음 더 나가 서로에게 '종(douloi)', 곧 노예가 되라고까지 한다. 그리스도가 자신을 낮추고 종이 되셔서 목숨까지 바치셨으니 이제 그 뒤를 따르는 그리스도인 또한 종처럼 서로를 섬겨야 한다는 것이다.

이것은 현대인의 눈에 지나치게 급진적이며 마땅치 않은 모습으로 비칠 게 틀림없다. 나더러 노예가 되라고? 하지만 바울이 종이라는 표현까지 쓰며 이야기하고자 했던 바는 옛날 옛적, 주인의 말 한 마디에 목숨이 오갔던 노예와 똑같은 방식으로 서로를 대하라는 것은 아니다. 이 표현의 핵심은 자신보다 상대방의 필요를 앞세운다는 데 있다. 예수님을 구주로 믿는 이들에게는 이것이 서로를 대하는 방식이 되어야 한다. 다른 사람들을 마땅히 이렇게 섬겨야 한다면 남편과 아내에게는 어떻게 해야 하겠는가? 한층 더 진심과 성의를 다해야 하지 않겠는가? 이것은 함부로 무시해 버릴 수 있는 원리가 아니다. 남편의 역할을 어떻게 정의하든 상관없다. 바울은 남편을 일컬어 아내의 '머리'라고 했지만 그 의미가 어디에 있든지 간에 동일한 그리스도인으로서 아내의 형제라는 엄연한 사실을 무효로 돌릴 권리가 없다. 부부는 반드시 배우자를 섬겨야 하며 기꺼이 스스로의 유익을 포기해야 한다. 이것은 대인관계 속에서 우리 자신의 권위를 망가뜨리지 않으며 오히려 내면을 급진적으로 변화시켜 준다.

상대방의 유익을 앞세우고 누군가의 마음을 흡족하게 하는 것은 무척 힘든 일이다. 그럼에도 부부 관계 속에서 그 원리에 따라 치열하게 치르는 씨름에 비하면 한참 아랫길이라 해도 지나치지 않다. 배우자와 단 하루를 함께 보내더라도 어느 편의 뜻을 따르고 누가 포기할 것인가 하는 문제는 수도 없이 맞닥뜨리게 되는 일이다. 이때 세 갈래 선택이 있다. 기꺼이 상대를 섬기는 것, 원망스럽고 서운한 마음으로 기분을 맞춰 주는 것, 자신의 입장을 내세우며 뜻을 굽히지 않는 것이다. 남편과 아내가 약속이라도 한 것처럼 첫 번째 길을 좇아 반응할 때 부부는 원만한 관계를 가꿔 갈 수 있다. 하지만 그것이 얼마나 힘들고 고달픈 노릇인가!

아내와 나는 아직도 잊을 수 없는 결정적인 사건이 하나 있었다. 함께 신학교에 다녔던 뉴잉글랜드에서의 일이다. 우리는 세 아들을 데리고 친구 부부네 집에서 묵고 있었는데 하루는 밑도 끝도 없이 학교 근처에 있는 서점에 가고 싶어서 견딜 수가 없었다. 특별한 용무가 있어서가 아니라 그냥 어떤 책이 새로 들어왔는지 둘러보고 관심 가는 것이 있으면 몇 권 사 올 셈이었다. 그러자면 결국 아내 혼자 꼬맹이들을 보살펴야 한다는 걸 모르지 않는 바였기에 나는 감히 가겠다는 말을 꺼내지 못했다. 대신 상대 쪽에서 먼저 이편의 속내를 알아채서 얼른 다녀오라고 해주길 바랄 뿐이었다. 하지만 감감무소식이었다. 그렇게 시간이 흘러가자 나는 캐시가 아내가 되어서 남편 마음도 헤아려 주지 못하는 것이 야속해지기 시작했다. 나라고 놀았던 것도 아닌데! 오후에 몇 시간쯤 그냥 바람이나 쐬고 오라고 해주면 어디가 덧나기라도 한단 말인가! 나중에는 서점에 못 가서 안달하는 걸 빤히 알면서도 짐짓 모른 체하는 것이 분명하다고 넘겨짚기까지 했다.

부글부글 끓는 속을 달래 가며 한참 동안 아이들을 봐주고 난 뒤에 나는 마침내 서점에 못 가서 기분이 나쁘다고 털어놓았다. 아내는 당연히 속상해 하며 말했다. "그랬군요. 불편했을 수도 있겠어요. 하지만 얘기를 했으면 기쁜 마음으로 혼자만의 시간을 가지라고 했을 거예요. 늘 무슨 일이라도 거들어 주는 걸 알면서도 마땅히 보답할 기회가 없었거든요. 당신은 내가 당신을 섬길 기회를 거절한 거네요!"

그 순간 퍼뜩 들었던 생각은 나에게 섬김을 받고 싶은 마음이 없었구나 하는 것이었다. 무언가를 부탁해서 받아 내는 위치에 서려는 뜻이 내게는 아예 없었던 것이다. 아내는 섬길 수 있는 기회를 가지지 못해서 깊이 실망하고 스스로 무시당했다고 느꼈다. 우리는 차를 타고 집으로 돌아오는 내내 토라져 한 마디 말도 하지 않았다. 나는 대체 무슨 일이 일어난 건지 알아내려고 무지 애를 쓰고 있었다.

마침내 나에게 깨달음이 왔다. 나는 늘 섬기고 싶었다. 그래야 자부심이 들기 때문이다. 늘 도덕적으로 높은 위치에 서길 좋아한 것이다. 하지만 그런 부류의 섬김은 섬김이 아니라 조작에 가깝다. 결국 나는 캐시에게 섬길 기회를 주지 않음으로써 아내를 섬기는 데 실패하고 만 것이다. 이런 사달이 난 본질적인 원인은 교만, 나의 자만심이었다.

하나님의 영이 우리를 힘 있게 도우시는 지점이 바로 여기다. 본문마다 바울은 자발적으로 '종이 되고자 하는 마음'을 복음 자체와 연결시킨다. 복음이란 무엇인가? 우리의 허물과 죄가 너무 심각하여 예수님이 우리 대신 죄 값을 치러야 했다는 것 아닌가? 하지만 다른 한편으로는 주님이 우리를 위해 기쁘게 십자가를 지실 만큼 우리가 사랑 받는 존재며 귀한 존재라는 것 아닌가? 이제 우리는 온전히 용납되었으며 하늘 아버지께서 기뻐하는 자녀가 되었다. 그럴 만한 자격이 있어서가 아니라 값없이 베푸시는 은혜 때문이다. 내가 아내에게 섬김의 기회를 주는 일에 거리낌이 있었던 것은 결국 은혜를 기반으로 살아가기를 거부하는 것이나 다름 없었다. 나는 뭐든지 제힘으로 얻으려 했고, 누구로부터 그 무엇도 받기를 원치 않았다. 남들에게는 분에 넘치는 선물을 주려 했지만(그래야 통이 크다는 소릴 들으며 뿌듯해 할 수 있으니까) 스스로는 누구한테서도 섬김을 받으려 하지 않았다. 오로지 하나님의 은혜에 힘입어 그리스도를 믿는 믿음으로 생명을 얻을 수 있다는 복음의 기본 명제를 머리로는 인정하고 받아들였지만 마음은 여전히 그런 식으로 움직였던 것이다.

그리스도인은 복음의 메시지를 좇아 낮아지기도 하고 또 높아지기도 해야 한다. 복음은 인간이 참으로 자기중심적인 죄인임을 선명하게 지적한다. 그러나 다른 한편으로는 상상조차 못할 만큼 큰 사랑과 성원으로 우리를 감싼다. 따라서 애써 일하고 섬기면서 자기 가치를 입증하지 않아도 괜찮다. 마찬가지로 안락한 생활, 칭찬, 보상을 얼마쯤 빼앗긴다고 해도 너무 염려하고 괴로워할 이유도 없다. 아낌없이 주고 서슴없이 받을 수 있다는 말이다.

나는 어째서 아내와의 관계가 이 복음에 의해서 빚어지도록 맡기지 못했을까? 그것은 머리로만 믿었지 마음에서는 이 원리가 작동하지 않았기 때문이다. 이처럼 다른 사람을 섬기는 능력은 성령을 통해서만 가능하다. 진리의 영이신 성령님이 우리 마음에 들어오셔서 우리를 변화시킬 때만 가능한 일이다.

문제의 근원, 자기중심적인 마음가짐

지금까지 간략하게 다룬 바와 같이, 결혼 생활을 하면서 종의 마음을 가지고 서로를 섬기지 못하게 막는 가장 큰 장애물은 죄에서 비롯된 지독한 자기중심성이다. 이것은 무수한 가정에 막대한 피해를 입힌 주범이자 항상 존재하는 적이다. 또한 부부 관계가 시작될 때 그 한복판에 똬리를 틀고 세력을 키워가는 암 덩어리와 같아서 반드시 다뤄져야 할 것이기도 하다. 고린도전서 13장에서 바울은 이렇게 말한다.

> 사랑은 오래 참고 사랑은 온유하며 시기하지 아니하며 사랑은 자랑하지 아니하며 교만하지 아니하며 무례히 행하지 아니하며 자기의 유익을 구하지 아니하며 성내지 아니하며 악한 것을 생각하지 아니하며(4-5절).

이처럼 사랑은 다른 이들의 유익보다 자신의 이해를 좇는 '자기 위주'의 사고방식과 정반대편에 있는 덕목이다. 자기중심성은 바울이 열거한 바와 같이 조급하고, 쉽게 화내고, 너그럽거나 따듯함이 배어 있지 않은 말을 함부로 쏟아내고, 형편이 더 나은 이들을 샘내고 헐뜯으며, 누군가에게서 받은 지난날의 상처와 아픔을 버리지 않고 곱씹는 따위의 증상들이다. 데이나 애덤 샤피로가 이혼한 부부들을 대상으로 조사한 결과를 보면 자기 본위의 마음가짐이 가정 붕괴를 불러오는 핵심 요소임이 명확하게 드러난다. 한쪽 배우자가 자기주장을 앞세우면서 고집을 부리면(늘 그렇듯) 상대편은 더 조급해지고 분에 차서 거칠고 냉담한 태도로 응수한다. 간단히 말해서 상대의 자기중심성을 자신의 자기중심성으로 받아치는 것이다.

자기중심성은 상대방의 이기적인 면모에 대해서는 예민하게 반응하고, 불쾌해 하며, 억울해 하고, 낙담하지만 자신도 똑같은 성질을 가졌다는 점은 보지 못하게 만드는 특성을 가지고 있다. 그러니 관계에는 발전이 없고 늘 자기연민과 분노, 절망의 구렁텅이로 끌려들 수밖에 없는 것이다!

하지만 성령은 우리들의 그런 마음을 제자리로 돌려놓는다. 복음은 우리에게 만족을 주고 우리 내면에 충만한 기쁨을 부어 준다. 그로 인해 비록 관계에서 기대하는 만큼 만족을 얻지 못했다 하더라도 닦달하지 않고 배우자를 너그럽게 대하게 된다. 성령의 도우심이 없으면, 다시 말해서 영혼의 탱크에 주님의 영광과 사랑을 지속적으로 재충전하지 않으면 남의 유익을 앞세우는 건 고사하고 오랜 시간 동안 원망과 원한을 품지 않고 지내는 일조차 말 그대로 불가능할 것이다. 나는 이것을 일컬어 '사랑의 경제학'이라고 부른다. 마음의 은행에 줄 돈이 넉넉하게 있어야 너그럽게 베풀 수 있기 때문이다. 마찬가지로 사랑과 의미를 찾는 근원이 배우자뿐이라면, 거기서 원하는 것을 얻지 못하게 될 때 슬프다고 느끼는 정도가 아니라 재앙을 겪을 공산이 크다. 하지만 성령이 우리 삶 가운데 역사하시는 것을 안다면 '은행'에 사랑의 잔고가 넉넉해서 따뜻하고 애정 어린 대접을 되돌려 받지 못한다 할지라도 아낌없이 베풀 수 있을 것이다.

콧노래가 절로 나오는 결혼 생활을 영위하기 위해서는 삶의 중심에서 자신을 끌어내리고 상대방의 필요를 앞세우는 섬김의 능력이 필수적이다. 이것은 성령이 주시는 것으로 복음이 가슴속에 살아 움직이게 되면 자기중심적인 마음가짐도 금세 수그러들고 말 것이다. 이런 초자연적인 지원이 없으면 스스로 삶의 복판에 서고자 하는 성향을 거슬러 섬김이라는 큰 걸음을 내딛을 방도가 없다.[3]

결혼이 주는 깊은 행복은 성령님께 의지해서 희생적으로 섬기는 삶 건너편에 있다. 다시 말해서, 예수님이 저마다에게 해주셨던 일을 본받아, 지속적으로 배우자의 행복을 자신의 기쁨보다 먼저 생각할 때만 스스로도 만족스러운 생활을 해나갈 수 있다. "남편(또는 아내)의 유익을 내 필요보다 먼저 생각하는 것은 좋은

데, 그럼 나도 얻는 게 있어야 하지 않을까요?"라고 묻는 이들이
더러 있다. 그에 대한 답은 행복이다. 이 행복은 상대방을 이용하
는 것이 아니라 섬겨서 얻어지는 것이기 때문에 이편에도 저편에
도 결코 해가 되지 않는 행복이다. 이것은 내 것을 주는 데서 오는
기쁨이고 값비싼 대가를 치르며 다른 이들을 사랑하는 데서 오는
만족이다. 오늘날 세상을 지배하고 있는 '자기중심적인' 결혼 문
화는 배우자의 유익을 자신의 이해보다 앞세워야 한다는 제안을
억압적이라고 해석한다. 하지만 이는 관계에 대한 성경적 가르침
의 본질을 깊이 꿰뚫어 보지 못해서 오는 오해다. 그 가르침이란
무엇인가?

　　기독교는 출발 당시부터 하나님이 삼위임을 강조해 왔다. 한
하나님 안에 세 위격이 있다는 뜻이다. 요한복음 17장을 비롯한
여러 본문들을 보면 성부와 성자, 성령 각 위는 다른 두 위로부터
영광과 높임, 사랑을 받아 왔음을 알 수 있다. 하나님의 존재 자체
에 이미 '이타적 지향성'이 있었던 셈이다. 예수님은 십자가를 지
실 당시 그저 당신이 가진 고유한 성품을 좇아 행하셨다. C. S. 루
이스가 글에 쓴 것처럼, 인류를 위하여 자신을 희생 제물로 바치
신 주님은 영원 전부터 "본향에서 영광과 기쁨으로 하시던 일을
궁벽한 변방의 사나운 날씨 속에서"[4] 행하셨을 따름이다.

　　성경의 한결같은 가르침은 인간이 하나님의 형상을 따라 만
들어졌다는 것이다. 여기에는 여러 가지 의미가 있지만 무엇보다
인간이 스스로가 아니라 하나님의 영광을 예배하며 그 이름을 높

이기 위해 살도록 창조되었다는 뜻이다. 우리는 하나님과 이웃을 섬기도록 지음 받았다. 역설적으로 들릴지 모르지만, 하나님께 순종하는 일보다 자신의 행복에 우선순위를 두는 사람은 삶의 본질이 훼손되어서 마침내는 참담한 지경에 이르게 된다. 예수님은 그 원리를 이렇게 표현하셨다. "누구든지 제 목숨을 구원하고자 하면 잃을 것이요 누구든지 나를 위하여 제 목숨을 잃으면 찾으리라"(마 16:25). 다른 표현으로 하자면 이런 말씀이다. "나보다 스스로의 만족을 더 추구하면 아무것도 손에 넣지 못하겠지만, 행복을 추구하기보다 나를 더 찾으면 둘 다 갖게 될 것이다."

바울은 이 원리를 결혼에 적용했다. 자신의 행복을 좇기보다 서로 섬겨 보라. 분명 더 새롭고 깊이 있는 행복감을 맛보게 될 것이다. 수많은 부부들이 이 놀랍고 예상치 못했던 실재를 발견하고 경험해 왔다. 어떻게 그럴 수가 있을까? 결혼은 '하나님이 세우신 제도'이기 때문이다. 결혼에서는 자신을 내어 주는 사랑이 으뜸이며 그것을 통해 예수 그리스도가 성품과 사역으로 보여 주신 거룩한 실재가 드러난다. 주님이 손수 그렇게 만들어 놓으셨다.

따라서 결혼 생활에 문제가 생기면, 혼인의 본질에 근거해서 혹시 자기중심적인 태도로 마지못해 배우자를 섬기거나 보살피지 않았는지부터 살펴보아야 한다. 바울이 본문에 사용한 '순종'이라는 말은 본래 군대에서 사용하던 용어로 지휘관의 명령에 따르는 병사의 태도를 포함한다. 일단 군에 들어가고 나면, 언제 휴가를 내고 언제 밥을 먹을지 마음대로 정할 수 없으며 심지어 무엇을 먹을지조차 자기 뜻대로 결정하지 못한다. 전체의 구성 인자, 더 큰 덩어리의 일부가 되려면 개별성을 양보해야 한다. 주체적이고 독립적으로 결정할 권한도 포기해야 한다.

억압적으로 들리겠지만 관계가 돌아가는 방식이 다 그렇다. 사실상 세상만사가 하나 같이 그런 식으로 움직인다. 기꺼이 주어야 참으로 소유할 수 있다. 성취는 상대를 위하는 마음으로 끊임없이 섬기는 수고의 고개 너머에서 기다리고 있다. 이것이 삶의 보편적인 원리다.

> 심지어 사회생활에서조차 상대방에게 좋은 인상을 주겠다는 뜻을 단념해야 비로소 좋은 인상을 남길 수 있습니다. 문학과 예술 분야에서도 원작이 되려고 안간힘을 쓰는 이는 결코 오리지널이 되지 못합니다. 도리어 그저 진실만을 말한다면(얼마나 닳고 닳은 이야기인지 따위에는 신경 쓰지 않고) 저도 모르는 사이에 십중팔구 오리지널이 되어 있을 것입니다. 자신을 버리면 참다운 자아를 찾게 될 것입니다. 생명을 버리면 얻게 될 것입니다. …버리지 않고 움켜쥔 걸 진정으로 소유하게 되는 경우는 없습니다.[5]

짊어진 상처들

자기중심적인 성향을 파악하지 못하는 데는 여러 가지 이유가 있다. 과거에 학대받았던 경험도 마음의 눈을 가리는 주요한 요인이 된다. 많은 이들이 부모나 애인, 또는 이전의 배우자에게서 받은 심각한 상처를 짊어진 채 결혼 생활을 하고 있다. 부모에게서 받았던 물리적, 성적 학대나 피해만을 가리키는 것은 아니다. 여기에는 보다 더 광범위하고 흔한 상처들도 포함되어 있는데 많은 부모들이 자녀들에게 벌을 주거나 화풀이를 할 때 쌀쌀맞고 차갑게 대한다든지 언어폭력을 휘두른다. 배우자로부터 부당한 대접을 받았거나 애인에게서 배신을 당했던 경험들도 빼놓을 수 없다. 이런 부정적인 경험들은 스스로의 판단력과 인성에 대한 심각한 불신을 마음에 심어 주고 더 나아가 극단적으로는 이성을 신뢰하지 못하게 만든다. 그리고 이 '상처'는 자기불신과 죄책감, 원망과 환멸을 더 악화시킨다.

적잖은 이들이 이처럼 마음의 상처로 깊이 얼룩진 채 서로를 만나고 결혼을 한다. 그러다가 불가피한 갈등이 생기면 부부 관계는 파국으로 치닫게 된다. 우리 안에 내재된 상처는 은혜가 활동하는 데 큰 장애가 된다. 이 상처가 자신에게만 몰두하도록 몰아가기 때문이다. 반면 주님의 은혜는 하루하루 일상 속에서 회개하고 용서하며 결혼 생활이 나날이 성숙해 가는 데 결정적인 역할을 하는 것이다.

우리 주변에서 상처를 가진 이들을 만나는 것은 그다지 어려운 일이 아니다. 이들과 이야기를 해보면 입을 열기가 무섭게 자기 사연을 털어 놓는 경우가 많다. 자기 속에 있는 아픔과 문제를 쏟아내기에 바빠서 남의 눈에 어떻게 비쳐질지 따위는 개의치 않는 것이다. 이런 사람들은 당연히 다른 이들의 필요에 둔감하다. 상처받고 있는 이들이 보내는 신호도 좀처럼 알아채지 못한다. 설령 감지해 낸다손 치더라도 그것 역시 자신에게 몰입하는 방편에 지나지 않는다. 뿌듯한 기분을 느끼고 싶어서 누군가를 '구조하는' 일에 힘을 보탤 따름이다. 제 목마름을 채우려고 하는 일인지라 알게 모르게 강박적이고 남을 통제하는 방식으로 일을 처리한다. 이들은 백이면 백, 스스로에게 몰입하는 성향을 자각하지 못한다. 아픔과 상처들이 자기중심적인 마음가짐을 더 심각하게 덧내고 있는 것이다. 그들의 이기적인 태도를 지적하기라도 할라치면 대개는 상투적인 답변이 돌아온다. "그럴지도 모르죠. 하지만 당신은 나의 아픔이 어떤 건지 이해하지 못해요." 상처로 자신의 모든 행동을 정당화하는 꼴이다.

이런 상태를 진단하고 치료하는 두 가지 방법이 있다. 현대 문화에서 인간은 기본적으로 선하다는 전제가 광범위하게 깔려 있다. 사람들이 자기 자신에게만 몰입하는 성향이 있다는 것을 인정하기는 하지만 그 이유를 건전한 자아상이 정립되지 않은 탓으로 본다. 따라서 그 해결책으로 자신에게 유익한 일을 하며 다른 사람이 아닌 자기 자신을 위해 살라고 조언하고 있다. 상처 입은 이들에게 맞는 처방은 무조건 지지해 주고, 자기 삶을 남의 손에 맡기지 말고 주체적으로 살라고 권면하며, 맞는 꿈을 찾아서 차근차근 이뤄 가라고 다독이기만 하면 된다는 것이다. 다들 그렇게 하는 것이 치유의 길이라고 생각한다. 이런 사고방식은 자기중심성이 어떤 식으로든 학대의 산물이라고 가정한다. 오늘날 이런 이해는 인간 본성을 이해하는 가장 보편적인 방식이 되었다. 하지만 이것은 신앙, 말 그대로 종교적인 믿음이라는 주제로 다시 살펴볼 필요와 가치가 있다. 세계 주요 종교들 가운데 그렇게 가르치는 사례가 전혀 없는데도 불구하고 많은 서구인들은 이와 같은 생각을 가지고 있다.

단순하게 말하자면 이런 세계관은 전혀 통하지 않는다. 결혼 관계에는 소소한 일상생활에서조차도 불가피하게 자제심이라는 문제가 수반된다. 단 둘만의 일대일 관계에서조차도 각자가 다른 삶의 여정을 통과해 왔고 서로의 요구가 더 탁월하다고 여기기 때문에 원만하게 굴러가는 관계를 기대할 수 없다.

기독교적 접근 방식은 전혀 다른 상황 분석에서 출발한다. 더할 나위 없이 심각한 상처를 받은 인간일지라도 자신에게 몰입하는 성품을 낳은 원인이 학대가 아니라 스스로 생겨서 확장된 성향일 따름이라고 믿는다. 학대받은 경험이 더해질 때 불길에다 기름을 끼얹는 것처럼 불꽃과 연기가 그 사람의 숨통을 막고 있는 것은 맞지만 자기중심적인 마음가짐은 학대와는 별개로 그 이전부터 존재했던 기질이다. 그러므로 그저 "너만 생각하라"고 권고한다면 결혼은 말할 것도 없고 모든 관계의 앞날에 실패의 씨앗을 뿌리는 셈이다.

상처 입은 이들에게 깊은 정을 주고 따뜻하게 대하며 사랑하고 인내해 봐야 소용없다는 소리를 하는 것이 아니다. 그것을 전부로 여겨서는 안 된다는 점을 강조하는 것뿐이다. 열등감에 절어 옴짝달싹 못하든, 우월의식에 사로잡혀 있든, 두 경우 모두 자신에게 몰입해서 남들이 어떻게 보고 생각하며 대우하는지에만 집착하고 있는 양상임을 잊어서는 안 된다. 자칫 했다가는 더 건강하게 살아갈 터전을 마련해 주지 못한 채, 그저 열등의식에서 끄집어내어 우월감 속에 던져 넣는 실수를 할 수도 있다.

자기중심적인 마음가짐에 맞서라

복음의 영향력을 묘사하는 바울의 설명은 놀랍기만 하다.

> 그가 모든 사람을 대신하여 죽으심은 살아 있는 자들로 하여금 다시는 그들 자신을 위하여 살지 않고 오직 그들을 대신하여 죽었다가 다시 살아나신 이를 위하여 살게 하려 함이라 (고후 5:15).

성경은 하나님과 이웃이 아니라 자기만을 위해 사는 것을 죄의 핵심이라고 지적한다. 예수님이 모든 율법의 정수(인생을 향하신 하나님의 온전한 뜻)를 하나님을 사랑하고 제 것보다 이웃의 필요를 앞세우고 사랑을 베풀라는 두 가지 큰 계명(마 22:37-40)으로 압축하실 수 있었던 까닭이 여기에 있다.

누구나 따듯하고 정중한 대접을 받아야 한다. 상처 입은 이들이라면 두말할 것도 없다. 아픔을 가진 이들일수록 거친 대우에 예민하기 마련이다. 그러나 한편으로는 누구든 저마다 가진 자기중심적인 마음가짐이 상처를 준 가해자들에게서 비롯된 것이 아니며 학대를 받으며 증폭되었을 뿐이라는 사실을 인식해야 한다. 따라서 도전을 받아들이고 적절한 조처를 취할지, 아니면 외면하고 영원토록 비참한 삶을 살지 스스로 선택해야 한다.

오늘날 서구 문화에서는 남녀가 서로에게 매력을 느껴 결혼을 결심하는 것이 일반적이다. 처음에는 상대가 아주 멋지게 보이지만 한두 해(한두 달인 경우가 더 많다)가 지나면 일반적으로 세 가지 증상이 나타난다. 가장 먼저는, 근사하던 파트너가 얼마나 이기적인지 차츰 깨닫게 된다. 다음에는 그 훌륭한 인간도 비슷한 경험을 해왔으며 이편을 가리켜 이기적이란 말을 입에 담기 시작한다. 마지막으로, 저도 모르는 사이에 배우자의 이기심이 자신의 것보다 더 문제가 된다는 결론을 내린다. 험한 세월을 거치면서 무수한 상처를 입었다고 느끼는 경우일수록 이런 증세가 더 또렷해진다. 그래서 속으로 이렇게 웅얼거리기 일쑤다. "그래, 그러지 말았어야 했는데. 하지만 당신이 내 속을 어찌 알겠어!" 마음의 상처는 이기심을 가려 자신의 모습을 잘 보지 못하게 한다. 상당히 많은 부부들이 결혼한 지 얼마 되지 않아 이 지점에 이르게 된다.

그렇다면 어떻게 할 것인가? 최소한 두 가지 길을 택할 수 있다. 첫째, 자신이 받은 상처를 앞세우고 배우자가 이편의 문제를 알아서 보살펴 주지 않는 한 절대로 마음을 풀지 않겠다고 작정하는 것이다. 물론 상대방이 그렇게 할 가능성은 거의 없다. 이쪽과 똑같은 마음이라면 더 말할 것도 없다. 그렇게 되면 얼마 되지 못해 둘의 정서적인 거리가 벌어진다. 어쩌면 데탕트나 휴전 같은 관계가 서서히 형성될지도 모른다. 서로를 자극하는 이러저러한 문제는 건드리지 말자는 묵시적인 합의가 이뤄진다. 배우자에게 꼴도 보기 싫은 면모가 있기는 하지만 상대가 이쪽의 약점을 왈가왈부하지 않는 한 이쪽에서도 상대방의 약점을 입에 올리지 않는다. 이 경우 남편, 또는 아내를 위해 변해야겠다는 생각은 눈곱만큼도 없다. 선을 넘으면 즉각 응징하겠다는 식의 계약만 있을 뿐이다. 이런 식으로 관계를 지켜 가는 부부 중에는 남들에게서 "결혼한 지 40년이 넘도록 어쩌면 저렇게 행복해 보일까?"라는 소리를 듣기도 한다. 하지만 실제로는 결혼기념일에 사진이라도 찍을라치면 억지웃음을 짓느라 진땀 깨나 흘려야 할 것이다.

휴전 상태로 아슬아슬하게 지내는 결혼 생활을 피할 방도는 문제의 근본적인 원인이 이기심에 있음을 인정하고 배우자보다 자신의 상태를 더 심각하게 여기며 적극적으로 대처하는 길뿐이다. 어째서 그런가? 자신의 이기적인 본성에 확실하게 접근해서 총체적인 책임을 질 수 있는 사람이 자기 밖에 없기 때문이다. 그러므로 남편과 아내는 성경 말씀을 진지하게 받아들이고 온힘을 다해 "자기를 부인하라"는 가르침에 따라야 한다. 본인이 가진 이기심을 변명하지 말고 보이는 대로 뿌리를 뽑아 버려야 한다. 배우자가 어찌하든 신경 쓸 필요가 없다. 부부가 서로 자기중심적인 마음가짐을 결혼 생활의 가장 큰 장애물로 여기기로 약속한다면 참으로 멋진 미래를 기대해도 좋다.

치유를 향한 첫 걸음

남편과 아내 양쪽이 모두 행동을 취하지 않을 수도 있고 둘이 힘을 합쳐 해결의 과정을 밟아 갈 수도 있다. 하지만 세 번째 가능성도 있다. 둘 중 하나는 에베소서 5장 21절 말씀에 근거해서 움직이기로 작정한 반면 다른 한편은 별다른 반응을 보이지 않는 경우다. 만약 여러분이 "자 이제부터 나의 이 이기심을 처리해야겠어!"라고 결심했다고 치자. 어떻게 될 것 같은가? 대개는 상대방으로부터 즉각적인 반응이 오지 않을 것이다. 하지만 달라진 태도와 행동을 되풀이해서 보여 준다면 파트너의 마음도 차츰 부드러워질 것이다. 이편에서 겪고 있는 아픔도 제대로 볼 줄 알게 될 것이다. 여러분 쪽에서 상대방의 약점을 더 이상 사납게 파헤치지 않으니 배우자도 스스로 잘못을 인정하기가 훨씬 쉬워진다. 만약 남편과 아내 모두가 한마음으로 자신의 자기중심적인 성향을 심각하게 받아들이고 상대방을 돌보는 데 힘을 기울인다면 보다 풍성하고 근사한 부부 관계를 가꿀 수 있을 것이다. 하지만 어느 한쪽이 먼저 나서는 것만으로도 앞날은 훨씬 밝아질 수 있다.

지금까지 설명한 원리들은 '만족스러운 결혼 생활을 위한'

대중적인 모델들을 바로잡는 것이었다.

보수적인 결혼관은 전통적인 성 역할을 대단히 중요하게 여긴다. 혼인 관계 전반을 통틀어 가장 큰 이슈는 남편과 아내 모두 하나님이 주신 기능에 복종하는 것이라고 주장한다. 한마디로 남편은 집안의 머리가 되고 아내는 가장의 뜻을 따라야 한다는 뜻이다. 자연스럽게 남녀의 차이를 강조할 수밖에 없다. 하지만 성 역할에 지나치게 큰 비중을 두다 보면 이기심, 특히 남편 쪽의 자기중심주의를 부추길 가능성이 높다.

반면 세속적인 결혼관은 배우자에게 이쪽의 잠재력을 알리고 최대한 개발하도록 돕게 하는 것이 부부 관계의 가장 큰 과업이라고 가르친다. 파트너에게 눌려서는 안 된다는 것이다. 목표는 자아실현에 있다. 결혼을 통해 발전을 이루어야 하는데 배우자가 선선히 돕지 않으면 협상을 해야 하고, 그마저 거부한다면 관계를 깨고 살 길을 찾으라고 주문한다. 이기심의 불길을 가라앉히기는커녕 기름을 들이붓는 꼴이다.

부부 생활에 적용해야 할 기독교적인 원리는 성령님의 역사에 기대어 자기를 부정해야 한다는 것이다. 자신을 덜, 또는 더 생각하는 것이 아니라 스스로 부족한 존재로 여긴다는 의미다. 그리스도 안에서 필요가 모두 채워질 것이고 또 지금도 충족된 상태이므로 배우자를 구세주로 볼 이유가 없다는 뜻이기도 하다. 복음에 대한 이해가 깊은 이들은 방향을 돌이켜 자신의 이기적인 마음가짐이 문제의 핵심임을 받아들이고 해결할 길을 찾는다. 그런 자세를 갖는 순간, 곧바로 악몽에서 벗어나 해방감을 맛보는 이들이 허다하다. 그동안 얼마나 속 좁게 살았는지, 큰 그림에 비춰 보면 얼마나 시시한 일에 애면글면해 왔는지 퍼뜩 깨닫게 되는 것이다. 자신이 얼마나 불행한지 생각하기를 멈추자 행복이 자라나는 것을 실감하게 되는 것이다.

그리스도를 두려워함으로

에베소서 21절의 서두에는 흔히 놓치게 되는 결정적 일면이 있다. 바울은 "그리스도를 경외함으로 피차 복종하라"라고 말한다. 많은 역본들이 이렇게 옮겼지만 실제로 바울이 전하고자 하는 의미는 '두려워함으로(fear)'에 가깝다. '경외(reverence)'는 필자의 의도를 전하기에 다소 모자라고 '두려움'이란 표현은 공포나 괴기의 느낌으로 오해받을 소지가 있다. '주님을 향한 두려움'이란 개념이 수시로 등장하는 구약 성경을 읽노라면 쉬 납득하기 어려운 용례와 종종 마주친다. 주님에 대한 두려움은 흔히 커다란 기쁨과 연결된다. "항상 경외하는 자는 복되거니와"라는 잠언 28장 14절도 어리둥절하지만 놀랍기로 친다면, "사유하심이 주께 있음은 주를 경외하게 하심이니이다"(시 130:4)라는 시편 기자의 고백도 마찬가지다. 용서와 복이 경외함과 함께 있지 않는가!

주님을 두려워하면 훈계를 받고 성장할 수 있는데(대하 26:5, 시 34:11), 여기에는 찬송과 놀라움과 기쁨이 따른다고 가르치는 구절들도(시 40:3, 사 11:3) 있다. 어떻게 그런 일이 가능할까? 어느 주석가는 시편 130편 말씀을 이렇게 해석했다. "용서를 받고 나면 (겁에 질려) 두려움이 커지는 것이 아니라 도리어 사라져 버린다. …구약 성경에 등장하는 '주님을 경외(또는 두려워)'한다는 말의 참 뜻은… 관계와 연관이 있다."[6]

비록 원어(히브리어)는 존경이나 외경의 의미를 함축하고 있을지 몰라도, 주님을 경외한다는 말은 겁에 질려 무서워한다는 뜻은 분명히 아니다. 성경에 사용된 '두려움'은 무언가에 사로잡히고 압도당하는 것을 가리킨다. 따라서 주님을 두려워한다는 말은 하나님과 그 사랑의 크기에 눌려 숨이 막힌다는 뜻이 된다. 더없이 밝은 거룩함과 광대한 사랑 때문에 그분이 '두려우리만치 아름답다는' 사실을 절감하게 된다는 의미다. 하나님의 은혜와 용서를 더 깊이 경험할수록 주님의 성품과 행하신 역사가 크고 넓음에 놀라게 되는 까닭이 여기에 있다. 창조주를 두려워한다는 것은 그분의 영광과 아름다움에 놀라다 못해 머리를 조아리게 되는 것을 의미한다. 바울은 그리스도의 사랑을 언급하면서 그 사랑이 "우리를 휘어잡습니다"(고후 5:14, 표준새번역)라고 표현했다.

우리들의 몸과 마음을 움직이는 가장 강력한 동기는 무엇일까? 성공하고자 하는 열망인가? 무언가를 성취하려는 의지인가? 부모에게 자신을 입증해 보이고 싶은 욕구인가? 또래들 사이에서 선망의 대상이 되고 싶은 마음인가? 자신을 괴롭혔던 인물, 또는 집단에 대한 분노가 삶을 이끌어가는 힘으로 작용하고 있는가? 바울은 이들 가운데 어느 하나라도 하나님이 한 사람 한 사람을 위해 베푸신 거룩한 사랑의 실재보다 더 큰 힘을 행사하고 있다면, 사심 없이 누군가를 섬기는 수준에 결코 도달하지 못한다고 말한다. 오로지 주 예수님을 두려워하는 마음을 가질 때에야 비로소 서슴없이 서로 섬길 수 있다.

대단히 신학적인 이야기처럼 보이지만, 에베소서 5장 21절은 관계를 맺고 이끌어 가는 데 이것이 결정적인 요소임을 보여 준다.

개인적으로 아는 이들 가운데 결혼 경험이 없는 30대 후반의 여성이 있다. 그 여성의 주변 환경에 대해 말하자면, 가족은 물론이고 지역 사회 역시 그 나이가 될 때까지 혼자 사는 여자는 뭐가 잘못돼도 단단히 잘못됐다고 믿는 분위기였다. 따라서 그녀는 자신이 온전치 못한 인간인 것 같은 느낌과 수치심을 붙들고 힘겹게 씨름해야 했다. 그러다보니 오랫동안 사귀면서도 도통 결혼할 생각을 하지 않는 남자친구에 대해 엄청난 분노가 쌓여 갔다.

견디다 못한 그녀는 상담을 받으러 갔다. 카운슬러는 인간을 평가하는 집안의 가치관, 곧 남편과 자식이 있어야 정상적인 여자라는 사고방식 때문에 상처를 받고 있음을 짚어냈다. 이런 이유로 자신의 존재 의미를 규정해 주기 위해 반드시 갖춰야 한다고 믿는 요소들 사이에 서 있는 애인에 대한 원망이 컸던 것이다. 상담사는 그처럼 무지몽매한 시각을 버리고 커리어를 쌓는 데 힘을 쏟는 게 어떠냐고 제안했다. "스스로 뜻을 이룬 괜찮은 인간이란 생각이 들면 남자나 다른 누군가에게서 존재 가치를 찾을 필요가 없게 될 겁니다." 그래서 그녀는 자신을 바라보는 가족과 주변의 평가를 무시해 버리고 경력을 좇기 시작했다. 기분이 좀 나아지는 느낌이 들었다. 하지만 오랫동안 만났던 전 남자친구에 대한 원망은 좀처럼 가시지 않았다.

그러던 차에 우연히 찾아간 교회에서 그녀는 난생처음 복음을 듣게 되었다. 상상했던 것과는 딴판의 말씀이었다. 좋은 점수를 차곡차곡 쌓아서 주님께 드리면 구원을 하사받는 줄로 알았는데 도리어 예수님 쪽에서 만점짜리 성적표를 가지고 있다가 그분을 믿는 자들에게 얼른 선물로 주시는 것이 복음이었다. 우주를 통틀어 유일하게 옳고 그름을 가릴 권세를 가지신 분으로부터 온전한 용납과 사랑을 얻게 되는 것이다.

썩 괜찮아 보였던 카운슬러도 결국은 반쪽밖에 몰랐다는 것을 그녀는 깨달았다. 이성이 주는 애정 안에서 자존감을 찾으려 했던 것은 분명 허망한 몸짓이었지만 성공을 통해 그것을 얻으려는 것 또한 해결책은 아니었다. 과거에는 남자들이 자신을 어떻게 봐주느냐에 따라 자존감이 이리저리 흔들렸는데 이제는 성공과 출세를 마음이 편해지는 방편으로 삼으라는 요구를 받고 있었던 것이다. 그렇게 되면 경제적인 독립을 이루느냐 못 이루느냐를 기준으로 자아상이 달라질 수밖에 없었다.

그녀는 이렇게 말했다. "어째서 '가족'이 인생의 전부인 여성들의 행렬에서 벗어나 '출세'에 목매는 남성들의 대열에 합류해야 한다는 거죠? 애인을 잃을 때처럼 경력에 문제가 생기면 삶이 송두리째 망가지지 않을까요? 싫어요. 저는 도리어 그리스도의 의로움을 입고 그 안에서 기뻐하는 법을 배우겠어요. 그럼 남자들이나 커리어를 바라보며 말할 수 있을 거예요. '하나님 앞에서 날 아름답게 만드는 건 예수님이야!'라고요."

그녀는 그리스도를 통해 하나님이 베풀어 주신 사랑이 얼마나 큰지 점점 더 실감하게 되었고 깊이 사랑받고 있다는 생각에 누군가 해코지를 해도 너그럽게 용서할 수 있는 이른바 '정서적인 풍요'를 누리게 되었다. 옛 애인이나 남성 전반에 대한 분노도 차츰 가라앉았다. 몇 년 뒤, 놀랍게도 그녀는 다시 남자를 만나 사랑에 빠졌고 결국 결혼에 골인했다. 가끔씩 예전에 사귀던 남자친구를 떠올리며 그때 결혼했더라면 십중팔구 비참해졌을 것이라는 생각을 한다. 오직 그리스도만이 채워 줄 수 있는 것을 남편에게 요구했을 테고, 상대를 섬기고 돌보는 건 꿈도 꾸지 못했을 것이기 때문이다.

이런 원리를 한층 극적으로 보여 주는 예는 제2차 세계대전의 영웅 루이스 잠페리니(Louis Zamperini)의 일생을 기록한 로라 힐렌브랜드(Laura Hillenbrand)의 베스트셀러 전기물에서 찾을 수 있다. 1943년, 태평양에서 임무를 수행하던 잠페리니의 비행기는 바다로 추락했고 탑승했던 동료들도 대부분 사망했다. 47일 밤낮을 상어가 득실대는 바다를 표류한 끝에 잠페리니와 또 다른 한 명의 생존자는 일본군에게 붙잡혀 2년 반 동안이나 포로수용소에 갇혔다. 하루가 멀다 하고 구타와 모욕, 고문이 이어졌다.

마침내 전쟁이 끝나고 그는 집으로 돌아오게 되었지만 외상 후 스트레스 장애에 시달리다 결국 알코올중독자가 되고 말았다. 아내 신시아(Cynthia)는 결혼 생활에 대한 소망을 잃었다. 루이스는 자나 깨나 일본으로 가서 수용소 시절 자신을 고문하고 괴롭혔던 일본군 병장 '버드(Bird)'를 죽이는 상상을 하고 계획을 세우느라 여념이 없었다. 그러던 어느 날 밤, 꿈속에 나타난 버드가 또 다시 맹렬하게 달려들었다. 잠페리니는 공격을 막으려고 팔을 뻗었다. 순간 어디선가 들려온 비명소리에 정신을 차리고 보니, 자신이 임신한 아내의 가슴에 올라탄 채, 두 손으로 목을 조르고 있었다. 얼마 후, 신시아는 이혼해 달라며 서류를 내밀었다. 잠페리니는 괴로웠지만 아내와 자식을 잃어버릴 지경에 이르러서도 술을 끊을 수 없었다. 과거에 입었던 상처가 너무 크고 그 통증이 심해서 마음을 바꾸거나 가족을 지켜낼 엄두조차 내지 못했다.

　　그런데 1949년 어느 가을날, 가까이 지내는 이웃사람이 잠페리니의 아내에게 빌리 그레이엄이라는 젊은 복음전도자가 시내에서 연속 천막 집회를 열고 있는데, 한번 가보지 않겠느냐고 권했다. 모임에 참석했던 신시아는 불덩이가 돼서 돌아왔다. 당장 남편에게 달려가 이혼하지 않겠다고 알리면서 영적으로 완전히 새로워지는 놀라운 경험을 했으니 내일은 반드시 함께 가서 설교를 들어 보자고 졸랐다. 남편은 며칠을 버티다가 결국 두 손을 들었다. 그날 밤, 청년 전도자는 단도직입적으로 그의 죄성을 건드렸다. 잠페리니는 짜증을 내며 중얼거렸다. "나만큼 착한 사람이 있으면 나와 보라고 해." 하지만 말이 채 끝나기도 전에 짐페리니는 그러고 있는 자신의 모습이 허세에 불과하다는 것을 아프게 자각했다. 몇 밤이 더 지난 뒤, 짐페리니는 드디어 마음을 돌이키고 "통로로 걸어 나가" 죄를 고백하고 그리스도를 주님으로 받아들였다.

그는 곧장 알코올중독에서 벗어났다. 하지만 그보다 더 중요한 것은 삶 속에 흘러넘치는 하나님의 사랑을 뼈저리게 느끼고 나니 수용소 시절, 자신을 가두고 못살게 굴었던 이들을 용서할 수 있게 되었다는 사실이었다. 증오와 참담한 심정을 부채질하던 수치심과 무력감은 온데간데없이 사라져 버렸다. 아내와의 관계는 "새로워지고 또 깊어졌다. 함께 지내는 시간이 이루 말할 수 없이 행복했다." 1950년 10월, 루이스는 일본을 찾아 지금은 감옥에 갇혀 있는 예전 수용소 경비병들에게 통역을 통해 메시지를 전했다. 그리곤 사랑이 넘치는 미소와 함께 죄수들을 하나하나 끌어안았다. 다들 놀라서 눈이 휘둥그레졌다.[7]

이런 사례를 소개하기가 망설여질 때가 많다. 단번에 거꾸러지는 전격적인 변화는 오해를 불러일으킬 가능성이 많기 때문이다. 루이스 잠페리니의 경우 정서적인 상처가 유난히 심했던 만큼 성령님의 역사(하나님의 사랑이 예수 그리스도 안에서 심령에 사무치도록 생생해지는) 또한 강력하고 극적이었을 것이다. 하나님의 영이 언제나 급작스럽고 명확하게 개입하시는 것은 아니지만 이런 변화를 일으키시는 것 또한 어김없는 사실이다. 주님은 신시아에게 소망을 주시고 루이스에게는 고통스러운 과거에서 벗어나 결혼 생활을 새로이 가꿔 갈 길을 열어 주셨다. 더러는 갑자기, 또 더러는 서서히 주님은 동일한 영향력을 행사하고 계신다.

> 우리가 믿음으로 의롭다 하심을 받았으니 우리 주 예수 그리스도로 말미암아 하나님과 화평을 누리자 …소망이 우리를 부끄럽게 하지 아니함은 우리에게 주신 성령으로 말미암아 하나님의 사랑이 우리 마음에 부은바 됨이니(롬 5:1, 5).

루이 잠페리니는 문자 그대로 심한 고문을 당했고 내면에 뿌리내린 수치심과 분노, 두려움 때문에 다른 사람을 사랑할 수 있는 능력을 상실해 버렸다. 하지만 그런 아픔이 없는 사람이라 하더라도 온전한 것은 아니다. 사람들은 어떤 모양으로든 다양한 결함을 가지고 있으며 일그러진 자아상을 가지고 결혼 관계에 들어간다. 많은 이들은 경력을 쌓거나 출세하는 데 몰두하며 내면의 무의미함과 회의를 이겨내려 한다. 아름답고 똑똑한 배우자가 쏟아 주는 애정과 인정에서 위안을 얻고 자신을 확인하고 싶어 하는 이들도 적지 않다. 결국 이상적인 관계를 구원의 통로로 삼으려 들지만 세상 어디에도 그런 관계는 존재하지 않는다.

바울이 "그리스도를 두려워하는 마음으로" 서로를 사랑하라는 설교를 하면서 결혼이라는 주제를 들고 나온 까닭이 여기에 있다. 우리는 너나없이 온갖 두려움과 욕망, 필요를 끌어안은 채 배우자를 만나고 가정을 이루기 때문이다. 마음속에 남은 하나님의 빈자리를 결혼을 통해 채우려는 태도를 바꾸지 않는다면, 우리는 결코 배우자를 섬기는 수준에 이르지 못할 것이다. 하나님만큼 큰 영적인 공백은 오로지 하나님으로만 메울 수 있다. 우리 삶에서 하나님이 제자리를 잡기 전까지는 결코 배우자의 사랑이 충분치 않다느니, 이편의 뜻을 존중해 주지 않는다느니, 내조가 부족하다 느니 하는 따위의 불평이 그칠 일은 없을 것이다.

주를 경외함으로 자라다

결국 성령으로 충만하다는 것과 주님을 경외한다는 것은 기본적으로 같은 뜻이다. 둘 다 내면의 영적인 체험과 실재를 나타내는 것이지만 서로 다른 측면을 드러낼 뿐이다.[8] 두 가지는 모두 '자신으로부터 벗어나게' 한다. 바울은 우리의 결혼 생활에서 가장 중요하고 결정적인 요소가 바로 성령님이 만드신 이타적인 마음이라고 말한다. 입이 다물어지지 않을 만큼 놀라운 그리스도의 희생과 사랑은 우리가 신약 성경의 모든 부르심을 따를 수 있는 동기가 된다. 사도는 로마서 15장에서 그리스도가 십자가에서 당신에게 좋을 대로 행하지 않으셨으므로 우리 역시 제 뜻만을 고집해선 안 된다고 가르친다. 빌립보서 2장에서도 예수님이 우월한 지위를 고집하지 않으셨던 것처럼 나보다 남을 낮게 여겨야 한다고 말한다. 주님은 영광을 버리고 우리를 섬기셨으며 자기를 낮춰 죽기까지 순종하셨다. 성령님은 이를 가슴 깊이 새겨서 온 마음으로 사랑하며, 노래하고, 감격하게 하신다. 그리고 이러한 '경외감'을 통해, 곧 성령의 충만함을 통해 우리는 배우자에게 마땅히 해야 할 일들을 행할 수 있다.

그렇다면 성령으로 충만해지려면 구체적으로 무엇을 어떻게 해야 하는가? 주님을 두려워하는 마음이 갈수록 커져서 다른 두려움에 짓눌리지 않는 방법은 무엇인가? 이것은 매우 방대한 주제이긴 하지만 여기에 소개하려는 예만 가지고도 방향을 잡는 데는 어려움이 없을 것이다.

몇 년 전, 꼬박꼬박 설교를 들으러 오는 한 남성에게서 예리한 지적을 받았다. "설교 준비가 잘된 날은 설교중에 다채로운 자료들을 인용하지만, 그렇지 못했을 때는 C. S. 루이스만 인용하시더군요." 틀린 이야기는 아니다. 그동안 출간된 그이의 작품을 몇 해에 걸쳐 그야말로 샅샅이 읽었기 때문이다. 처음 기독교 신앙을 갖게 되었을 무렵, 루이스의 글은 그 어떤 작가의 작품보다 내 의문에 해답을 주었고 여러 측면에서 나에게 큰 영향을 미쳤다. 꾸준히, 그리고 되풀이해 가며 정독한 덕에 몇몇 구절들은 마음에 새겨두고 수없이 암송할 정도가 됐다. 방대한 분량의 사사로운 편지들은 물론이고 전기도 몇 종류나 찾아 읽었을 정도로 좋아하는 작가이기 때문이다.

한 인물의 삶과 작품 속으로 깊숙이 들어가면 흥미로운 현상이 일어난다. 글을 더 많이 알게 되는 데 그치지 않고 생각이 어떻게 움직여 갈지, 이러저러한 질문에 어떻게 답할지, 이만저만한 사건에 어떻게 반응할지 내다보게 되는 것이다. 생각나는 대로 이야기하더라도 마치 C. S. 루이스가 살아서 나타난 듯, 그이다운 말들이 쏟아져 나온다. 루이스가 내 정신세계의 일부를 차지하고 있는 까닭이다.

이처럼 예수님의 가르침과 삶, 그리고 그분의 사역 속으로 더 깊이 파고 들어간다면 어떤 결과가 나타날까? 주님의 약속과 부르심, 권면과 격려에 침잠해서 그 하나하나가 내면 생활을 지배하고, 생각을 사로잡으며, 어려운 일이 닥칠 때마다 샘솟듯 자연스럽게 넘쳐 나온다면 어떻게 될까? 눈앞에 벌어진 상황에 대한 예수님의 마음과 생각을 무의식적으로, 거의 본능적으로 알아차린다면 어떤 삶을 살게 될까? 그렇게 되면 비록 비판을 받는다 할지라도 예수님의 사랑과 용서가 '한결같이' 깊음을 알기에 무너져 내리지 않을 것이다. 누구를 비판할 일이 발생한다 하더라도 주님의 자비로운 인내와 온유하심이 함께한다는 의식이 내면에 스며들어 있어서 온화하고 절제된 자세를 잃지 않을 것이다.

그렇다고 비난을 받을 때마다 의식적이고 의도적으로 "예수님이라면 어떻게 대답하셨을까?" 물어야 한다는 뜻은 아니다. 주님과 그분의 말씀이 우리 내면 깊숙이 깃들어 있다면 자연스럽게 그분의 용기와 위로, 격려를 받을 수 있기에 굳이 그렇게까지 할 필요는 없다. 이미 한 몸이 되어 있으므로 주님의 눈으로 상황을 보고 그분의 시선으로 세상을 관찰하게 된다는 뜻이다. 예수님이 우리의 생각을 송두리째 사로잡으시는 것이다.

물론, 이런 일이 하루아침에 이루어지지는 않는다. 오랜 세월 성찰을 거듭해야 하며 훈련된 기도와 성경 읽기, 말씀 공부, 친구들과의 다양한 대화, 역동적인 예배 따위가 필요하다. 하지만 여느 사상가나 저술가와 달리, 예수님의 영은 거룩한 백성들의 중심에 살면서 성령의 빛을 마음에 비추셔서 복음이 아름답고 장엄하게 눈앞에 드러나게 해주신다. 복음이 우리 안에 "풍성히 거하여"(골 3:16) 서로 섬기고 성숙하게 비판을 주고받을 수 있게 된다면 배우자나 결혼 생활을 통해 나의 모든 필요를 채우거나 치유받기를 기대하지 않게 될 것이다.

'사랑'으로 가는 두 갈래 길

사랑으로 통하는 길이 두 갈래라는 것을 더할 나위 없이 선명하게 보여 주는 노래가 있다. 윌리엄 블레이크(William Blake)의 《경험의 노래(Songs of Experience)》에 실린 시가다.

사랑은 저 좋은 일만을 구하지 않고,
자신에게만 관심을 쏟지도 않는다.
도리어 다른 이들을 편안하게 하며,
지옥의 절망 가운데 하늘나라를 세운다.
사랑은 오로지 자신만을 즐겁게 하며,

그 기쁨에 다른 이를 잡아맨다.

남이 평안을 잃는 걸 즐거워하고

천국의 체념 가운데 지옥을 세운다.

_흙덩이와 조약돌(The Clod & the Pebble)에서

필요를 채워 주고 내면의 불안과 회의를 다독여 주는 누군가에 끌
릴 때, 흔히들 '한눈에 반해' 사랑에 빠졌다고 생각한다. 하지만
그런 식의 관계를 맺게 되면 섬기고 주기보다 요구하고 통제하려
들기 십상이다. 상대방의 기쁨과 자유를 제물 삼아 이편의 욕구를
충족시키는 만행을 피하는 길은 영혼을 품어 주시는 영원한 사랑
의 주인을 향해 돌아서는 것뿐이다. 주님은 하나님과 이웃들에게
죄를 지은 인류가 마땅히 감당해야 할 형벌을 대신 받으시기까지
자신을 희생하셨다. 버림받는 아픔과 지옥의 고난을 십자가에서
몸소 겪으셨다. 모두가 우리를 위해 행하신 일이었다. 성자의 자
비로운 희생과 성령의 사역을 통해 우리는 아버지의 사랑이 충만
한 천국에 눈을 떴다. 진정 "지옥의 절망 가운데 하늘나라를" 세
우신 것이다. 주님이 하나님의 사랑으로 한 사람 한 사람의 심령
을 소생시키셨으므로 이제 우리도 자신을 비우고 사랑으로 배우
자를 섬길 수 있게 되었다.

"우리가 사랑함은 그가 먼저 우리를 사랑하셨음이라"(요일
4:19).

Timothy Keller

,

part 2 ~~~~~~~~

The
Meaning
of
Marriage

결혼은 성장이다

03 서로를 책임지겠다는
공개적인 약속이다

그러므로 사람이 부모를 떠나 그의 아내와 합하여
그 둘이 한 육체가 될지니(엡 5:31, 창 2:24).

몇 해 전, 텔레비전에서 한 집에 동거하는 두 남녀가 결혼을 두고 입씨름을 벌이는 드라마를 본 적이 있다. 남자는 식을 올리길 고집하고 여자는 반대하는 설정이었다. 참다 참다 폭발한 여자가 소리를 질렀다. "서로 사랑하면 됐지, 꼭 종잇조각이 있어야겠어? 난 그딴 거 없이도 자기를 사랑해! 결혼은 그냥 복잡하기만 한 절차일 뿐이잖아!"

한 마디 한 마디가 못이 되어 뇌리에 박히는 것 같았다. 뉴욕 시에서 목회를 하면서 젊은이들로부터 비슷한 얘기를 수도 없이

들었기 때문이다. "난 그딴 거 없이도 자기를 사랑해!"라고 말하는 순간, 여주인공은 '사랑'을 대단히 구체적으로 정의했다. 본질적으로 사랑을 특별한 종류의 감정으로 본 것이다. 여주인공은 이렇게 말하고 있는 셈이다. "자기만 보면 로맨틱한 열정을 느껴. 서류 따위는 마음만 상하게 할 뿐 조금도 보탬이 되지 않아!" 주로 남자 파트너의 애정을 얼마나 간절히 바라느냐로 사랑을 재고 있는 것이다. 그렇다면 옳다. 법적으로 부부임을 증명하는 '종잇조각'은 애틋한 감정에 한 점 도움을 주지 못한다.

하지만 성경은 사랑에 관해 이야기할 때 얼마나 많이 받고자 하는가가 아니라 자신을 얼마나 많이 줄 수 있는가를 먼저 따진다. 이 사람을 위해 얼마나 많은 걸 기꺼이 잃을 수 있을까? 얼마나 큰 자유를 기꺼이 내놓을 수 있을까? 소중한 시간과 감정, 재물을 얼마나 많이, 그것도 흔쾌하게 상대를 위해 쓸 수 있을까? 이런 경우, 결혼 서약은 도움이 될 뿐 아니라 일종의 테스트가 될 수도 있다. "당신을 사랑합니다만, 괜히 결혼해서 좋은 관계를 망치지 맙시다"라는 말이 사실상 "나를 송두리째 줄 수 있을 만큼 사랑하는 건 아닙니다"란 뜻인 경우가 허다하다. "서로 사랑하면 됐지, 난 그딴 거 없이도 자기를 사랑해!"라는 건 기본적으로 "당신을 사랑하지만 결혼할 정도는 아닙니다"란 의미다.

현대문화 속에 가장 널리 퍼져 있는 믿음은 로맨틱한 사랑이 제일 중요하다 하는 것이다. 하지만 이것은 결국 오래가지 못한다. 거기서 파생된 두 번째 신념은 결혼에는 반드시 로맨틱한 사랑이 토대를 이뤄야 한다는 것이다. 이 둘을 종합해 보면, 결혼과 로맨스는 서로 상반되며 낭만적인 애정이 가신 뒤에도 죽을 때까지 헌신적으로 관계를 이어 가라는 건 너무 잔인한 처사라는 결론이 나온다.

성경적인 사랑 개념이 진하고 깊은 감정을 부정하거나 가로막지는 않는다. 차츰 살펴보겠지만, 열정이라든지 정서적인 욕구 따위의 요소가 빠진 관계는 성경적인 결혼관을 충족시키지 못한다. 뿐만 아니라 로맨틱한 사랑과 희생적인 헌신은 서로 충돌을 일으키지도 않는다. 사랑을 주로 감정적인 갈망으로 여길 뿐, 적극적이고 열성적인 섬김으로 보지 않는다면, 결국 서로를 향한 의무와 욕구가 비현실적이고 파괴적인 형태로 변해 갈등을 빚게 될 것이다. 3장의 주제는 그 두 가지를 어떻게 조율하고 조화시키느냐 하는 것이다.

사랑을 바라보는 지나치게 주관적인 시선들

현대인들은 무엇이든 의무가 끼어들면 불건전한 관계라는 식으로 사랑을 정의하고 받아들인다. 여러 해 동안 사역해 오면서 이런 확신에 말 그대로 갇혀 있는 남녀들과 자주 만나 상담을 했었다. 이런 성향은 성과 관련해 더 두드러지게 나타난다. 이들 중 상당수가 내 쪽에선 별 관심이 없는데 배우자가 원해서 혹은 배우자를 기쁘게 해주려는 의도로 성관계를 가지는 것은 진실하지 못할 뿐만 아니라 억압적이라고 믿고 있다. 이것은 사랑을 뜨거운 감정으로만 보는 지극히 주관적인 사고방식이다. 그리고 이런 생각은 악순환의 첫 고리가 되기 일쑤다. 양쪽이 동시에 로맨틱한 기분이 들어야 관계를 갖는다면 빈도가 줄어들 수밖에 없다. 상대방의 성적인 관심 또한 자연스럽게 꺾이고 점점 사그라지게 마련이며 결국 관계는 더 소원해질 것이다. 따라서 서로 격정을 느껴야 관계를 갖겠다는 생각을 버리지 않는 한, 서로가 뜨겁게 사랑할 확률은 계속해서 떨어질 수밖에 없다.

성관계가 늘, 그리고 어김없이 '뜨거운 열정'의 결과물이어야 한다고 믿게 된 데는 현대인들이 혼외정사를 경험하면서 거기서 새로운 파트너와 전혀 다른 감정을 느끼게 되기 때문이다. 배우자가 아닌 누군가와의 섹스는 유혹하려는 욕구의 연장선에 있어서 평소와는 다른 강렬한 인상을 준다. 이런 감정은 사냥할 때 느끼는 스릴과 흡사하다. 낯선 상대를 유인하려 안간힘을 쓰는 동안은 위험과 불확실성, 모종의 압력 따위가 작용해 심장을 쿵쾅거리게 하고 감정을 자극한다. 이런 섹스를 '멋지다'고 규정한다면 결혼은 스릴을 죄다 잠재우는 제도에 불과하다. 하지만 아무도, 어떤 경우에도 그런 식으로 정의된 사랑을 오래도록 지속해 갈 수 없다. 사실상 '사냥의 짜릿함'은 유일무이한 스릴이나 열정이 아니며 가장 근사한 감정도 아니다.

아내와 나는 둘 다 경험이 없는 상태로 결혼했다. 당시에도 그것은 희귀한 일이었다. 결혼 첫날밤에조차 서로에게 깊은 인상을 주거나 유혹할 마음이 없었다. 친구가 되면서 싹트기 시작한 감정은 사랑에 빠지면서 점점 더 강하고 깊어졌고 우리는 '하나'라는 마음가짐을 몸으로 부드럽게 표현하고자 애썼을 따름이다. 우리 부부는 솔직히 첫날밤에는 무척 허둥대고 당황해서 불안하고 초조한 심정으로 잠들었다. 좌절감도 들었다. 머릿속에는 온갖 그림과 이야기가 난무하지만 표현할 재주가 부족한 예술가처럼 낙담이 되었다.

하지만 육체를 이용해 서로에게 깊은 인상을 남기려 애쓰지 않고 위험스럽고 금지된 스릴을 성적인 자극과 뒤섞은 뒤 그것을 사랑이라고 착각하지 않은 것은 참으로 다행스러운 일이었다. 성관계를 통해 서로에게 연약함을 노출하고, 기쁨을 있는 그대로 드러내며, 상대방에게 기쁨을 선사함으로 얻는 희열도 알게 되었다. 달이 지나고 해가 갈수록 우리는 나날이 더 성숙해졌다.

때로는 어느 한 쪽, 심지어 두 쪽 다 '분위기가 잡히지' 않아도 사랑을 나누는 것은 얼마든지 가능하다. 하지만 결혼의 울타리 안에서 상대방을 유혹하는 게 아니라 즐거움을 주려는 뜻으로 성관계에 임한다면 분위기는 얼마든지 달라질 수 있을 것이다. 최상의 섹스는 행위 자체를 잘 치러내는 일이기보다 기쁨의 눈물을 흘리는 쪽에 더 가깝다.

결혼은 가장 심오한 언약이다

성경은 현대 문화와는 판이하게 자신이 아닌 상대의 유익을 위해 희생하고 헌신하는 것이 결혼의 핵심이라고 가르친다. 사랑은 감정보다 더 근원적이고 근본적인 행동이라는 것이다. 하지만 이런 식의 주장을 펴다 보면 고대 전통 사회에서 흔히 보게 되는 반대쪽 오류에 빠질 수도 있다. 결혼을 단지 가족과 부족, 사회에 대한 의무를 이행하는 사회적 과정으로만 인식하는 것이다. 전통 사회는 대개 삶 전체를 통틀어 가족과 혈통에 으뜸가는 가치를 두었으므로 결혼은 가문의 이익을 추구하는 데 도움을 주는 거래로 비쳐지기 쉬웠다.

이와는 대조적으로, 현대 서구 사회는 개인의 행복을 무엇보다 소중하게 여겨 결혼을 로맨틱한 꿈을 실현하는 경로로 여긴다. 하지만 성경은 개인도, 가족도 아닌 하나님을 최고의 선으로 보고 감정과 의무, 열정과 약속이 단단히 결합된 결혼관을 제시한다. 성경이 말하는 결혼 개념의 중심에는 언약이 자리 잡고 있다.

공급자가 구매자로부터 적절한 대가를 받고 필요를 채워 주는 관계는 역사의 무대에서 사라진 적이 없었다. 누군가가 더 나은 서비스, 또는 똑같은 서비스를 상대적으로 낮은 가격에 제공하면 구매자는 기존의 거래를 유지할 의무가 없다. 이런 관계에서는 저마다의 필요가 관계보다 더 중요하다고 말할 수 있다.

우리를 하나로 묶는 언약 관계 역시 역사가 시작된 이래 줄곧 존재해 왔다. 언약 관계는 저마다의 일차적인 필요보다 관계를 앞세운다. 예를 들어, 부모는 어린 자녀를 양육하는 일에 있어서 정서적으로 회피하지 않는다. 기르기가 힘들고 보람이 없다는 이유로 아기를 버리는 부모는 거의 없거나 만약 그럴 경우라도 사회적으로 엄청난 오명이 따랐다. 사회가 부모-자식 관계를 주고받는 관계가 아닌 약속의 관계로 여전히 생각하기 때문이다.

사회학자들의 주장에 따르면, 현대 서구 사회는 시장이 지배하는 범위가 너무 커져서 소비자 모델이 결혼을 비롯해 역사적으로 항상 서약 또는 약속 관계였던 부분들에까지 파고들었다고 말한다. 이제는 상대가 적절한 대가를 받고 이편의 필요를 채워 줄 때만 관계가 형성되고 유지된다. 이윤을 내지 못하면, 그러니까 내가 받을 수 있는 것보다 더 많은 애정과 관심을 쏟아야 한다면 "손실을 줄이기 위해" 관계를 정리해 버리는 것이다.

이처럼 사회관계가 경제적 이익을 교환하는 일로 축소되어서 '약속'이라는 개념 자체가 우리 문화에서 실종되고 있다. 성경이 분명 결혼의 본질이라고 말함에도 불구하고 서약이나 약속이란 말은 그 개념 자체가 낯설어져서 이제는 한참 뜸을 들여야 알아들을 지경에 이르렀다.

하나님 앞에서 맺은 약속이다

성경을 진지하게 읽는 독자라면 말 그대로 어느 대목을 펼치든 언약과 마주치게 된다. '수평적' 언약은 인간들 틈에서 이뤄진다. 민족과 국가들뿐만 아니라 가까운 친구들끼리도(삼상 18:3, 20:16) 서로 언약을 세우는 장면을 볼 수 있다. 하지만 하나님이 가문이나 민족들은 물론이고(창 17:2), 개인들과 맺으시는(출 19:5) '수직적' 언약이야말로 성경 전체를 아우르는 가장 중요한 약속들이다.

인간과 인간이라는 범위로 한정한다면, 혼인은 무엇과도 비교할 수 없을 만큼 독특하고 심오한 언약 관계다. 에베소서 5장 31절에서, 바울은 구약 성경을 통틀어 결혼과 관련해 가장 유명한 구절인 창세기 2장 24절을 통째로 인용하며 언약의 개념을 상기시킨다.

> 그러므로 사람이 부모를 떠나 그의 아내와 합하여 그 둘이 한 육체가 될지니.

창세기 2장 22-25절은 인류 최초의 결혼식에 대해 기록하면서 '합하여'에 방점을 찍고 있다. 예스러운 이 표현은 히브리어 동사에 담긴 강세를 그대로 전달하고 있는데 요즘 말로 번역하면 '연합하다' 정도의 의미를 갖는다. 원문의 단어는 무엇엔가 찰싹 딸라 붙는 것을 가리킨다. 다른 성경 본문에서도 '합하여'라는 말은 언약, 곧 구속력이 있는 약속이나 맹세를 통해 누군가와 연합한다는 뜻으로 사용된다.[1]

우리가 결혼이 심오한 언약 관계라고 이야기하는 것은 여기에 수평적인 측면과 수직적인 국면이 모두 선명하게 드러나기 때문이다. 말라기서 2장 14절(표준새번역)은 남자에게 아내는 "너의 동반자이며, 네가 성실하게 살겠다고 언약을 맺고 맞아들인" 여인이라고 가르친다(에스겔서 16장 8절과 비교해 보라). 잠언 2장 17절은 음녀, 곧 방종한 아내를 "젊은 시절의 짝을 버리며 그의 하나님의 언약을 잊어버린 자"라고 말한다. 남편과 아내 사이의 언약은 '하나님 앞에서' 맺은 약속이므로 배우자뿐만 아니라 주님과 맺은 계약이기도 하다. 따라서 배우자와의 신의를 저버리면 동시에 하나님께도 불성실한 자가 되는 셈이다.

기독교 전통에 따라 치르는 결혼식에서 서약과 더불어 여러 항목의 문답이 따르는 까닭이 여기에 있다. 신랑과 신부는 이런 취지의 질문을 받는다.

> 이 여인을(남자를) 아내로(남편으로) 맞이하겠습니까? 하나님이 정하신 이 거룩한 결혼의 연대를 통해 아내를(남편을) 깊이 사랑하고 존경하며, 의무를 다하고 충직하게 섬기고, 신실하고 온유한 마음가짐으로 함께 살며 소중히 여기겠습니까?

신랑과 신부는 각각 "예", 또는 "그러겠습니다"라고 대답하지만 잘 알다시피 상대방에게 하는 이야기는 아니다. 엄밀하게 말하자면 질문하는 목회자를 바라보며 답을 내놓지만 실질적으로는 하나님께 서약을 하고 있는 것이다. 수평적으로 이야기하기에 앞서 수직적인 대화를 나누는 셈이다. 신랑과 신부는 하나님과 양가의 가족, 교회와 국가의 권위를 가진 기구 앞에 서서 상대방의 이야기를 들으며 서로에게 정절을 지키며 성실할 것을 맹세한다. 그리고는 손을 맞잡고 그 약속에 기대어 다음과 같이 고백한다.

> 그대를 합법적으로 혼인한 아내(남편)로 맞아 하나님과 증인들 앞에서 사랑스럽고 신실한 남편(아내)이 되기를 다짐하고 약속합니다. 부요할 때나 가난할 때나, 기쁠 때나 슬플 때나, 아플 때나 건강할 때나 목숨이 붙어 있는 한 늘 그러하겠습니다.

알파벳 A 모양을 닮은 집의 모습을 머리에 그려 보라. 집안의 두 기둥이 서로 의지한 채 꼭대기에 맞닿아 있다. 바닥에는 든든한 기초가 놓여 두 기둥을 떠받친다. 하나님 앞에서 주님과 맺은 언약은 배우자와 맺은 약속을 굳세게 다져 준다. 결혼은 인간들 사이에서 이뤄지는 가장 심오한 언약이다.

사랑과 법이 절묘하게 어우러지다

그렇다면 언약이란 무엇일까? 언약은 현대 사회에서 점차 사라져 가는 특별한 유대를 만들어낸다. 그런 결합은 법률적이거나 사업적인 관계와는 비교할 수 없을 만큼 친밀하고 인격적이다. 동시에 감정과 애정에 기초한 관계보다는 훨씬 견고하고 구속력이 있으며 무조건적이다. 언약은 이처럼 사랑과 법이 절묘하게 어우러진 관계를 가리킨다.

이미 살펴본 바와 마찬가지로, 현대 사조들은 하나같이 의무와 열정은 양립할 수 없으며 긍정적인 차원에서 서로 의존하는 것도 불가능하다고 본다. 20세기 초, 영국의 철학자 버트런드 러셀(Bertrand Russell)은 결혼의 테두리를 벗어난 성적 사랑을 표현하여 치열한 논쟁의 불씨를 당겼다. "진지한 감정에서 비롯된 섹스와 애정의 느낌에서 비롯된 섹스를 분리해서 생각해서는 안 된다"는 데 동의하면서도 성행위에는 격정과 로맨틱한 환희가 따라야 하며 자유롭고 자발적일 때만 그럴 수 있다고 주장한 것이다. "의무나 책임이라는 의식을 갖는 순간 기쁨은 숨이 끊어지는 경향이 있다."[2] 사랑은 법률적인 선서나 약속의 산물이 아니라 자발적인 욕구에 대한 반응이어야 한다는 사상은 이제 상식이 되었다.

하지만 성경의 시각은 완전히 딴판이다. 성경은 사랑이 온전히 사랑다우려면 구속력이 있는 의무로 틀을 잡아 주어야 한다고 본다. 그렇게 만들어진 언약 관계는 '법률적임에도 불구하고' 친밀한 수준에 그치지 않는다. '법률적이기에 한결' 친밀하다. 어떻게 그럴 수가 있는가?

상대방에게 공식적이고 합법적인 결혼 서약을 하는 것만으로도 엄청난 사랑의 행위를 하고 있다는 데서부터 이야기를 풀어 보자. "사랑하지만 결혼은 내키지 않네요"라고 말하는 이는 "사랑하지만 당신 때문에 자유가 위축되는 건 싫어요"라는 메시지를 전달하고 있는지도 모른다. 구속력을 가진 언약 관계 속으로 자진해서 들어간다는 것은 사랑을 억누르는 것이 아니라 도리어 깊게, 심지어 넘치도록 풍성하게 만드는 길이다. 혼인하겠다는 약속 자체가 자기를 모두 내어 주는 급진적인 행동일 뿐 아니라 결혼을 결심할 만큼 깊이 사랑한다는 증거이기도 하기 때문이다.

데이트를 하거나 동거를 하는 이들은 매일매일 상대방의 마음을 사로잡아서 스스로의 가치를 증명해야 한다. 주고받는 이익 관계에서 벗어나지 못한 상태이므로 지속적인 홍보와 마케팅이 필요하다. 하지만 합법적인 연합은 마음을 열고 참다운 자아를 드러낼 안전한 공간을 제공한다. 더 이상 허울 뒤에 숨을 필요 없이 연약한 부분을 있는 그대로 보여 줄 수 있다. 끊임없이 자신을 팔지 않아도 괜찮다. 신체적으로든 다른 어떤 면으로든, 마지막 방어막까지 걷어 버리고 완전히 벌거벗은 채 서로 마주할 수 있다.

이러한 법과 사랑의 절묘한 조화는 인간의 가장 심오한 본능에도 부합된다. 체스터턴(G. K. Chesterton)은 사랑에 빠지면 본능적으로 애정을 표현하려 하고 서로에게 무언가를 약속하고 싶어 하는 성향이 나타난다고 지적했다. 연인들은 저도 모르게 맹세나 다짐들을 쏟아 낸다. "항상 당신만을 사랑할 거야." 사랑하는 사이라면 상대방이 그런 말을 듣고 싶어 하리라는 것을 직감적으로 알기 때문이다. 성경이 가르치는 진실한 사랑은 본질적으로 영속성을 염원한다. 성경에 기록된 위대한 사랑 노래인 아가서의 말미에는 이런 외침이 나온다.

도장 새기듯, 임의 마음에 나를 새기세요. 도장 새기듯, 임의 팔에 나를 새기세요. 사랑은 죽음처럼 강한 것, 사랑의 시샘은 저승처럼 잔혹한 것, 사랑은 타오르는 불길, 아무도 못 끄는 거센 불길입니다. 바닷물도 그 사랑의 불길 끄지 못하고, 강물도 그 불길 잡지 못합니다(아 8:6-7 표준새번역).

욕정을 해소하거나, 지위를 얻거나, 자기를 실현하기 위해 상대방을 이용하려는 사심이 전혀 없다면, 서로가 진정으로 사랑한다면 그 상황이 영원토록 변치 않기를 바라는 것은 당연한 일이다. 저마다 한결같은 헌신을 확인하고 싶어 하는 한편, 기꺼이 상대에게 그런 확신을 주려 할 것이다. 그러므로 서약과 약속 같은 '법'은 당장 품고 있는 가장 깊은 열정에도 잘 부합된다. 하지만 미래까지 보장받기 위해서는 사랑의 또 다른 요소가 필요하다.

미래의 사랑을 다짐하는 약속

몇 년 전, 어느 결혼식에 참석했다가 신랑 신부가 서로를 향한 '결혼 서약문'을 낭독하는 것을 본 적이 있다. 대충 이런 이야기를 했던 기억이 난다. "당신을 사랑합니다. 언제나 당신과 함께 있겠습니다." 그날 식을 치른 신랑 신부는 지금 서로를 얼마나 사랑하는지 표현했다. 우아하고도 감동적인 고백이었다. 하지만 결혼 서약은 아니었다. 언약은 그렇게 성립되는 게 아니다. 결혼 서약은 현재 사랑하고 있음을 선언하는 것이 아니라 장래의 사랑을 염두에 두고 함께 나누는 상호 간의 구속력을 갖는 약속이다. 결혼식 역시 지금 느끼는 사랑을 축복하는 마당이 아니라(그편이 무난해 보일지 모르지만), 안에서 이리저리 뛰노는 감정이나 밖에서 사납게 요동치는 환경에 휘둘리지 않고 앞으로 상대에게 사랑스럽고, 신실하며 진실하겠노라고 하나님과 가족, 그 밖의 주요한 사회 기관 앞에서 약속하는 자리다.

사이렌 섬으로 항해하게 된 율리시즈는 벼랑 끝에 앉은 여인의 노랫소리를 들으면 누구나 미쳐 버리고 만다는 이야기를 들었다. 하지만 증상은 일시적이어서 목소리가 들리는 거리만 벗어나면 정상을 되찾는다는 사실도 알게 됐다. 잠시 넋이 나간 사이에 배의 안전을 지켜내지 못할까봐 염려가 된 율리시즈는 선원들에게 밀랍으로 귀를 막으라고 지시하는 한편, 자신을 돛대에 꽁꽁 묶고 무슨 소리를 지르든 무시한 채 앞만 보고 계속 가라는 명령을 내렸다.

앞에서 이미 이야기한 바 있지만, 여러 쌍의 부부를 추적 조사한 연구 결과에 따르면 불행한 결혼 생활을 꾸려 가는 부부라도 이혼하지 않고 그 상태를 유지하고 있으면 적어도 3분의 2는 5년 안에 행복해질 수 있다고 한다.[3] 자그마치 3분의 2다! 험하고 거친 시절을 보내는 동안 부부의 관계를 지키는 힘은 어디서 나오는 걸까? 세상을 향해 했던 서약, 다시 말해 공적인 맹세가 사납게 일렁이는 마음을 가라앉히고 사태를 더 정확하게 파악할 수 있을 때까지 '돛대에 묶어' 주는 셈이다. 감정이 시들해진 상황에서도 변함없이 관계 속에 머물도록 붙잡고 의지를 북돋운다. 이와는 대조적으로 소비자 관계는 사노라면 누구나 한두 번쯤 거치게 마련인 삶의 검증 기간을 견뎌내지 못할 가능성이 높다. 남편과 아내 가운데 어느 쪽도 '돛대에 묶여' 있지 않기 때문이다.

그렇다면 부부 관계를 청산하고 이혼할 근거는 전혀 없다는 뜻일까? 성경은 있다고 말한다. 마태복음 19장 3절을 보면, 일단의 바리새인들이 예수님께 묻는다. "무엇이든지 이유만 있으면, 남편이 아내를 버려도 됩니까?" 당시 랍비 학교에서는 아내가 불만스러우면 이혼해도 괜찮다고 가르치고 있었다. 무슨 이유에서든 내보내면 그만이었다. 하지만 그것은 언약 관계가 될 수 없으며 어느 면에서 보든 본질적으로 주고받는 이익 관계에 가깝다. 예수님은 그런 입장에 거부반응을 보이셨지만 그렇다고 반대쪽 극단에 치우치지도 않으셨다.

> 예수께서 대답하여 이르시되 사람을 지으신 이가 본래 그들을 남자와 여자로 지으시고 말씀하시기를 그러므로 사람이 그 부모를 떠나서 아내에게 합하여 그 둘이 한 몸이 될지니라 하신 것을 읽지 못하였느냐 그런즉 이제 둘이 아니요 한 몸이니 그러므로 하나님이 짝지어 주신 것을 사람이 나누지 못할지니라 하시니 여짜오되 그러면 어찌하여 모세는 이혼증서를 주어서 버리라 명하였나이까 예수께서 이르시되 모

세가 너희 마음의 완악함 때문에 아내 버림을 허락하였거니와 본래는 그렇지 아니하니라 내가 너희에게 말하노니 누구든지 음행한 이유 외에 아내를 버리고 다른 데 장가 드는 자는 간음함이니라(마 19:4-9).

예수님은 무슨 이유든 가져다 붙이기만 하면 이혼할 수 있다는 식의 사고방식을 부정하셨다. 창세기 2장 24절을 인용해 가며 결혼이 곧 언약임을 명확히 하셨다. 언약은 언제든지 가볍게 파기할 수 있는 단순한 관계가 아니다. 결혼과 동시에 형성되는 새롭고도 강력한 연합이므로 대단히 심각한 상황이 아니고서는 깨트릴 수 없다. 그러나 주님은 인간의 "마음이 완악하기 때문에" 그처럼 심각한 상황이 일어날 수 있다고 하셨다. 부부 가운데 어느 쪽이든 죄로 말미암아 심령이 너무 딱딱하게 굳은 탓에 뉘우치고 치유할 만한 수준을 넘어 언약에 치명적인 타격을 입힌 경우에는 이혼까지도 허용될 수 있다.

본문에서 예수님이 꼽으신 심각한 위배 사안은 간음뿐이다. 고린도전서 7장에서 바울은 이른바 '의도적인 방치'라는 또 다른 사유를 덧붙였다. 이런 행위들은 언약을 기초부터 망가뜨리는 까닭에 바울은 그처럼 엇나간 배우자에게 "얽매일 것이 없다"고 단언했다(고전 7:15).

성경과 이혼에 관해서는 할 얘기가 아주 많지만[4] 이 주제에 관한 예수님의 지혜를 살피는 데는 이 본문만으로도 충분하다. 이런저런 이유를 들어 이혼을 허용하는 것은 언약과 서약의 개념을 훼손하는 일이다. 이혼이 쉬워서는 안 된다. 첫 번째는 물론이고 두 번째, 세 번째, 네 번째 대안이 되어서도 안 된다. 그렇기는 하지만, 인간의 죄가 얼마나 깊은지 아시는 예수님은 다른 한편으로 어찌해 볼 수 없을 만큼 완고한 마음을 품고 서약을 깨트리는 배우자와 결혼한 이들에게도 희망을 주신다. 이혼은 끔찍하게 어렵고 또 그래야 하지만, 부당하게 어려움을 겪은 이는 부끄러워할 필요가 없다. 놀랍게도 하나님도 이혼의 아픔을 겪으셨기 때문이다(렘 3:8).[5] 주님은 이혼의 실상을 누구보다 잘 아신다.

약속은 우리 사랑을 지켜 준다

이혼은 엄청나게 힘든 경험이다. 이것은 이혼이 흔해진 오늘날에도 변하지 않는 현실이다. 혼인 서약이 여전히 힘이 되는 까닭도 이에 있다. 결혼과 함께 맺은 약속은 서둘러 포기하지 않도록 우리를 지켜 준다. 우리의 사랑이라는 것은 변덕스럽고 한 달, 또는 몇 년 안에도 산산이 부서질 만큼 약하다. 하지만 언약은 우리로 다시 사랑할 기회를 주고 안정감이라는 울타리로 우리 마음을 보호해 준다. 우리의 열정에 폭과 깊이를 더해 주며 상대방이 도망칠지도 모른다는 두려움 없이 마음의 문을 열고 연약한 부분을 진실하게 드러낼 수 있게 한다.

　　오든(W. H. Auden)은 마지막 작품인 《어떤 세계(*A Certain World*)》

에서 "순간적인 감정이 빚어내는 원치 않는 결과가 아닌 시간과 의지를 들여 빚어낸 것들이 다 그렇듯, 행불행과 관계없이 모든 결혼은 로맨스보다(제아무리 정열적이라 해도) 흥미롭다"[6]고 했다.

오든이 말하는 로맨스와 결혼의 차이는 어디에 있는가? 서류에 서명을 하거나, 둘로 쪼갠 짐승의 사체 사이로 걸어가거나, 유리잔을 밟아 부수거나, 대가 긴 빗자루를 폴짝 뛰어넘는 등 문화에 따라 형식은 다르겠지만, 두 사람이 결혼을 통해 서로를 책임져 주기로 다짐하는 공개적이고도 확고한 약속이 그 분기점이다. 사랑과 법은 늘 손을 맞잡고 다닌다. 성경은 그러기에 결혼을 본질적으로 언약 관계로 본다.

앞으로 계속 사랑하겠다는 구속력 있는 약속이 깊고 한결같은 열정을 끌어내는 데 그토록 중요한 이유는 무엇인가? 햇병아리 목회자이자 새신랑이던 시절, 그리스도인 윤리학자 루이스 스미디스(Lewis Smedes)의 글 한 편은 내게 상담가로서는 물론 남편 노릇을 하는 데도 말할 수 없을 만큼 큰 도움을 주었다. "예측 불가능한 일들을 제어하는 길-약속의 힘(Controlling the Unpredictable-The Power of Promising)"[7]이란 글이었다. 글쓴이는 정체성의 토대를 약속이 지닌 힘에 두고 있다.

어떤 이들은 자신이 누구인가를 묻고는 감정에서 그 답을 구한다. 하지만 감정은 깜박거리는 불꽃과도 같아서 한 줄기 바람이 불 때마다 이리저리 흔들리게 마련이다. 또 어떤 이들은 자신이 누구인가라는 질문에 그들의 성과에서 답을 구한다. 하지만 성공이나 멋진 이력들이 인간 됨됨이의 고갱이를 드러내 주지는 않는다. 더러는 자신이 누구인지 묻고 이상적인 자아상에서 답을 구한다. 그러나 그러한 비전은 어떤 인물인지가 아니라 어떤 인물이 되기를 바라는지 보여 줄 따름이다.

우리는 누구인가? 스미디스는 대체로 슬기로운 약속을 하고 그것을 지키는 과정을 통해 빚어지는 존재가 바로 우리 인간이라고 말한다. 이를 생생하게 확인해 주는 사례로 글쓴이는 위대한 극작가 로버트 볼트(Robert Bolt)의 드라마, 〈사계절의 사나이(A Man for All Season)〉를 소개한다. 토마스 모어(Sir Thomas More) 경의 이야기를 다룬 이 작품에서 모어의 딸 마가레트는 아버지에게 지난날에 했던 맹세를 깨고 목숨을 구하길 간청한다.

> **모어** 나더러 왕위 계승 법에 충성을 맹세하기라도 하란 말이냐?
> **마가레트** 하나님은 입에서 나오는 말보다 중심의 생각을 더 소중히 보신다고 제게 늘 말씀하셨잖아요.
> **모어** 그랬지.
> **마가레트** 그럼 입으로만 맹세의 말을 따라하세요. 마음으론 달리 생각하시고요.

모어 맹세는 맹세대로 하고 하나님께 드리는 말씀은 달리 하라고?

마가레트 아주 절묘한 방법이잖아요?

모어 정말 그렇다는 건 아니겠지?

마가레트 아뇨. 정말 그래요.

모어 얘야, 그걸 "절묘하다"고 부르다니, 터무니없구나. 누구나 맹세를 할 때는 손으로 자신을 꼭 쥐는 법이란다. 물을 움켜쥐는 거나 매한가지지. 손가락을 펴본들 자신을 되찾을 가망은 전혀 없거든.

약속이 정체성의 핵심이라면 그것은 곧 남편과 아내가 나누는 사랑의 정수라는 뜻이기도 하다. 어째서 그럴까? 약속에서 안정된 정체감이 나오기 때문이다. 안정된 정체감 없이는 안정된 관계를 맺는 것이 불가능하다. 한나 아렌트(Hannah Arendt)는 이렇게 말한다. "약속을 지켜내지 않는다면 정체성을 지킬 방도가 없다. 무기력하게 허우적거리며 저마다 외로운 마음의 그늘을 벗어나지 못하고 방향조차 잡지 못한 채 모순되고 모호한 상태에 갇히는 신세가 되고 말 것이다."[8] 스미디스는 자신의 경험을 사례로 제시한다.

결혼할 당시에는 장차 아내와 함께 무슨 일을 겪고·어디에 이르게 될지 눈곱만큼도 눈치 채지 못했다. 아내가 25년 뒤에 어떤 모습이 될지 어떻게 알 수 있었겠는가? 내가 얼마나 변할지 또 어찌 알 수 있었겠는가? 식을 올리고 나서 지금까지 아내는 적어도 다섯 명의 다른 남자들과 살아왔다. 다섯 사내 모두가 다름 아닌 나 자신이었다.

예전의 나와 이어 주는 연결고리는 언젠가 지금을 돌아보며 기억해 낼 나의 이름뿐이었다. '거기서 당신 곁에 있게 될 남자가 바로 납니다.' 그 이름을 없애면, 정체성도 없어져 우리가 누구였는지조차 찾기 힘들 것이다.

오직 사람만이 약속을 할 수 있다

바람을 피운 뒤로 자신의 결혼 생활이 어떻게 산산조각 났는지 토로하는 웬디 플럼프(Wendy Plump)의 뼈아픈 글[9]은 오든과 스미디스, 아렌트의 주장을 강력하게 뒷받침한다. 불륜을 저지르는 동안에는 "황홀한… 섹스를 즐겼다. 불장난을 벌이는 이들은 처음부터 격정적인 사랑을 염두에 두는 법이다. 절박함, 새로움, 사회 통념을 짓밟는 쾌감 같은 불륜의 속성이 실질적으로 그런 기대를 실현시켜 준다." 주인공은 금지된 일을 감행하는 스릴과 욕구의 대상이 되었다는 솟구치는 자부심을 사랑으로 착각했다. 피상적으로 생각하기엔 성 파트너와 어울리는 만남이야말로 불꽃이 튈 만큼 뜨거운 느낌이 들었기 때문이다.

하지만 이러한 행각은 금방 탄로나고, 글쓴이는 자신과 마찬가지로 다른 여자와 바람을 피우고 있던 남편과 파국을 맞았다.

플럼프는 이런 사연을 털어 놓으며 자신의 부모에게로 시선을 돌린다. "두 분은 50년 동안이나 함께 살았다. 그분들에게 결혼 생활은 성공한 인생의 기념비나 다름없었다. 몇 주, 또는 몇 달 동안 불륜을 저지르며 맛볼 수 있는 짜릿함 따위와 비교할 게 아니었다." 글쓴이는 마지막으로 묻는다. "여러분이 일흔다섯의 노인이 되었을 때 어느 쪽의 모습이길 바라는가? 가끔 헌신에 대한 부담을 느끼지만 수십 년 안정적으로 사는 것과 맹렬한 포격 후 녹슨 대포들이 남긴 분화구만 가득한 이라크의 도시 팔루자(Fallujah) 모양을 닮은 삶 중에서 말이다. 그녀의 부모들은 '오랜 시간 공들여 가꾼' 결혼 생활을 하고 있었고 그것은 남의 눈을 피해 도망 다니며 벌이는 애정 행각만큼 정열적이지 않을지는 몰라도 실로 더 재미있고 아름다운 삶이었다.

〈타임스〉 웹사이트에 게시된 이 기사에는 많은 댓글이 달렸는데 그중에는 멸시에 가까운 것들도 있었다. 부정적인 코멘트를 한 누리꾼들은 그녀가 결혼을 독점적인 언약 관계라고 보는 전통적인 관점에 사로잡혀 있다고 몰아세웠다. 어떤 이는 이렇게 썼다. "결혼을 두 인격체가 한 몸이 되어 평생 같이 사는 결합으로 여긴다면… 불륜은 말 그대로 '폭탄' 못지않은 파괴력을 갖는다. …개인적으로는… 일부일처제를 강요하는 문화적 압박을 떨쳐 버릴 수 있도록 장기간에 걸친 사상 개조 작업을 시작하는 게 필요하지 않을까 싶다." 그리고 전통적인 결혼관을 기반으로 영구적인 관계를 추구하다보면 자유를 제한하고 욕구를 말살하게 될 수밖에 없다고 주장하는 코멘트도 허다했다.

하지만 스미디스는 조금도 주저하지 않고 약속이야말로 자유를 얻는 수단이라고 주장한다. 장차 멋지고 더 온전한 옵션들을 갖기 위해 언약이 가져 오는 눈앞의 제한을 감수하겠다는 말이다. 약속을 하는 당사자들은 서로 상대방을 위해, 또 상대방과 함께 그 기쁨을 누리게 되리라는 것을 의식한다. "한 치 앞을 알 수 없는 정글에다 신뢰의 피난처를 마련하는 셈이다." 그러기에 스미디스는 자신 있게 말한다.

> 결혼 서약을 할 때 나는 당신과 함께 꾸려 가는 미래가 부모의 유전자로부터 나눠받은 X염색체와 Y염색체의 조합에 따라 숙명적으로 결정되는 생물학적 틀에 갇힌 것이 아님을 선포한다. 결혼 서약을 할 때 나는 다소 괴팍스러운 양가 아버지와 어머니가 심어 준 심리적인 조건들을 토대로 꽉 짜인 일정표를 한 치의 어김도 없이 따라가는 여행길에 들어선 것이 아니라는 것을 공언한다. 결혼 서약을 할 때 나는 한창 예민하던 시기에 경험한 혼란스러운 문화가 둘이 서로 의지해 가며 함께 열어갈 미래를 옴짝달싹 못하게 결정할 수 없음을 공표한다.
>
> 나는 운명에 묶인 존재가 아니며 어떻다고 규정되어 있는 사람도 아니다. 유관 강화(반응과 결과 간의 관계, 쥐가 지렛대를 누를 때마다 강화로 먹이를 한 알씩 주었다면 이때의 강화를 유관 강화라 한다.)

나 과거가 물려준 피하고 싶은 조건들에 따라 주물럭주물럭 빚어지는 인간 밀가루 반죽도 아니다. 누구나 다 그렇듯, 나 역시 삶을 되돌릴 수 없음을 잘 안다. 내 됨됨이와 행실 가운데 상당 부분은 과거의 선물이자 저주의 한 부분임을 부인하지 않는다. 하지만 누군가에게 약속을 하는 순간, 그 모든 제한 조건들을 넘어설 수 있다는 것 또한 엄연한 사실이다. 제아무리 충직한 독일 셰퍼드라도 함께 있겠다는 약속을 해줄수는 없다. 어떤 컴퓨터도 충실하게 도와주겠노라고 서약하지 않는다. 오직 사람만이 약속을 할 수 있다. 약속을 할 때 인간은 가장 자유롭다.

사람을 알아가는 데는 시간이 필요하다

긴 세월에 걸쳐 꾸준히 이어지는 사랑('오랜 시간 공들여 가꾼' 약속의 열매)이 얼마나 탁월한지 면밀하게 짚어 보자. 웬디 플럼프는 50년 동안 결혼 생활을 해온 아버지와 어머니 사이에 남다른 무엇인가가 있다는 것을 깨달았다. 뜨거운 성적인 갈망이나 불륜과는 격이 다른 더 깊고 풍성한 요소가 존재하는 것이 분명했다. 그것이 무엇일까?

누군가와 사랑에 빠지게 되면 우리는 대개 그 사람을 사랑한다고 생각한다. 하지만 사실은 그렇지 않다. 그 사람이 누구인지 당신은 알 수 없다. 사람을 알아가는 데는 긴 시간이 필요하기 때문이다. 실제로는 그 사람에 대해서 당신이 가지고 있는 생각을 사랑하는 것이다. 당연히 일차원적인 시각으로 판단하기 쉽고 잘못 볼 가능성도 높다. 《반지의 제왕》에서 에오윈(Eowyn)은 아라곤 (Aragorn)에게 연정을 느끼지만 상대는 그 사랑에 보답하지 못한다. 아라곤은 에오윈의 오빠인 에오메르(Eomer)에게 이렇게 말한다. "그녀의 진실한 사랑은 나보다는 오히려 당신에게 있습니다. 당신에 관해서는 모르는 게 없이 다 알고 사랑하지만 나에 대해서는 그저 그림자와 상념을 사랑할 뿐이지 않습니까? 영예에 대한 소망이라든지, 위대한 무용담, 먼 나라 같은 것들 말입니다…."[10]

에오윈이 사랑한 것은 실제 인간이 아니라 환상에 지나지 않았음을 아라곤은 정확히 꿰뚫어 보고 있었다. 하지만 어느 한 쪽만 상대방을 모르는 것이 아니라 양쪽 모두 서로의 실상을 제대로 파악하지 못한다. 언제나 최대한 우아한 표정을 짓고(그야말로 문자적으로) 살아온 탓이다. 사람들은 저마다 부끄럽고 다른 사람에게 드러내기 꺼려 하는 결점이 있게 마련이다. 하지만 누구에게도 자신의 그런 약한 부분을 보이고 싶어 하지 않는다. 마음을 둔 상대라면 말할 필요도 없다.

하지만 결혼 생활에 발을 디디면 비로소 서로의 단점들이 서서히 얼굴을 내밀기 시작한다. 누군가가 이편을 한없이 멋지고 아름답게 여겨 줄 때 도달하게 되는 감정의 '정점'이 있다. 사랑에 빠지기 시작할 무렵에는 이처럼 고조된 정서가 적잖이 작용해서 뜨거운 열정과 짜릿한 느낌에 불을 댕긴다. 하지만 문제는(당사자들도 어렴풋이 감지하고 있겠지만) 상대가 이쪽의 실상을 정확하게 알지 못하므로 적어도 한동안은 진짜배기 사랑을 할 수 없다는 데 있다. 파트너가 눈에 콩깍지가 씐 채 사랑을 쏟아 부어 주면 당장은 자부심과 뿌듯함이 하늘을 찌르겠지만 아무리 그런다 해도 가면을 벗고 난 후 주고받는 사랑의 심오한 만족감에는 비교할 바가 못 된다.

부부가 오랜 시간을 함께하며 밑바닥까지 다 들여다보고 장점과 결함을 속속들이 알게 된 뒤에도 온 마음을 다해 사랑한다면 더 바랄 것이 없는 축복받는 결혼 생활이 될 것이다. 이편을 다 드러내지 않고 받는 사랑은 위안이 될지는 몰라도 피상적일 수밖에 없다. 실상이 알려져 사랑받지 못하게 되는 사태는 더없이 두렵기만 하다. 반면 이편의 실체를 낱낱이 드러내고도 아낌없이 사랑을 받으면 마치 하나님의 사랑을 입는 느낌이 들 것이다. 우리에게 가장 필요한 것이 이것이다. 이런 사랑은 허울을 벗겨 주고, 독선을 버리고 겸손하게 하며, 삶이 어떤 어려움을 던져 주든지 꿋꿋이 맞설 용기를 가져다준다.

이런 부류의 사랑에서 한 줌의 열정도 찾아볼 수 없으리라고 믿는 것은 큰 착각이다. 순수하고 풋풋한 시절에 느끼는 정열과 그 종류가 다를 뿐이다. 캐시의 손을 처음 잡았을 때 나는 마치 감전이라도 된 것 같았다. 그로부터 37년이 지났으니 나 아닌 누구라도 아내의 손을 잡는 순간 그런 짜릿함을 느끼긴 어려울 것이다. 이제 와서 당시의 느낌을 되짚어 보면 사랑의 크기가 컸다기보다 상대의 선택을 받은 것이 그만큼 기뻤던 까닭이라는 생각이 든다. 그때는 정신을 차릴 수 없을 만큼 황홀한 기분이 들었고 캐시를 정말 좋아하기도 했지만 그 외 다른 성분들도 제법 섞여 있었던 것이 사실이다.

캐시와 오랜 세월을 함께해 온 지금 내가 아내의 손을 잡는 데는 그때와 비교조차 할 수 없는 의미가 담겨 있다. 이제는 머리부터 발끝까지 서로에 대해 모르는 것이 없다. 우리는 엄청난 짐을 함께 짊어지고 여기까지 왔다. 수없이 뉘우치고, 용서하고, 화해했다. 우리에겐 분명 열정이 남아 있다. 하지만 요란스러운 소리를 내며 흐르는 얕은 여울물과 조용해도 유유히 제 갈 길 가는 깊은 강물이 다르듯, 아내와 나누는 지금의 애정은 과거에 느꼈던 스릴과는 속성 자체가 달라졌다.

뜨거운 열정은 결혼을 약속하게 했지만 잔잔한 애정은 세월이 갈수록 그 약속이 더 풍성하고 깊어지도록 해준다.

로맨틱한 사랑을 완성하는 마감재

이제 '로맨틱한 사랑이 어떻게 무조건적인 헌신을 전제로 하는 사랑과 조화를 이룰 수 있는가'라는 질문에 답해야 할 때가 온 것 같다. 로맨틱한 사랑이라면 어떤 형태의 구속도 없이 완전히 자유로워야 하는 것이 아닌가? 누군가를 향한 뜨겁고 진한 욕구라는 것이 어차피 지속될 수 없다면 가슴에 묻어 둔 사랑의 기쁨을 다시 일깨워 줄 상대를 찾는 것은 당연한 노릇이 아닌가? 한 사람만 바라보고 평생 사는 결혼이야말로 사실상 로맨틱한 사랑의 적이 아닌가?

결론부터 말하자면 천만의 말씀이다. 실제로 무조건적이며 언약적인 결혼은 로맨틱한 사랑을 완성해 준다. 덴마크의 철학자 쇠렌 키르케고르는 그런 입장을 누구보다도 강력하고 단호하게 내세웠다.[11]

키르케고르는 세상에는 세 가지(심미적, 윤리적, 신앙적) 실존이 존재한다고 말한다. 인간은 누구나 심미적으로 태어나지만 스스로 선택한 방향에 따라 윤리적이거나 신앙적이 된다는 것이다. 그렇다면 심미적이란 말은 무슨 의미일까? 그것은 한마디로 선악을 묻지 않고 재미만 따지는 인생이다. 심미적 삶에서는 매력적인지, 스릴이 넘치는지, 흥분되고 즐거운지의 여부가 유일한 판단 기준이 된다.

심미적인 요소는 행복하고 만족스러운 삶을 가꾸는 데 무척 중요하지만 그 속성이 지배적인 위치를 차지하게 되면 심각한 문제가 발생한다. 심미적 실존은 자유로운 개인으로 살기를 요구한다. 인생은 짜릿해야 하며 '아름답고 반짝이는 것들로' 가득해야 정상이라고 주장한다. 왕왕 사회의 기대나 공동체의 규약 따위의 족쇄를 끊어 버리는 것을 의미하기도 한다. 키르케고르는 이것이 자유의 본질을 단단히 오해한 데서 비롯된 사고방식이라고 지적한다. 심미적인 삶을 사는 이들은 스스로 자기 삶의 주인이 되지 못하고 우연에 기대어 흘러간다. 기질, 취향, 느낌, 충동대로 살아갈 뿐이다.

심미적 감성에 사로잡힌 이들은 환경의 지배를 받는다. 아내가 매끄러운 피부와 화사한 미모를 잃어버린다거나 남편이 배불뚝이가 되면, 심미적 기질을 가진 이들은 더 예쁘고 근사한 상대를 찾는다. 배우자가 몹쓸 병에 걸리기라도 할라치면 곧바로 인생 무상을 느낀다. 키르케고르는 그런 이들은 외부 환경에 철저하게 통제를 받는 성향이 있다고 지적한다.

감정을 의무와 연관 짓는 것은 진정으로 자유로워질 수 있는 유일한 길이다. 자나 깨나 사랑을 실천하는 데 몰두한다면 감정과 환경이 끊임없이 요동친다 하더라도 외적인 힘에 휘둘리지 않는 참으로 자유로운 인간이 될 것이다. 비록 짜릿하지 않을지는 몰라도 한결같은 애정을 꾸준히 지켜낼 때에야 비로소 누군가를 사랑한다는 소리를 할 수 있는 법이다. 심미적인 삶을 사는 이들은 상대가 가져다주는 느낌, 스릴, 자부심, 경험 따위를 사랑할 따름이다. 그런 요소들이 사라지기가 무섭게 지속적인 배려와 관심도 소멸되는 것을 보면 알 수 있다.

키르케고르는 이렇게 로맨틱한 열정이 갖는 한계를 지적했지만 그렇다고 해서 감정이 천하에 쓸모없는 것이라고 몰아갔던 것은 아니다. 더러 상반된다는 느낌이 들지 모르지만 그는 감정과 의무를 대립적으로 보지 않았다. 도리어 "실제로 결혼은 로맨틱한 사랑을 위축시키기는커녕 그것을 가능하게 해준다. 남편과 아내가 상대방에게 보여 주는 윤리적 헌신은 정확히 로맨틱한 사랑의 자발성을 끌어내어 안정성과 지속성을 성취하게 해준다"[12]라고 주장한다. 사실, 결혼한 부부가 서로 사랑하게 되는 요인은 약속에 대한 헌신이다. 상대방이 어떤 사람인지 제대로 알고 서로 주고받는 느낌이나 경험이 아니라 인간 그 자체를 사랑하게 되려면 어느 정도의 시간이 필요하다. 얼마쯤 세월이 흐르게 되면 배우자의 특별한 필요들과 그것을 충족시킬 방법을 정확히 알게 된다. 결국 그런 과정들이 추억의 샘을 만들고 상대방의 마음을 깊고 진한 감정과 기쁨으로 적시게 되는 것이다. 이것은 부부 사이에 로맨틱하고 성적인 매력을 빚어내어 더 깊은 감정을 가지도록 해준다.

행동이 감정을 부른다

어떻게 하면 이런 일을 하루하루 일상적인 결혼 생활 가운데서 구현해 낼 수 있을까? 누구나 "네 이웃을 사랑하라"는 가르침을 지혜롭고, 올바르며, 선하다고 여긴다. 하지만 우리가 알아챌 것은 이 말씀이 명령이며 감정은 명령의 대상이 아니라는 사실이다. 성경은 이웃을 좋아하라든지 따듯한 마음으로 애정을 품고 대하라고 말하지 않는다. 이웃을 사랑해야 한다고 지시할 뿐이며 이것은 주로 일련의 행위를 보여야 한다는 의미다.

물론 좋아하는 감정은 사랑의 자연스러운 일면이며 사랑을 더 잘 실천할 수 있도록 뒷받침해 준다. 따뜻한 마음과 행동이 내면에서 하나로 통합될 때, 다시 말해 기쁨으로 누군가를 섬길 때 더할 나위 없이 만족스럽고 뿌듯한 성취감을 느낄 수 있다. 그럼에도 불구하고 감정과 행위를 구분하지 않으면 누군가를 사랑하는 데 커다란 걸림돌을 만날 수 있다.

이런 구별이 필요한 까닭은 감정이라는 것이 도무지 일관성이 없기 때문이다. 감정은 복잡한 신체적, 심리적, 사회적 요인들이 작용할 때마다 널을 뛰기 십상이다. 불같이 솟구쳤다가 이내 사그라진다. 갑작스럽게 짜증이 날 때도 있다. 이처럼 감정은 우리 뜻대로 되지 않지만 행동은 얼마든지 조절할 수 있다. 좋아하고 싫어하는 것은 죄도 아니고 미덕도 아니다. 음식이나 음악에 대한 기호와 다를 바 없다. 중요한 것은 감정을 가지고 무엇을 하느냐다. 현대 문화가 부추기는 대로 사랑을 '좋아하는 느낌'이라고 규정한다면, 그러니까 강렬한 느낌을 주는 행동만을 '진짜배기' 사랑으로 여긴다면 누구나 나쁜 친구, 더 나아가 끔찍한 가족이나 배우자가 될 수밖에 없을 것이다.

사랑하기 위해서 반드시 감정이 전제되어야 한다는 것은 그릇된 생각이다. 자식을 키우는 부모를 예로 들어 보자. 아이가 특별히 예쁜 짓을 하지 않았지만 하루 정도 휴가를 내고 아이를 야구장에 데려가 즐겁게 해주었다면, 어떤 면에서는 마음에 애정이 가득한 경우보다 사랑이 훨씬 더 깊다고 보아야 한다. 보기만 해도 기분이 좋아지는 상대인 경우, 필요를 채워 주고 감사와 애정을 돌려받는 과정에서 이편의 에고 역시 충분한 보상을 받게 된다. 그런 상황에서는 파트너의 유익을 추구하려는 마음보다는 스스로 사랑을 받고 만족을 얻으려는 욕구를 좇아 움직일 수도 있다. 이처럼 감정이 먼저 뜨거워진 뒤에야 사랑의 행동이 나올 수 있다는 조건을 내세우면 지혜롭게 사랑하기 어렵다.

부모는 '사랑의 이름으로' 자식들을 망쳐놓기 쉽다. 남편과 아내도 '사랑이라는 이름으로' 서로를 망가트릴 수 있다. 이런 일들이 벌어지는 까닭은 무엇보다 사랑하는 이의 심기를 건드리는 일을 서로가 피하고 있기 때문이다. 사이좋게 지내고 싶은 파트너가 화를 내거나 거친 말을 쏟아내는 상황이 왔을 때 이편 또한 그것을 견뎌내지 못할까 봐 두려워하는 것이다. 이것은 상대를 진정으로 아끼고 그의 유익을 지켜줄 마음이 없음을 여실히 보여 주는 대목이다. 사랑한다는 느낌이 없을 때 도리어 진실하고 지혜롭게 사랑할 수 있다.

그러므로 '사랑'을 정의할 때 남을 위하는 행동보다 애틋한 감정에 비중을 두면, 사랑하는 관계를 든든히 지키고 성장시키는 동력이 심각하게 훼손된다. 반면에 느낌보다 행동 쪽에 방점을 찍으면 외려 감정이 솟아나고 더 깊어지게 된다. 비단 결혼 생활뿐만 아니라 삶 전체에 생기를 찾는 비결이 여기에 있다.

먼저 사랑하듯 행동해 보라

제2차 세계대전이 한창이던 시절, C. S. 루이스는 BBC 라디오 대담 프로그램에 출연해 용서와 자비(사랑)를 비롯해 여러 기독교적인 덕목들을 자세히 설명했다. 당시 영국인들에게 세상은 친구가 아니면 원수뿐이었다. 상황이 상황이니만큼, '온' 인류를 용서하고 사랑해야 한다는 기독교의 가르침을 실현 불가능한 차원을 넘어 불쾌하게 여기는 이들이 허다했다. "듣기만 해도 신물이 난다"는 반응이 대부분이었다. 그런 심사를 모를 리 없었지만, 루이스는 동포들의 싸늘한 시선과 경멸을 무릅쓰고 오랜 시간과 노력을 들여 사랑을 실천하면 언젠가 마음이 달라지는 법이라는 주장을 굽히지 않았다.

> 통상적으로 자연스럽게 일어나는 호감은 장려할 필요가 있지만, 그렇다고 해서 가만히 앉아 인위적으로 애정의 감정을 만들어 내려고 애쓰는 것이 곧 사랑하는 길이라고 생각한다면 이만저만한 착각이 아닙니다. …
>
> 보편적으로 적용되는 원칙은 아주 단순합니다. 자신이 이웃을 사랑하나 사랑하지 않나 고민하느라 시간을 허비하지 말고 마치 사랑하듯 행동하십시오. 그렇게 하면 머지않아 놀라운 비밀을 알게 될 것입니다. 누군가를 사랑하는 것처럼 행동하면 이내 그 사람에 대한 사랑의 감정이 생기게 됩니다. 마음에 들지 않는 이에게 상처를 입히면 입힐수록 자신이 상

대를 싫어하고 있음을 알게 될 것입니다. 반면 그 사람을 선대하면 반감이 줄어드는 것을 보게 될 것입니다. …

그저 그 사람 역시 우리와 마찬가지로 하나님이 지으신 존재이기 때문에, 그리고 내가 행복해지길 바라듯 그 사람도 행복했으면 좋겠다는 마음으로 누군가를 선대한다면 그때마다 조금씩 그를 더 사랑하게 되는, 그것이 아니라면 적어도 조금씩 덜 싫어하게 되는 법을 배우게 될 것입니다. …

세상 사람들은 자신이 '좋아하는' 몇몇 사람들만 따듯하게 대합니다. 그러나 누구에게나 친절하려고 노력하는 그리스도인이라면 자신이 그렇게 시도할수록 처음에는 좋아하리라고 꿈도 꾸지 못했던 이들까지 포함해서 차츰차츰 더 많은 이들이 좋아지는 것을 깨닫게 될 것입니다.[13]

그러면서 루이스는 동시대 사람들에게는 각별히 다가왔을 만한 예를 들었다.

이 영적 법칙은 반대 방향으로도 한 치의 오차 없이 정확하게 작용합니다. 아마 독일인들도 처음에는 유대인이 미워서 학대했을 것입니다. 그런데 학대를 하다 보니 가면 갈수록 더 유대인들이 미워졌던 것일 테죠. 잔인해질수록 미워지고, 미워질수록 더 잔인해집니다. 그리고 이런 악순환은 끝없이 계속됩니다.[14]

개인적으로는 목회를 시작한 지 얼마 안 돼서 전혀 예상치 못했던 경로를 통해 루이스와 똑같은 깨달음을 얻었다. 목회자는 통상적으로 웬만해선 어울리지 않았을 법한 이들과 가까워져야 한다. 의사와 카운슬러들도 자신을 찾는 사람들과 인격적으로 깊이 공감하며 어울리지만 사무실에서 근무하는 동안만 그럴 뿐이다. 하지만 목회자들은 대개 섬기는 이들과 더불어 살다시피 한다. 식당과 공원에서, 아니면 직접 집으로 찾아가서 함께 먹고 놀며 이런저런 소소한 이야기를 듣고 어려움을 나눈다.

아직 풋내기 시절, 목회에 첫 발을 들여놓기가 무섭게 내가 전혀 다른 삶을 살도록 부르심을 받았다는 사실에 충격을 받았다. 누구나 다 그렇겠지만, 그때까지는 오로지 마음이 끌리고 정이 가는 사람들만을 골라 함께 시간을 보냈다. 하지만 버지니아 주 호프웰로 이사해서 사역을 시작한 뒤부터는 다양한 부류의 교인들과 어울려야 했다. 개중에는 다른 일로 왔더라면 그다지 사귀고 싶지 않았을 사람들도 적지 않았다. 좋아하지 않았다는 이야기가 아니라 다만 끌리거나 서로 나눌 만한 점이 없었다는 뜻이다. 헤어지기 싫은 느낌이 들게 하는 일종의 '불꽃' 같은 것이 튀지 않았다는 뜻이다.

그럼에도 불구하고, 누군가가 3시에 만나 대화를 나누고 싶다고 요청하면 나는 마다하지 않고 달려갔다. 또 누군가가 병원에 갈 일이 있다고 하면 거기도 따라갔고 어느 집 아들이 가출했다는 소식을 들으면 차를 몰고 찾으러 다녔다. 집으로 심방도 하고, 자녀들의 졸업식에도 참석하고, 식구들끼리 나들이 가는 곳에도 묻어갔다. 그이들이 속을 보여 주었듯 나도 속내를 감추지 않았다. 그것이 바로 목사 노릇이었다. 손바닥만 한 동네의 조그만 교회 목사라면 더더구나 그렇다. 목회자가 되는 순간부터 감정적으로 끌리지 않는 수많은 이들에게 온갖 사랑을 실천해 보이라는 명령을 받은 셈이다.

그런데 그것이 나를 변화시켰다. 교회에 부임한 지 고작 2년이 지났을 무렵, 우리 부부는 그 사실을 깊이 실감했다. 모처럼 휴가를 내고 어떻게 시간을 보낼지 궁리하고 있던 참에 문득 교회에 출석하고 있는 어느 부부 생각이 나서 그들을 찾아가거나 집으로 부르면 어떻겠느냐고 아내에게 물었다. 캐시는 한숨을 푹 내쉬며 말했다. "도대체 왜?" 그 부부는 친구가 많지 않았다. 거의 없다고 하는 편이 더 맞을지 모르겠다. 둘 다 남들에게는 물론이고 서로에게 거부감을 줄 만한 인격적인 문제들을 가지고 있었기 때문이다. 더불어 시간을 보낼 필요가 있다는 것은 아내도 잘 알았지만 어렵게 낸 휴가인데 그 집 식구들과 어울리다 보면 십중팔구 '목회 사역'이 될 게 뻔했다.

잠시 복잡한 눈길이 오갔다. 그리고 누가 먼저랄 것도 없이 깜짝 놀라며 웃음이 터졌다. 어쩌다 그럴 마음을 먹게 되었는지 알 것 같았다. 우리는 몇 달에 걸쳐서 많은 시간과 생각, 감정을 쏟으며 그들 부부를 도왔다. 한마디로 귀 기울여 듣고, 섬기고, 공감하고, 위로하고, 용서하고, 확신을 주고, 나누며 사랑으로 할 수 있는 일들을 다 했다. 그러다 보니 어느덧 그이들을 좋아하게 된 것이다.

어쩌다 이렇게 된 걸까? 거룩하고 신령한 신앙을 가졌기 때문일까? 천만의 말씀이다. 어쩌다보니 루이스가 설명한 실제적인 원리들을 실천하게 된 덕분이었다. 좋아하는 마음이 들지 않아도 꾸준히 사랑했고 그 결과 서서히, 그러나 확실하게 감정이 행동을 따라잡기에 이른 것이다. 마음에 들지 않는 이들이라도 포기하지 않고 꾸준히 사랑하면 언젠가는 마침내 사랑스러워진다.

현대 문화는 사랑하는 감정이 사랑하는 행위의 토대라고 말한다. 물론 틀린 말은 아니다. 하지만 사랑하는 행위를 변함없이 계속해 나가면 사랑하는 감정에 도달하게 된다고 말하는 편이 더 사실에 가깝다. 결국 감정 아니면 의무라는 식의 단순한 논리로 사랑을 구분해서는 안 된다. 결혼한 남녀의 사랑이란 둘 사이에서 형성되는 공생적이고 복합적인 혼합체와 같다. 그렇지만 감정과 행동이라는 두 요소 가운데 통제 가능한 영역은 후자 쪽임을 마음에 새겨두는 것이 중요하다. 날마다 이어 가겠노라고 약속할 수 있는 것 또한 사랑의 행동뿐이다.

사랑하겠다는 결단

이러한 원리는 결혼 생활에 매우 중요한 의미를 가진다. 거의 결정적이라고 해도 지나치지 않다. 에베소서 5장 28절에서 바울은 남편도 아내를 자기 몸과 같이 사랑해야 한다고 말한다. 25절에서 이미 아내를 사랑하라고 지시했지만 확실히 짚고 넘어가기 위해 의무를 강조하는 동사를 사용하며 다시 언급한다. 사도의 메시지는 재론의 여지가 없을 만큼 분명하다. 남편들에게 반드시 아내를 사랑하라고 명령하고 있는 것이다. 감정에 대한 지적은 찾아볼 수 없고 오로지 행동에 대한 이야기뿐이다. 바울이 요구하고 있는 것은 행동이다. 어느 날 또는 어느 순간 어떤 느낌을 갖느냐는 사도의 관심사가 아니다. 그저 아내를 사랑하라고만 한다.

그렇다면 혼인 상대가 누구든 상관이 없다거나, 배우자로 삼으려는 이와 사랑에 빠져서는 안 된다거나, 결혼하는 데 감정 따위는 중요치 않다는 뜻인가? 그렇지 않다. 일부러 좋아하지 않는 사람을 골라 부부가 되라고 주문하는 것은 아니다.[15] 하지만 장담컨대 '좋아하는 감정이 사라지는 날'은 기필코 오게 마련이다. 애정과 기쁨이 솟구치는 뜨거운 감정은 한없이 지속되지 않으며 그럴 수도 없다. 서로 좋아해서 사귀다가 결혼도 하기 전에 콩깍지가 떨어져 나가고 제정신이 드는 경우도 생각보다 많다. 감정은 생리적, 심리적, 환경적 영향과 밀접한 관련이 있기 때문이다. 느낌은 밀려왔다가 또 밀려나간다. '사랑'에 대한 현대 문화의 정의를 좇는다면 천생배필이 아니라는 결론을 내려야 할지도 모르겠다. 로맨틱한 열정을 떠받드는 세상에서 현대인들은 말한다. "내 운명의 상대라면 감정이 이렇게 왔다 갔다 할 리가 없어!" C. S. 루이스는 《순전한 기독교》에서 그리스도인의 결혼에 관해 이야기하면서 이렇게 적고 있다.

> 사람들이 책에서 얻는 생각이란, 우리의 결혼이 바로 들어맞
> 기만 하면 '열정적 사랑'이 평생 동안 계속될 수 있다는 것입
> 니다. 그 결과로 열정적 사랑이 식어 가는 것을 발견할 때에
> 사람들은 그것이 자신의 결혼이 바로 들어맞지 않은 증거라
> 고 생각하고, 마땅히 그것을 변경시킬 권리가 있다고 생각합
> 니다. 하지만 열정의 첫 사랑이 식은 것처럼 열정의 둘째 사
> 랑도 식으리라는 것은 깨닫지 못합니다.…[16]

어떤 관계든지 사랑의 감정이 마르기 시작하는 깜짝 놀랄 만한 순
간들이 오게 마련이다. 그럴 때가 오면 느낌이 없을지라도 사랑을
실천해야 한다. 다정하고, 따듯하며, 기쁘게 해주려는 열심을 실
감하지 못하는 상황에서도 온유하고, 용서하며, 기꺼이 돕는 행동
을 해야 한다.

　그럴 수만 있다면 흐르는 시간과 더불어 감정이 메마른 시기
를 통과할 수 있을 뿐만 아니라 그런 삭막함의 빈도와 심도가 줄
어들어 감정적으로 한결 안정된 상태를 유지할 수 있게 된다. 이
것이 바로 사랑하기로 작정할 때 일어나는 일들이다.

> 저는 이것이야말로 "어떤 것이 먼저 죽지 않는 한 참으로 살
> 아날 수 없다"는 그리스도의 말씀에 담긴 뜻의 작은 일부라

고 생각합니다. 흥분 상태를 유지하려고 애쓰는 것은 소용없는 일일 뿐 아니라 가장 나쁜 일입니다. 그 흥분이 사라지도록, 사그라져 없어지도록, 그렇게 없어져서 그 상실의 기간이 좀 더 차분한 재미와 즐거움으로 바뀌도록 내버려 두십시오. 그러면 자신이 늘 새로운 흥분을 만날 수 있는 세계에 살고 있다는 사실을 알게 될 것입니다.[17]

이런 변화가 어떻게 가능한가? 개인적으로는 대략 이렇게 정리할 수 있을 듯하다. 누군가에게 처음 끌릴 무렵엔 '늘 이러면 좋겠어! 이렇게 설레는 느낌을 잃고 싶지 않아!'라고 생각한다. 하지만 이미 살펴보았다시피, 하늘을 찌를 듯 치솟는 자부심은 오래가지 않으며 도리어 결혼 상대의 실체를 사랑하는 법을 배우는 길에서 멀어지도록 한다. 루이스의 비유에 따르자면, 부활해서 다시 생명을 얻기 위해서는 먼저 훨씬 미숙한 사랑의 화신이 '죽어야' 한다. 배우자에게서 별 기쁨과 매력을 느끼지 못할 때에라도(아니, 그럴 때는 더더구나) 사랑으로 행하고 섬기는 데 헌신해야 한다. 그럴수록 자기중심적인 끌림은 겸손하게 상대를 받아들이고 인정할 줄 아는 놀라운 사랑으로 서서히, 그러나 확실하게 변모된다. 그쯤 되면 사랑은 더욱 슬기롭고, 풍성하고, 심오하며 덜 변덕스러울 것이다.

애석하게도 거기에 이르는 이들을 좀처럼 찾아보기 어렵다. 다들 현 사회가 규정하는 결혼관을 좇아, 짜릿함을 느낄 수 없다면 바꾸는 것이 상책이라고 믿는 까닭이다. 이런 관점에 따르면,

배우자와 관계를 시작할 때 느꼈던 스릴을 되찾아 줄 매력적인 상대를 다시 만나는 것은 지극히 자연스러운 일이다. 따라서 부부 관계는 불륜에 취약해질 수밖에 없다.

소설이나 연극이 제공하는 또 다른 개념은 '사랑에 빠지는 것'은 불가항력적인 일, 홍역처럼 우리 의지와 상관없이 찾아오는 일이라는 것입니다. 이런 믿음 때문에 새로운 사람에게 마음이 끌리면 기존의 부부 관계를 포기하는 사람들이 있지요.

그러나 저는 어느 정도 자란 남녀가 현실에서 이렇게 불가항력적인 열정을 느끼는 경우는 책에 나오는 만큼 흔치 않다고 생각하는 편입니다. 아름답고 똑똑하며 인정 있는 사람을 만났을 때 어떤 의미에서 그런 좋은 자질에 감탄하며 그 자질을 사랑하게 되는 것은 당연한 일입니다.

그러나 그 사랑을 이른바 '사랑을 느끼는' 관계로 전환시킬 것인가 여부는 대부분 우리의 선택에 달려 있지 않습니까? 우리의 머리가 온통 소설과 연극과 감상적인 노래들로 꽉 차 있고 우리의 몸이 알코올로 꽉 차 있을 때에는 어떤 사랑이든 다 '사랑을 느끼는' 관계로 전환시켜 버릴 것입니다. 길에 바퀴 자국이 있으면 빗물이 다 그리로 고이듯이, 파란 안경을 쓰고 보면 모든 것이 다 파랗게 보이듯이 말이지요. 그 책임은 우리 자신에게 있습니다.[18]

그러므로 "서로 사랑하면 됐지, 꼭 서류 쪼가리가 있어야겠어? 난 그딴 거 없이도 자기를 사랑해!"라는 얘기가 나올 때마다 다음과 같이 대꾸해야 한다. "그래, 나도 알아. 하지만 삶을 나누길 원하는 두 남녀의 사랑에 관해 성경이 어떻게 가르치는지 알잖아. 거기에 따라 사랑할 마음만 있다면 법률적이고, 영구적이며, 배타적으로 헌신하는 데 아무 문제가 없을 거야."

사랑은 거래인가?

고대에는 '신부 대금(bride price)'이라는 것이 있었다. 남자는 신붓감으로 점찍은 여성의 용모와 장차 상속받게 될 재산의 규모에 따라 적절한 수준의 예물을 여자의 아버지에게 바쳤다. 현대인들은 이런 관습에 대해 고릿적 일이라며 "인간이 어떻게 그처럼 끔찍한 짓을!"이란 반응을 보인다. 하지만 민주화가 이뤄진 덕에 남녀가 모두 값을 치른다는 점을 감안하면 예전보다 더하면 더했지 결코 덜하지 않다. 요즘 젊은이들은 상대의 값어치를 가늠해 보며 이렇게 말한다.

"몸값이 높은 나이야."

"그 친구는 손해나는 결혼을 했어."

"어떻게 그딴 놈한테 넘어갈 수가 있지?"

이런 즉물적인 평가들은 강력한 효능을 발휘한다. 오늘날에는 자산의 많고 적음에 비추어 파트너를 평가하는 경향이 있다.

결국 신랑감, 또는 신붓감이 큰 보탬이 되는 까닭에 결혼하고 싶다고 느끼는 셈이다. 결혼에 자신이 어느 정도 투자하는지, 또 배우자는 얼마나 쏟아 붓고 있는지 셈해 보지 않고 부부가 된다는 것은 꿈도 꾸지 못할 일이 됐다. 사람들은 대개 자신이 투자한 만큼(속으로는 그 이상이면 더 좋겠다고 생각하지만) 얻을 수 있으면 행복해한다.

하지만 세월이 흐르면서 차츰 배우자의 결점들이 눈에 들어온다. 그리고 시간이 지나도 못마땅한 마음이 가시지 않고 기대했던 것만큼 소득이 나지 않는다는 판단이 서면 장사꾼처럼 처신하기 시작한다. 수입이 깎인 만큼 지출도 줄이는 것이다. 아내가 마땅히 해야 할 바를 다하지 않으면 남편도 제 모습을 찾으려는 노력을 기울이지 않는다. 언뜻 보기엔 완벽하리만치 공평하다. "마누라가 본분을 다하지 않는데 나 혼자 그럴 필요가 없지. 어차피 되돌려 받지도 못할 바에야 뭐 하러 투자를 하겠어?" 거지반 넋이 나간 채로 제 행동이 지극히 공정하고 공평하다고 중얼거린다. 하지만 실상은 일종의 복수일 따름이다.

머릿속에서 이런 식으로 합리화하지만 아내의 입장은 딴판이다. 아내는 남편이 자신과 가족의 필요를 채우는 데 적극적으로 나서 주지 않거나 배우자와 정서적으로 멀어졌다는 것을 알아채면 남편에게 쏟는 관심과 헌신을 거둬들일 명분이 생겼다고 본다. 사랑이 식었다고 생각해서 사랑의 행동을 줄이면 배우자 역시 사랑을 체감하지 못하게 된다. 이런 식의 악순환이 계속되면서 관계는 점점 더 황폐해져 간다.

그런 부부 사이가 부모-자식 관계와 어떻게 다른지 잠시 생각해 보라. 아이를 키우고 있는 아빠 엄마라면, 성경이 가르치는 형태의 사랑을 실천하고 있을 것이다. 갓난아이는 여태 만나본 모든 인간을 통틀어 가장 연약하고 부족한 존재이다. 일주일 내내, 하루 스물네 시간, 아니 일분일초라도 보살펴 주지 않으면 안 된다. 핏덩이를 사람으로 키워 내며 긴 세월에 걸쳐 엄청난 희생과 수고를 하지만 녀석들은 아무것도 돌려주지 않는다. 먼 훗날 사랑과 존경을 돌려줄지는 몰라도 이미 베풀었던 것을 그대로 고스란히 되갚는 경우는 단연코 없다. 머리가 굵어진 녀석들도 다르지 않다. 부모는 자식이 홀로서기를 꿈꾸며 긴 반항기를 지내는 동안 막대한 인내와 용납, 애정을 쏟아 붓지만 아무런 보답도 돌아오지 않는다. 그러나 부모는 삶의 굽이굽이마다 자식들이 보상을 해주든 말든 끊임없이 베풀고 베푼다.

아이가 열여덟 살이 지나서도, 게다가 내 아이가 모든 사람들에게 그다지 호감을 주지 못하는 사람이라 할지라도 부모는 극진한 사랑을 멈추지 않는다. 왜일까? 성경적 패턴에 이끌려 움직여 왔기 때문이다. 느낌과 상관없이 사랑을 온몸으로 실천해 온 까닭에 이제는 아낄 만한 구석이 있든 없든 자녀들을 깊이 사랑하게 된 것이다.

그런 점에서 보면, 자녀들이 집을 떠나 독립하기가 무섭게 깨져 버리는 가정이 많은 것도 놀랄 일이 아니다. 자식과는 언약 관계(사랑의 행동을 지속하다가 감정이 깊어지는)를 지켜 온 반면, 부부 사이는 받는 사랑이 없으면 감정을 거둬들이는 이익 관계를 유지한 탓이다. 그렇게 20년 넘는 세월이 흘렀으니 아들딸들에 대한 사랑은 여전히 든든하지만 결혼 생활은 공허해질 수밖에 없는 것이다.

거기 그대로 머무셨다

이런 이야기를 하면 적잖은 이들이 다음과 같이 말한다. "죄송하지만, 못하겠어요. 그래도 느낌이 있어야 사랑도 하죠. 감정을 속이긴 싫어요. 그런 사랑은 너무 기계적이잖아요." 무슨 뜻인지 알고도 남는다. 하지만 바울은 무작정 행하기만 하라고 다그치지 않고 실천하면서 생각하라고 말한다. "남편들아 아내 사랑하기를 그리스도께서 교회를 사랑하시고 그 교회를 위하여 자신을 주심 같이 하라."

스스로에게 이렇게 이야기하라는 뜻이다.

"그래, 십자가에 달린 예수님도 타락한 인간들을 보시며 '참으로 매력적이니 나를 내어 주어야겠구나'라고 말씀하시지 않았잖아. 오히려 고뇌 가운데서 우리가 당신을 부인하고 포기해 버리고 배신하는 모습을 묵묵히 지켜보셨어. 주님은 역사상 가장 위대한 사랑을 행동으로 보이셨어. 십자가에 매달려 있으시면서. 주님은 '아버지, 저 사람들을 용서하여 주십시오. 저 사람들은 자기네가 무슨 일을 하는지를 알지 못합니다'라고 말씀하셨어. 사랑스러워서가 아니라 사랑스럽게 만드시려고 우리를 사랑하신 거야. 배우자를 사랑해야 할 이유가 바로 여기에 있지."

당신의 마음에 이렇게 말하면서 결혼식에서 당신이 했던 약속과 맹세를 이행하라.

04　하나님의 언약 안에서
한 몸 되는 것이다

남편들아 아내 사랑하기를 그리스도께서 교회를 사랑하시고 …
자기 앞에 영광스러운 교회로 세우사 티나 주름 잡힌 것이나
이런 것들이 없이 거룩하고 흠이 없게 하려 하심이라(엡 5:25-27).

　　이제까지 결혼이 무엇인지에 대해 논의했다면, 지금부
터는 결혼이 "무엇을 위한 것인가?"에 대해 물을 차례다. 결혼의
목적은 무엇일까? 이에 대한 성경의 답은 결혼이 곧 우정이라는
원리에서 출발한다.

낙원 속의 고독

창세기 1-2장에는 하나님이 세상 만물을 창조하실 때 지어진 것들을 바라보시며 거듭 "참 좋구나!"라고 말씀하시는 장면이 있다. 1장만 하더라도 이런 평가가 일곱 번이나 되풀이된다. 주님이 창조한 물질세계가 얼마나 대단하고 웅장한지 최대한 강렬한 방식으로 강조하는 셈이다.[1] 그런데 놀랍게도 첫 사람을 지으신 뒤에는 "사람이 혼자 사는 것이 좋지 아니하니"(창 2:18)라고 하셨다. 여태까지와는 사뭇 다른 주님의 반응이 놀랍기도 하려니와 그 이유에 대해 궁금한 마음이 생기지 않을 수 없다. 완벽한 세상에서 너무나 자명하게 창조주와 온전한 교제를 나누고 있는 아담이 어떻게 '좋지 않은' 상태일 수 있는가?

그 답은 창세기 1장 26절에 기록된 하나님의 진술에 들어 있을 것이다. "우리의 형상을 따라 우리의 모양대로 우리가 사람을 만들고…" 이 글을 읽는 독자들은 즉각 이런 질문을 할 것이다. "'우리'라니? 하나님이 누구한테 말씀하시는 거지?" 이에 대해 창조주가 당신 주위를 둘러싼 천사들과 대화하신다고 볼 수도 있을 것이다. 하지만 주님이 인간을 지으시는 자리에 천사들이 참여했다는 언급은 성경 어디에도 없다. 기독교 신학자들은 오랜 세월에 걸쳐 이 본문을 통해 이른바 삼위일체의 예표를 보았다. 그것은 예수님이 오신 뒤에야 비로소 드러난 진리이며 곧 한 하나님이 성부, 성자, 성령의 세 위격으로 존재하신다는 것이다. 그러므로 사람이 여느 피조물들과 달리 하나님의 형상을 좇아 지음 받았다는 말은 관계의 기반 위에서 설계되었다는 뜻이다. .

그래서 여기 에덴동산을 거닐고 있는 사람, 곧 하나님이 빚으시고 영을 불어넣으신 아담이 혼자 있는 것이 좋지 않다고 말씀하신 것이다. 창세기의 서술은 주님과의 '수직적인' 관계만 가지고는 그분이 친히 만들고 심어 주신 강렬한 관계의 욕구를 다채우지 못한다는 것을 암시한다. 하나님은 인간이 다른 인간들과 '수평적인' 관계를 갖도록 설계하셨다. 낙원에 살면서도 끔찍하게 외로울 수밖에 없었던 까닭이 여기에 있다. 따라서 세상이 주는 온갖 재물과 안락한 생활, 쾌락(낙원을 다시 창출하려는 인간적인 노력)이 사랑만큼 인간의 필요를 충족시키지 못하는 것은 당연한 노릇이다. 본문의 기사는 가족을 비롯한 사람들과의 관계야말로는 무엇으로도 살 수 없는 놀라운 하나님의 축복이며 우리에게 가장 큰 만족을 준다는 직관적인 인식을 분명하게 뒷받침하고 있다.

'혼자 있는' 문제를 해결하는 대안으로 하나님은 '돕는 배필'(본문에서는 'ezer라고 표현했다), 곧 친구를 지으셨다.[2] 여자를 보는 순간, 남자는 시를 읊으며 반응했다. "이제야 나타났구나, 이 사람! 뼈도 나의 뼈, 살도 나의 살!" 보다시피 하나님은 처음부터 배우자가 될 동무를 만들어주셨다. 아가서의 여성 화자는 아담의 말에 이렇게 반응하며 대꾸한다. "이는 내 사랑하는 자요 나의 친구로다"(5:16).

우정이란 무엇인가

우정이란 무엇인가? 성경, 특히 잠언은 많은 지면을 할애해 우정의 개념을 설명하고 있다. 친구의 으뜸가는 자질은 한결같음이다. "친구는 사랑이 끊어지지 아니하고" 특히 '고난'을 당하는 동안 그러해야 한다(잠 17:17). 승승장구할 때는 다가왔다가 부와 명예, 권력이 이운다 싶으면 슬며시 자취를 감추는 반짝 친구는 참다운 벗이 아니다(잠 14:20, 19:4, 6-7). 진정한 친구는 동기간보다 더 가깝다(잠 18:24). 그런 벗들은 늘 우리의 곁을 지켜 준다. 투명성과 공정성도 우정의 핵심 요소로 꼽을 수 있다. 진실한 친구들은 서로를 세워 주며 애정 어린 지지를 보내지만(잠 27:9, 삼상 23:16-18과 비교해 보라) 때때로 드러내 놓고 꾸짖을 줄도 안다. "면책은 숨은 사랑보다" 낫고 "친구의 아픈 책망은 충직"에서 나온다(잠 27:5-6). 외과 의사처럼 병을 고치기 위해 칼을 들기도 한다. "철이 철을 날카롭게 하는 것 같이" 친구들은 건전한 의견 충돌을 통해서 더 슬기로워진다(잠 27:17).

요컨대 참다운 친구의 두 가지 특성은 항상성과 투명성이다. 진짜 친구는 언제고 마음을 열어 받아 주며 결코 실망시키는 법이 없다. 어느 작가는 그 둘이 한데 어우러진 관계를 이렇게 설명했다.

> 어떤 생각도 저울질하지 않고 무슨 말도 재지 않고 있는 그대로 자신의 이야기를 편하게 쏟아내는 관계로, 쭉정이와 알곡을 한데 섞어 놓아도 신실한 손으로 그것을 걸러내어 챙

겨 둘 값어치가 있는 것은 챙기고 나머지는 부드러운 입김에
날려 보낼 것이 틀림없는 이와 더불어 누리는 말로 다 할 수
없는 편안함.[3]

하지만 우정에는 한마디로 표현하기 어려운 세 번째 특성이 있다.
문자적으로는 '같은 감정(sym-pathos)', 곧 공감쯤이 되지 않을까
싶다. '저절로' 생성되는 차원을 넘어서는 무언가가 있다는 의미
다. 우정은 보통 공동 관심사와 같은 대상을 향한 갈망을 품은 이
들 사이에 싹튼다.

　　랠프 왈도 에머슨(Ralph Waldo Emerson)[4]과 C. S. 루이스는 둘
다 어떻게 같은 이상을 가졌음에도 전혀 다른 기질을 가진 이들
이 하나가 될 수 있는지에 관해 유명한 에세이를 썼다. 루이스는
"너도?"라는 탄성에 우정의 핵심이 있다고 말한다. 두 사람이 서
로 마주보는 일이 에로틱한 사랑이라면, 우정은 둘이 나란히 서서
같은 대상을 바라보며 자극을 받고 황홀해 하는 것이라는 말이다.
루이스는 영화, 책, 그림, 음악, 지난날, 아이디어, 마음에 깊은 감
동을 주는 일들을 연결하는 '보이지 않는 끈'이 있다고 말한다. 같
은 끈을 잡고 있는 상대를 만나서 투명성과 항상성을 쌓아 가다보
면 진실한 우정을 키워갈 수 있다는 것이다. 역설적이게도 우정은
그 자체를 목표로 삼지 않는다. 우정은 서로를 뛰어넘어 헌신하고
열정을 쏟는 무언가가 있게 마련이다.

둘 또는 그 이상이… 서로 비슷한 생각과 관심사를 가졌음을 깨닫는 순간… 우정이 시작된다. …에머슨의 말마따나 '날 사랑해?'라는 물음은 '나랑 똑같은 진리를 알고 있니?'라든지, 최소한 '나와 똑같은 진리에 관심 있니?'라는 의미를 담고 있다. 남들은 신경 쓰지 않지만 이편에는 대단히 중요한 몇 가지 사안에 뜻을 같이하는 사람은 친구가 될 수 있다. … 그저 '친구만 원하는' 이들에게 벗이 없는 까닭이 여기에 있다. 친구를 뛰어넘는 무언가를 원하는 것이 우정을 쌓는 조건이기 때문이다. '나랑 똑같은 진리를 알고 있니?'라는 질문에 대한 정답이 '진리 따위에는 관심 없고 그냥 내 친구가 되어 주면 좋겠어'쯤 된다고 여기는 한, 우정은 싹트지 않는다. 우정은 반드시 다른 무언가를 겨냥해야 한다. 그것이 도미노 게임이나 흰 쥐를 키우는 데 열심을 내는 수준일지라도 그러하다. 나눌 만한 것이 전혀 없고 딱히 가고자 하는 곳도 없다면 절대로 여행의 동반자가 될 수 없다.[5]

하나 됨을 맛보게 한다

신약으로 들어가면 우정에 대한 우리의 이해에 새로운 겹이 더해진다. 우정은 오로지 동일한 비전과 열정을 공유할 때만 가능하다. 이것이 그리스도인에게 어떤 의미를 갖는지 생각해 보라. 계층과 기질, 문화, 인종, 감성, 개인사가 백인백색일지라도 그리스도를 주님으로 믿고 좇는 이들은 그 모든 차이를 덮고도 남을 만큼 강력한 동질성을 바닥에 깔고 있다. 이쯤 되면 '끈'이라기보다 끊어지지 않는 쇠줄에 가깝다. 그리스도인은 누구나 예수님이 전하신 복음을 통해 하나님의 사랑을 경험했다. 그리고 그것을 근거로 새로운 정체성을 얻게 되었다. 그 무엇보다도 거룩한 부르심과 사랑을 토대로 스스로의 실체를 파악하고 규정하게 된 것이다.

뿐만 아니라 그리스도인은 동일한 미래를 갈망하며 성경이 '새로운 피조물'이라고 부르는 한 가지 목표를 향해 함께 걷는다. 바울은 그리스도인들 안에서 마지막 날에 온전히 이뤄질 '선한 일'을 하나님이 지금도 행하고 계신다고 말한다(빌 1:6). 창조주가 지으실 때 의도하셨던 모양대로 참다운 자아가 실현된다는 뜻이다. 사도는 '장차 우리에게 나타날 영광'에 대해서도 이야기한다. "썩어짐의 종노릇한 데서 해방되어 하나님의 자녀들의 영광의 자유에 이르"리라는 것이다(롬 8:18, 21). 그리스도인들은 이처럼 최종적이고 완전한 속량을 '소망'하고 '간절히' 기다린다(롬 8:23).

이것은 무슨 의미인가? 예수님을 믿는 동일한 신앙만 있으면 어떤 그리스도인도 새로운 피조물을 향한 여정에서 뜨거운 우정을 나눌 수 있다는 것이다. 뿐만 아니라 이 세상에서 맡은 바 사명을 다하며 힘을 모을 수 있다는 뜻이다.

그리스도인들이 영적으로 투명해진다면 가능한 일이다. 그리스도인 친구들은 자기 죄를 서로 솔직하게 고백할 뿐 아니라(약 5:16), 상대방이 스스로 깨닫지 못하는 허물을 사랑으로 지적해

줄 수도 있다(롬 15:14). 그리스도인이라면 마땅히 신앙의 벗들에게 '수렵 허가증'을 내주어야 한다. 마땅히 가야 할 길에서 벗어날 때마다 단호하게 바로잡아 줄 권리를 주고(갈 6:1), 서로 꼬집고 도발을 해서라도 사망의 낭떠러지에서 잡아주어야 한다(히 10:24). 가물에 콩 나듯이 그런 것이 아니라 하루하루 일상 속에서 구체적으로 그리해야 한다(히 3:13). 그리스도인 친구들은 잘못을 인정하고 용서를 구하거나 청해야 하며(엡 4:32), 상대방을 실망시켰을 때는 화해하는 데 필요한 실제적인 조처들을 취해야 한다(마 5:23, 18:15).

또 다른 길은 영적인 항상성이다. 그리스도인 친구들은 서로 짐을 나눠지고 있다(갈 6:2). 벗이 어려운 처지에 처하게 되면 소유는 물론, 생명까지 나누면서(히 13:16, 빌 4:14, 고후 9:13) 변함없이 그 곁을 지켜야 한다(살전 5:11, 14-15). 친구들은 존중하고 인정함으로 서로 세워 주어야 한다(롬 12:3-6. 롬 12:10, 잠 17:2). 상대를 알아보고 은사와 장점, 능력을 끌어내야 한다. 함께 공부하고 더불어 예배하면서 믿음을 키워가야 한다(골 3:16, 엡 5:19).

성경이 그려내는 영적인 우정의 모습은 놀라우리만치 근사하다. 그리스도인의 우정은 나란히 콘서트를 구경하러 가고 운동 경기를 즐기는 차원이 아니다. 오히려 둘이 하나가 되어 위기와 도전을 이겨내도록 도우며 한 방향을 바라보고 같은 길을 가는 것이다. 그동안 제임스 페니모어 쿠퍼(James Fenimore Cooper)의 《가죽 스타킹 이야기(Leatherstocking Tales)》에서 1960년대 영화 〈더티 더즌(The Dirty Dozen)〉, 그리고 다시 〈반지의 제왕〉에 이르기까지 예술적인 수준과 형태가 다양한 소설과 '버디 영화(남자들의 우정을 다룬 영화를 일컫는 말)'들이 쏟아져 나왔다. 여기서 이질적인 인간 군상들은 시련과 고난을 함께 겪으며 하나가 되어 간다. 인종과 출신이 다른 것은 물론이고 서로 미워하기까지 하지만 일치된 목표와 사명이 있기에 한 팀이 되어 서로의 생명을 구하고, 뒤를 밀어 주고, 격려하고, 타이르며 임무를 수행해 낸다. 동일한 소명이 한 사람 한 사람을 친구로 만들고 차이를 강점으로 바꿔 놓은 것이다.

그렇다면 사랑과 열정이라는 같은 끈으로 유지되는 그리스도인들 사이의 초자연적인 우정은 C. S. 루이스와 에머슨이 설명하는 일반적인 우정과는 어떤 관계가 있을까? 이에 대한 답은 겹치거나 일치한다고 말할 수 있을 것이다. 그리스도인은 예수님을 믿지 않는 상대, 가령 똑같이 어느 작가에 열광하는 이와 막역한 친구가 될 수 있다. 같은 책을 읽고 마음에 들었던 대목에 대해 침을 튀기면서 말하다 보면 말이다. 둘 다 젊은 엄마라면 친구가 될 만한 또 다른 근거가 생긴다. 신앙을 공유하지 않아도 사람은 자신과 통하는 이들과 따뜻하고 친밀한 관계를 맺어 갈 수 있다.

앞에서 살펴본 것처럼 그리스도인은 기질을 비롯해 여러 가지 면에서 너무 달라 인간적으로 보기엔 도무지 어울릴 것 같지 않은 이들까지도 신약 성경이 말하는 '서로 세워 주는' 신령한 우정을 쌓을 수 있다. 하지만 가장 풍요롭고 훌륭한 관계는 자연적이고 초자연적인 요소들이 잘 어우러진 경우다. 결혼은 자연적이고 초자연적으로 결합된 우정에 로맨틱한 사랑의 힘을 보탠다. 바로 이것이 인간관계 전체를 통틀어 결혼을 가장 풍성한 관계로 만드는 요인이다.

우정이란 두 사람이 사랑 안에서 진리를 말하고 같은 목표를 향해 나아가는 가운데 차츰 깊어가는 '하나 됨'을 가리킨다. 그중에서도 영적인 우정은 더할 나위 없이 위대한 여정이다. 목적 자체가 지극히 고상하고 심원하지만 또한 분명하기 때문이다. 우리는 모두 '예수 그리스도의 날'이 이를 때 주님과 같은 모습으로 변하여 얼굴과 얼굴을 마주하고 보게 될 것이다.

> 사랑하는 자들아 우리가 지금은 하나님의 자녀라 장래에 어떻게 될지는 아직 나타나지 아니하였으나 그가 나타나시면 우리가 그와 같을 줄을 아는 것은 그의 참모습 그대로 볼 것이기 때문이니 주를 향하여 이 소망을 가진 자마다 그의 깨끗하심과 같이 자기를 깨끗하게 하느니라(요일 3:2-3).

배우자는 가장 친한 친구이다

하나님은 첫 사람에게 배우자를 허락하시면서 그저 연인이 아니라 아담이 마음을 다해 찾던 친구를 주셨다. 잠언 2장 17절은 배우자를 표현하면서 대단히 독특한 어휘('allup)를 사용한다. 사전은 이 단어를 '특별한 친구'나 '가장 좋은 벗'이라고 정의한다. 신부를 남편의 재산으로 여기고 결혼을 양가의 사회적 지위와 안전을 보장하기 위한 계약이나 거래로 보았던 시대 상황을 고려하면, 성경이 배우자를 그런 식으로 풀이한다는 것은 속된 말로 '놀라 자빠질 만한' 사건이다. 하지만 로맨스와 섹스를 지나치게 강조하는 현대 사회는 배우자를 가장 좋은 친구로 여겨야 한다는 주장에 대해 여러 면에서 극단적인 사고방식이라는 평가를 내린다. 부족 사회에서는 사회적인 지위가 가장 중요한 고려 대상이었기에 로맨스가 그다지 주목을 끌지 못했다. 반면 개인주의적인 서구 사회에서는 로맨스와 강렬한 섹스를 그 무엇보다 중요하게 생각한다. 하지만 성경은 공동체에 대한 책임과 로맨스의 중요성 가운데 어느한 가지도 무시하지 않으면서 동반자 관계로서 결혼이 가지는 의미를 부각시킨다.

본 장의 주제가 되는 본문인 에베소서 5장만 봐도 그렇다. 바울은 이교적인 성장 배경 및 결혼을 사회적인 거래로 여기는 세계관을 가진 그리스도인들을 향해 이야기하고 있다. 당시에는 가문의 사회적 지위를 높이기 위해 혼인 관계를 맺었다. 한 가문을 또다른 괜찮은 가문과 이어 주고 아이를 낳는 것이 아내의 역할이었다. 이는 결혼을 통해 이루어야 할 가장 중요한 일이었다.

그러나 바울은 그리스도인이라면 사회적 지위나 안정을 좇아, 또는 현대 문화가 주장하듯 로맨틱하고 감성적인 행복을 좇아 사는 것이 최우선의 목표가 되어서는 안 된다고 단언한 것이다. 바울은 남편들에게 예수님이 '신부', 곧 교회에 쏟으신 사랑에 주목하라고 주문한다. 하지만 거기서 그치지 않고 신부를 향한 그 헌신적인 사랑의 목표가 무엇이었는지 제시한다. "깨끗하게 하사"(26절) 빛나도록 아름다운 모습으로 그분 앞에 세우며(27절), "거룩하고 흠이 없게"(27절) 하려 하신다는 것이다. 한마디로 새로운 피조물로 만들고 싶어 하신다는 뜻이다. 영적인 얼룩과 결함, 죄와 티를 남김없이 제거해서 거룩하고, 영광스러우며 흠이 없게 하길 원하시는 것이다.[6]

다른 본문에서 바울은 빌립보의 그리스도인들에게 "너희 안에서 착한 일을 시작하신 이가 그리스도 예수의 날까지 이루실 줄을 우리는 확신하노라"(빌 1:6)라고 했다. 그리스도를 믿는 날부터 시작되는 과정(전통적으로 '성화'라고 부른다)을 지칭하는 것이다. 사도는 마지막 때가 오기 전까지는 그 프로세스가 끝나길 바라지 말라고 말한다. 하지만 한편으로는 소망을 잃지 않도록 경계한다. 선한 일을 시작하신 분께서 그 일을 완성하신다는 것이다. 성령님의 능력에 힘입어 그리스도인은 서서히, 그러나 확실하게 "하나님을 따라 의와 진리의 거룩함으로 지으심을 받은 새사람을"(엡 4:24) 입게 된다. 주를 믿고 알아가면서 "그와 같은 형상으로 변화하여 영광에서 영광에 이르"(고후 3:18)게 된다. 심지어 고난조차도(이를 통해 더욱) 우리를 더 지혜롭고, 깊이 있고, 강하고, 나은 사람으로 만들어 준다.

그러므로 우리가 낙심하지 아니하노니 우리의 겉 사람은 낡아지나 우리의 속사람은 날로 새로워지도다 우리가 잠시 받는 환난의 경한 것이 지극히 크고 영원한 영광의 중한 것을 우리에게 이루게 함이니 우리가 주목하는 것은 보이는 것이 아니요 보이지 않는 것이니 보이는 것은 잠깐이요 보이지 않는 것은 영원함이라(고후 4:16-18).

바울은 어떻게 그리스도를 믿는 이들 가운데 시작된 새로운 창조 사역이 완성되리라고 장담할 수 있었을까? 그것은 예수님이 모든 그리스도인들과 함께 계시며 두루 살펴주시기 때문이다. 주님은 "동기간보다 더 가까운" 궁극적인 친구가 되어 주신다. 무슨 일이 있어도 우리가 넘어지게 버려두지 않으신다. 우리를 영광스럽고 독특한 존재로 빚어 그분 안에 머물게 하시려고 온힘을 다하신다. 요한복음 15장 9-16절은 그리스도가 우리의 거룩한 친구라서 이런 일들이 가능해진다고 설명하고 있다.

반면 에베소서 5장은 그분이 우리의 거룩한 신랑이라서 그렇다고 풀이한다. 구속 사역 전반에 걸쳐 예수님은 믿는 자들의 친구이자 연인이다. 이는 결혼한 부부의 관계를 규정하는 좋은 모델이 된다. 남편과 아내는 교회에 대해 예수님이 그러하셨듯이 서로의 연인이자 친구가 되어야 한다. 주님은 장래의 영광을 바라보셨으며(골 1:27, 요일 3:2) 거룩한 백성들의 삶 속에서 무슨 일을 하시든 그 목표를 향해 몰아가신다. 에베소서 5장 28절은 결혼의 목적을 영원한 혼인 잔치라는 목표와 직접적으로 연결 짓는다. "이와 같이 남편들도 자기 아내 사랑하기를 자기 자신과 같이 할지니” 달리 무슨 말을 덧붙이겠는가? 아무 관련이 없는 그리스도인들 사이에서도 “서로 돌아보아 사랑과 선행을 격려하며”(히 10:24) 은사를 확인하며 “누구든지 죄의 유혹으로 완고하게 되지 않도록”(히 3:13) 서로 권면해야 한다면 부부끼리는 더 말해 무엇 하겠는가!

배우자를 가장 막역한 친구로 삼아야 한다는 원리는 신랑감, 신붓감으로 염두에 둔 상대가 자신과 잘 맞는지 고민할 때 중요한 열쇠가 된다. 배우자를 선택할 때 에로틱한 사랑에 기준을 둔다면, 잘 맞는다는 말은 곧 성적으로 끌리는 감정과 매력을 의미할 것이다. 반면에 안락하고 편한 삶과 사회적인 지위를 얻는 것이 우선이라면 소망하던 사회 계층의 일원이 되어 비슷한 라이프스타일을 추구할 수 있는 상대를 구하게 될 것이다. 하지만 이런 기준에는 지속성이 없다는 치명적인 단점이 있다. 제아무리 시기를 늦추려 발버둥을 쳐도 신체적인 매력은 결국 이울게 마련이다. 안타깝지만 사회 경제적인 지위 역시 하룻밤 새에도 변할 수 있다. 따라서 이러한 요소들을 토대로 나와 잘 맞는지 여부를 결정한다면 언젠가는 불안정한 기초 위에 관계를 세웠음을 아프게 깨달을 수밖에 없다. 아내의 얼굴에 기미가 생기고 나잇살이 붙거나 남편이 일자리에서 밀려나는 순간, 잘 맞는다는 판단의 근거는 여지없이 무너져 버릴 것이기 때문이다.

하지만 무엇보다 큰 문제는 성적인 매력과 사회적인 지위가 공동의 비전을 갖는 데 아무런 영향을 주지 못한다는 점이다. 무엇을 위해 결혼하는가? 무엇을 바라보고 살려 하는가? 부부가 주로 물질적이고 경제적인 의도를 가지고 결혼한다면 한동안은 어려움 없이 연합할 수 있을지 모른다. 하지만 그런 목표들은 뜻을 이루든 그렇지 못하든 깊은 하나 됨을 이루는 데 아무런 도움이 되지 못한다. 결국 성적인 파트너, 또는 재정적인 동반자를 얻는다는 개념으로 결혼한 이들은 진정으로 한마음이 되어 한 길을 갈 수 없다. 지향점을 잃은 나그네는 길동무를 얻을 수 없는 법이다.

함께 한 목표를 향하다

그렇다면 결혼의 목적은 무엇인가? 서로 도와 장차 영광스러운 자아, 곧 하나님이 마침내 이루실 새로운 피조물이 되기 위해서다. 남편과 아내가 함께 바라볼 목표는 하나님 나라의 보좌, 그리고 장차 얻게 될 티도 흠도 없는 거룩한 인성이다. 이보다 더 강력한 공동의 목표가 또 있을까 싶다. 남편과 아내 사이에 존재하는 그리스도인으로서의 우정이 둘의 관계를 높은 수준으로 끌어올려 주는 까닭이 여기에 있다.

먹구름이 끼고 폭우가 쏟아지는 날 고산지대를 여행해 본 적이 있는가? 차창 밖으로 보이는 것은 코앞의 땅바닥뿐이다. 그러다 비가 그치고 구름이 걷히면 우뚝 솟은 웅장한 봉우리들이 눈앞에 펼쳐지고 입에선 절로 탄성이 터진다. 하지만 한두 시간쯤 지나면 다시 구름이 몰려들고 금세 시야가 흐려진다. 다시 한동안은 아무것도 보이지 않는다. 그리스도를 좇는다는 것이 무엇을 의미하는지 깨달아 가는 과정도 이와 비슷하다.

그리스도인에게는 옛사람과 새사람이 있다(엡 4:24). 옛사람은 걱정 근심에 파묻혀 자신을 입증해 보이고 싶은 욕구, 좀처럼 떨쳐 버리지 못하는 나쁜 습관, 쉽게 빠지는 여러 가지 죄와 단단히 자리 잡은 성격적인 결함들로 제구실을 하지 못하고 있다. 새사람도 여전히 자신의 모습이지만 모든 죄에서 벗어난 존재다. 하지만 완성된 상태가 아니라 완성되어 가는 중이다. 더러는 옛사람의 구름이 짙게 드리워서 자신의 참 모습이 전혀 눈에 들어오지 않을 때도 있다. 그러나 더러는 그늘이 말끔하게 걷혀 잠재된 지혜와 용기, 사랑이 선명하게 드러나기도 한다. 장차 이르게 될 지점의 모습을 잠깐이나마 엿볼 수 있게 되는 것이다.

그리스도인의 결혼관에 비추어 보자면, 사랑에 빠졌다는 것은 남다른 의미를 가진다. 그것은 하나님의 손에서 빚어지고 있는 인간의 참모습을 서로에게서 발견하고 이렇게 고백하는 것과 비슷하다. "당신을 다듬고 계신 하나님을 보고 있어요. 얼마나 가슴이 벅차오르는지! 나도 그 한 부분이 되고 싶어요. 하나님과 당신의 파트너가 되어 거룩한 나라의 상속자로 변모되는 여정에 동참하겠어요. 마침내 그 자리에 이르면 영광스러운 당신의 모습을 바라보며 말할 겁니다. '이렇게 될 줄 알았어! 세상에서는 얼핏 보았던 모습인데 이젠 눈앞에서 또렷이 보게 되네요!'" 남편과 아내는 예수님이 말씀, 곧 복음을 통해 서로의 삶 가운데서 행하고 계신 놀라운 일들에 주목해야 한다. 아울러 스스로 그 일의 도구가 되며 티 없이 아름답고 영광스러운 모습으로 나란히 하나님 앞에 서는 순간을 꿈꾸어야 한다.

아내가 입버릇처럼 하는 이야기가 있다. 배우자를 근사한 대리석 덩어리로 여겨야 마땅함에도 불구하고 다들 완성된 조각상을 기대한다는 것이다. 어떻게 내가 원하는 사람을 만들어낼 수 있을까가 아니라 예수님이 어떤 사람을 만들고 계신지가 보여서이다. 어떻게 그처럼 멋진 다윗 상을 만들 수 있었느냐는 질문을 받은 미켈란젤로는 유명한 대답을 내놓았다. "대리석을 잘 뜯어보고 다윗답지 않은 부분을 떼어 냈을 따름입니다."

결혼 상대를 찾을 때는 반드시 서로의 내면을 볼 줄 알아야 한다. 하나님이 무슨 일을 하고 계시는지 인식하고 '새사람'이 드러나게 하는 과정에 동참하는 감격이 있어야 한다.

> 그분께 맡기면… 더없이 약하고 추한 인간마저도 에너지와 기쁨과 지혜와 사랑이 흘러넘치는, 지금으로서는 상상조차 할 수 없을 만큼 눈부시고 빛나고 영원한 피조물로, 하나님을 완벽하게 반사시키는(물론 규모는 작을지라도) 티 없이 깨끗한 거울로 만들어집니다. 길기도 하고 더러 고통스럽기도 한 과정이 되겠지만 그것이 우리의 존재 목적입니다. 더도 덜도 아닌 바로 그것입니다.[7]

파트너의 뿌리 깊은 결점과 연약함, 의존성을 보지 못하고 있다면 관계를 향해 한 발짝도 내딛지 못했다고 해도 과언이 아니다. 반대로 차츰 자라나 언젠가 완전하게 구현될 새사람을 향해 성장을 시작한 배우자에 대한 감격이 없다면 영적인 친구 관계라는, 결혼이 갖는 능력에 조금도 다가서지 못한 상태라 해도 지나치지 않다. 우리는 하나님이 사랑하는 자녀들을 빚어 가는 이루 말할 수 없이 황홀한 과정을 지켜보는 것을 목표로 삼아야 한다. 영광의 광채를 목격하고 나면 배우자를 도와 하나님이 원하는 형상으로 변모하도록 지지할 마음이 절로 솟아나게 될 것이다.

이러한 이해를 가지고 주례자 앞에 선 이들은 멋지게 차려입었다 하더라도 지금 옷 자랑을 하러 나선 자리가 아님을 잘 안다. 훗날 목회자가 아닌 주님 앞에 서게 될 것임을 온몸으로 보여 주고 있기 때문이다. 그때는 흠도 티도 없이 서로를 바라보게 될 것이다. 아울러 하나님이 이렇게 말씀하시는 것을 듣게 되기를 소망한다. "잘했다! 착하고 신실한 종들아! 여러 해 동안 서로를 잘 끌어 올려 내게 데려왔구나. 그대들은 서로 희생했다. 기도와 감사로 서로 붙들어 주었다. 더러는 서로 맞섰다. 서로 꾸짖기도 했다. 서로 끌어안고, 서로 사랑했으며, 시종일관 서로를 내 쪽으로 밀어붙였다. 이제 너희를 돌아보아라. 해처럼 밝게 빛나는 것이 보이느냐?"

애틋한 감정, 섹스, 웃음, 소소한 즐거움들은 성화와 연단, 영화를 거치는 일련의 과정에서 발생하는 부산물들이다. 이것들이 중요한 요소들이긴 하지만 일상적인 결혼 생활을 지탱해 주는 기둥이 될 수는 없다. 부부 관계를 이어가게 하는 힘은 배우자를 거룩하게 하고자 하는 헌신에서 나온다. 상대의 미모와 미덕이 아니라 그 위대함과 완전함에 헌신하는 것이다. 파트너가 지닌 정직한 마음과 하나님께 속한 것들을 추구하는 열정에 대한 헌신이다. 이것이 배우자의 역할이다. 목표를 그보다 더 낮게, 더 작게 잡고 있다면 그냥 남편과 아내가 되어 소꿉놀이를 벌이는 것이다.

이만하면 우정으로서의 결혼이 헌신으로서의 사랑과 잘 맞아 들어갈 수밖에 없는 까닭을 알 수 있을 것이다. 십자가에 달리신 주님은 존경과 애정이 가득한 눈으로 인류를 굽어보신 것이 아니다. 예수님에게 '뜨거운 끌림' 같은 것은 없었다. 하지만 그분은 자신을 주셨다. 스스로의 욕구보다 우리의 필요를 먼저 생각하시고 우리를 위해 헌신하셨다. 성경은 부부들에게 그리스도가 보여주신 사랑의 방식과 특징들뿐만 아니라 그 목표도 본받으라고 말한다. 주님이 돌아가신 것은 인류가 사랑스러워 보여서가 아니라 사랑스럽게 만드시기 위해서였다. 배우자를 도와서 자신보다 예수님을 더 사랑하게 하라는 바울의 역설[8]이 의미하는 바가 이것이다. 분명한 사실은 아내보다 예수님을 더 사랑해야만 나보다 상대의 요구를 우선 채울 수 있다. 감정의 탱크가 하나님의 사랑으로 채워진 뒤에야 비로소 삶이 잘 돌아갈 수 있다. 그것은 관계가 원만하게 풀리지 않을 때에도 인내하고, 신실하고, 친절하며, 열린 자세로 아내를 대할 수 있게 해준다. 그리스도와의 관계에서 더 큰

164

희열을 맛볼수록 아내와 식구들과도 더 큰 기쁨을 나눌 수 있다.

현대 문화에 보내는 메시지

당시의 전통 문화에 비추어 보면 결혼에 대한 바울의 가르침은 대단히 과격하다. 게다가 현대 사회에서도 급진적인 메시지이다.

마음이 잘 맞는 이성과 우정을 나누는 것은 드문 일이 아니다. 상대편의 지혜와 현명함을 믿고 스스럼없이 속내를 털어놓을 수도 있다. 친구는 이편을 속속들이 이해하고, 귀 기울여 이야기를 들어 주며, 진심 어린 충고를 해준다. 하지만 로맨틱한 감정은 일지 않는다. 눈길을 끄는 몸매가 아니어서인지도 모르겠다. 어쨌든 성적으로는 전혀 끌리지 않는다. 그러다 다른 누군가를 보고 한눈에 반했다고 생각해 보자. 속으로 꼽고 있던 외모와 사회적인 조건들을 두루 갖췄을 뿐만 아니라 그쪽도 이편이 싫지 않은 눈치다. 그래서 서로 만나서 함께 즐거운 시간을 보내게 되었고 점점 더 로맨틱한 감정에 빠져들었다. 그런데 정직하게 돌아보면, 사랑에 빠졌다고 믿는 상대와는 진즉에 알던 이성 친구만큼 깊은 우정을 나눌 수도 없고 그렇게 변할 가능성도 엿보이지 않는다면 어떻게 해야 할 것인가?

골치 아프게 됐다. 남편과 아내는 서로 좋은 친구이거나 그렇게 되어 가는 상태여야 한다. 그렇지 않으면 지속적인 관계를 형성하거나 풍성한 결혼 생활을 꾸려 갈 길이 없다.

끌리지 않는 상대와 부부가 되어야 한다는 이야기가 아니다. 성경은 배우자라면 당연히 가장 사랑스럽고 가까운 벗이어야 하며 그보다 못해서는 안 된다고 말한다. 남자는 신붓감의 미모에 집착하고 여자는 신랑감의 재력부터 본다는 속설 속에 일말의 진실이 있다는 것은 누구도 부정할 수 없을 것이다. 하지만 우정보다 그런 요소들에 더 끌려 누군가와 결혼한다면 장차 낭패를 볼 수밖에 없을 뿐만 아니라(부는 어쩌다, 외모는 반드시 이울게 마련이다) 기필코 외로워지게 되어 있다. 에덴동산의 아담에게 필요했던 것은 섹스 파트너가 아니라 동반자, '뼈 중의 뼈요 살 중의 살'이었다.

이런 원리를 받아들인다면 우리 시대의 미혼 남녀들이 결혼 상대를 찾는 방식이 극적으로 바뀌게 될 것이다. 짝을 찾는 싱글들은 보통 모임 같은 데서 재빨리 이성이 몇이나 왔는지 체크하고 그들의 면모를 살피기 시작한다. 물론 기준은 동반자 의식이 아니라 눈길을 끄는 매력이다. 열 명 가운데 셋이 괜찮아 보인다 치자. 그러면 다음 단계로 그들에게 다가가 말을 붙일 빌미를 찾는다. 상대편에서 데이트 신청을 물리치지 않으면 로맨틱한 감정이 생기고 나중에는 친구 사이가 될 수도 있다. 문제는 친구가 될 수도 있었던 많은 이들이 단지 키가 너무 크거나 작아서, 또는 너무 뚱뚱하거나 말랐다는 이유로 후보에서 탈락하고 말았다는 사실이다.

보통은 일차적으로 연인(또는 후원자)을 떠올리며 배우자감을 생각하지만(연인이 친구일 수도 있겠지만) 그리스도인은 먼저 우정을 나눌 가능성을 검색해야 한다. 이편을 누구보다 잘 이해하며 함께

166

있기만 해도 더 나은 자신이 될 법한 상대를 찾아야 한다. 그러고 나서 그 우정이 로맨스나 결혼으로 이어질 공산이 있는지 탐색해 볼 필요가 있다.

잘못된 출발선에서 데이트를 시작해서 아무것도 얻지 못하는 결혼으로 마무리하는 이들이 얼마나 많은지 모른다.

결혼의 우선순위, 우정

'우정으로서의 결혼'이 가져오는 중요한 결과가 있다. 배우자를 섹스 파트너나 재정 후원자로 먼저 인식하면 결혼이라는 울타리 바깥에서 무언가를 추구하고자 하는 욕구가 생기게 된다. 그렇게 되면 자녀, 부모, 일, 정치 또는 사회 활동, 취미, 가까운 친구들의 네트워크 같은 것 가운데 한 가지, 또는 몇 가지가 머릿속을 온통 채우고, 기쁨과 의미를 주며, 결혼 생활보다 더 큰 정서적 에너지원이 될 것이다. 이것은 결혼 생활에 치명적인 결과를 불러온다. 이편이 세운 우선순위의 꼭대기에 자신의 자리가 없다는 것을 눈치 채는 순간부터 배우자는 서서히 죽어 간다. 그러나 남편, 또는 아내가 단지 연인이나 재정 후원자가 아니라 더없이 좋은 친구라면 이야기가 달라진다. 부부 사이가 가장 중요하고 만족스러운 관계로 자리 잡을 여지가 생기기 때문이다.

바울은 에베소서 5장에서 창세기 2장 24절을 인용한다. "남자가 부모를 떠나 그의 아내와 합하여 둘이 한 몸을" 이루라는 말씀이다. 서구인들에게는 너무 익숙해서 놀라울 것이 없는 명령이지만 사실 충격을 좀 받아야 할 구절이다. 역사적, 사회적 맥락을 좇아 이 구절을 되짚어 보자. 고대 문화는 무엇보다 부모-자식 관계를 강조했다. 당시에는 아버지와 어머니를 기쁘게 하고 그 뜻을 충실하게 좇는 마음가짐이 더없이 중요했다. 오늘날에도 전통 문화가 살아 있는 지역에서는 부모, 또는 조부모가 막강한 권위를 가지며 자식들이 선대의 바람을 그 어떤 요구보다 높이 떠받들어 주길 기대한다. 이런 존경에는 분명한 근거가 있다. 청소년기까지 좋든 나쁘든 한 인간의 정체성을 전반적으로 형성해 주는 유일한 관계가 부모 자식뿐이었기 때문이다. 부모가 없으면 아이들은 생존할 수가 없다. 몇몇 특별한 경우를 제외하고 대다수 아버지와 어머니는 자녀들의 행복을 위해 엄청난 희생을 감수한다.

가부장적인 문화의 한복판에서는 두말할 것도 없고 오늘날에도 어디서나 볼 수 있는 현실을 앞에 두고 하나님은 말씀하신다. "나는 에덴동산에 부모와 자식이 아니라 남편과 아내를 두었다. 결혼해서 부부가 되면 둘 사이가 다른 어떤 관계, 심지어 부모 자식 간보다 더 앞서게 된다. 삶 전체를 통틀어 배우자와 결혼 관계에 가장 높은 우선순위를 두어야 한다는 말이다."

부부는 모든 관계 가운데 가장 중요하다. 배우자야말로 누구보다 큰 사랑과 에너지, 열성과 헌신을 쏟아야 할 대상이다. 하나님은 남자에게 그동안 대단히 끈끈한 관계를 가져 왔던 아버지와 어머니를 떠나 인생 전체에 걸쳐 더 중요하고 큰 힘을 갖는 새로운 연합을 이루기를 요구하신다.

짝퉁 배우자에게 한눈을 팔지 말라

미국 남부의 조그만 마을에서 처음 사역하던 시절, 나는 제법 많은 부부들에게 결혼 상담을 해주었다. 술, 마약, 포르노, 또는 불륜 때문에 결혼 생활에 어려움을 겪는 이들이 적지 않았다. 하지만 개인적으로 지켜본 결과로 미루어 보면, 나쁜 일에서 문제가 비롯되기보다는 대단히 좋은 일이지만 그 비중이 지나치게 높아지면서 수렁에 빠지는 사례가 대부분이었다. 제아무리 선하고 훌륭한 일이라도 배우자보다 더 많은 관심과 애정을 쏟게 되면 부부 관계는 망가질 수밖에 없다.

별별 일이 다 있었는데 주로 아내들은 이렇게 하소연했다. "제 남편은 시부모님 말씀이라면 껌뻑 죽어요. 내 말보다 훨씬 중요하게 여긴다니까요. 나보다는 두 어른 비위를 맞추고 즐겁게 해드리는 데 관심이 많고요." 반면 남편들은 이렇게 불평했다. "마누라는 애들밖에 몰라요. 시시콜콜 챙겨 주랴, 이런저런 프로그램에 참석하랴, 데려다 주고 데려오랴, 온갖 활동에 따라다니랴 정신이 없죠. 뭘 좀 해 달라고 하면 마지못해 그러마고 하지만 신경은 온통 아이들한테 가 있는 걸요. 아내로 살기보다 애 엄마로 지내는 편이 훨씬 신나나 봐요." 배우자의 직장 문제로 불만이 많은 부부도 있었다. "일밖에 몰라요. 직장이랑 결혼했나 봐요. 모든 시간과 에너지를 죄다 일터에 쏟아 붓는 거 같아요." 배우자가 자신에게 우선순위를 두지 않는 것 같다는 느낌을 받았다면 실제로도 그럴 가능성이 백 퍼센트다. 일이 그 지경에 이르렀으면 결혼 생활은 생명력을 잃어 간다고 봐야 한다.

결혼 생활에 어려움을 겪는 많은 경우는 무언가를 '떠나서' 배우자와 연합하는 일에 실패하기 때문이다. 배우자의 소망과 기대보다 집안의 바람과 요구를 좇아 움직인다면 부모를 떠나지 못한 것이다. 부모에 대한 원망이나 미움이 지나치게 큰 것도 마찬가지다. "우리 애들은 절대로 교회에 안 보낼 거야! 꼴도 보기 싫은 아빠엄마가 열심히 다니거든!"이라는 소리를 가끔씩 듣는다. 하지만 이것은 자신이 아직도 부모의 지배를 받고 있음을 반증하는 것이다. 아이들의 필요가 아니라 부모에 대한 거부감을 토대로 결정을 내리고 있기 때문이다. "남자친구를 볼 때마다 아버지 생각이 나서 도저히 결혼할 수가 없어요!"라고 이야기하는 여성도 있다. 겉모습이 비슷한 것이 도대체 무슨 문제란 말인가? 원만치 못한 부자(녀)지간이 파트너와의 관계를 좌지우지하도록 내버려 두어서는 안 된다. 기필코 과거의 상처에서 '떠나야' 한다.

살아가면서 현실적인 이슈에 부딪힐 때마다 번번이 다투는 부부들도 있다. 결정을 내리는 방식에서부터 휴가를 보내고 잘못을 저지른 아이에게 벌을 주는 일까지 온갖 문제를 두고 사사건건 부딪힌다. 그렇다면 자신이 매사에 부모로부터 배운 대로 상황에 대처하는 것은 아닌지 곰곰이 되짚어 볼 필요가 있다. 자라면서 부모에게서 보고 배운 방법이 어떤 면에서는 매우 지혜로운 것이 겠지만 자신의 가정에 적용할 때는 먼저 배우자의 이해가 있어야 한다. 단순히 "우리 집에서는 다 그렇게 했다"는 식으로 무작정 따르기를 요구해서는 안 된다. 혼인을 하는 순간부터 새로운 의사 결정 단위를 형성하고 새로운 행동 양식과 실행 방법을 개발해 내는 데 온힘을 기울여야 한다. 배우자와 자신 모두에게 어울리는 새로운 패턴을 찾으려 하지 않고 자신이 나고 컸던 가정의 틀만 고집한다면 아직도 부모의 '집'을 떠나지 못하고 있는 것이다.

이처럼 부모에 대한 과도한 의존도 결혼 생활의 주요한 암초 지만 아마 자녀에 대한 지나친 헌신만은 못할 것이다. 오늘날은 후자가 더 심각한 문제로 부각되고 있다. 여기에는 여러 가지 요인이 있겠지만 우선 자식들은 지독하리만치 부모의 손을 탄다. 아들딸은 가정의 새로운 구성원이므로, 자녀 양육을 중요한 부르심으로 여기는 마음가짐은 탓할 일이 아니다. 기본적으로 결혼 생활이 원만하면, 남편-아내보다는 부모-자녀 관계를 통해 사랑과 애정의 욕구를 채우는 편이 더 자연스럽다.

그러나 자식을 배우자보다 더 사랑하면 가족의 결속이 틀어지게 되고 결국 온 식구가 고통을 짊어지게 된다. 다시 말하거니와 어느 한 구성원이 아니라 온 식구다. 개인적으로 아는 어느 여성은 딸을 위해 일생을 바쳤지만 그 과정에서 부부 사이에 심각한 문제와 상처가 생겼다. 남편은 자식을 내로라하는 음악가로 키우기 위해 엄청난 시간과 노력을 퍼붓는 아내를 몹시 못마땅해 했다. 자신이 이루지 못한 꿈을 딸을 통해 성취하려고 했던 그녀는 그 대가로 행복한 결혼 생활을 잃어야 했다. 아이러니컬하게도, 아빠 엄마가 헤어질까 노심초사하는 딸이 가장 큰 피해자였다. 탄탄한 부부 관계는 자녀들로 하여금 세상은 위험한 곳이 아니며 사랑하는 것이 가능하다는 믿음을 품고 성장하게 해준다. 하지만 그 딸은 행복한 결혼이 어떤 모습인지, 어떻게 해야 남녀가 원만한 관계를 꾸려 갈 수 있는지 보고 배울 기회를 빼앗기고 말았다. 남편보다 더 사랑했던 딸이었지만 결국은 그 이유로 딸에게 좋은 것을 주지 못했던 것이다.

카운슬러는 그녀에게 "좋은 엄마가 되는 최선의 방법은 남편에게 좋은 아내가 되는 것이며 그것이 바로 아이들에게 가장 필요한 일"이라는 조언을 주었다. 그녀도 현실을 정확하게 인식하면서 결혼 생활의 우선순위를 바로잡아가기 시작했다.

아동 학대에 관한 연구 조사 결과를 보면, 부모들이 신체적으로 아이들을 학대하는 까닭은 그들을 미워해서가 아니라 도리어 자식에게 가장 먼저, 가장 많은 사랑을 쏟기 때문이라고 한다. 아들딸이 부모의 기대에 딱 맞는 행동으로 그 사랑을 되돌려 주지 않으면 분노가 폭발해서 회초리를 드는 것이다. 하지만 자식은 그냥 자식일 따름이다. 배우자만이 채워 줄 수 있는 우정과 사랑을 자녀에게 바라서는 안 된다.

주님을 결혼 생활의 중심에 두라

결혼은 그리스도와의 관계, 또는 구원과 많은 부분 닮아 있다. 이런 이유로 바울은 복음을 모르고서는 부부 관계를 제대로 파악할 수 없다고까지 단언했다. 구원은 새 출발이다. 이전 것은 지나가고 새것이 되었다. 복음을 통해 우리는 신랑이신 예수님과 더불어 결혼의 관계를 맺게 된다. 그리스도께 삶의 주도권을 넘겨 드린다는 뜻이다(골 1:15). 예수님은 여느 배우자들과는 전혀 다른 것을 요구하신다. 주님은 "나를 중심에 두어라. 그 어떤 잡신들도 나보다 앞세우지 말라"고 말씀하신다. 이것은 결혼과 아주 흡사하다. 결혼 생활은 배우자와 부부 관계를 으뜸으로 여기고 부모, 자녀, 직장, 취미 따위의 선하고 좋은 일들, 즉 '짝퉁 배우자'에게 한눈을 팔지 않아야 비로소 정상적으로 작동된다.

에베소서 5장 28절에서 바울은 또 다른 비유를 내놓는다. 남편은 아내를 자기 몸과 같이 사랑해야 한다는 것이다. 사도는 무슨 일을 하든지 건강이 기본임을 지적한다. 큰돈을 벌어들이는 것이 행복의 지름길이라고 믿고 몸보다 일을 앞세운다면 어떻게 되겠는가? 많은 일에 치여서 운동할 짬도 내지 못하고, 편히 쉴 수도 없고, 끼니조차 제대로 챙기지 못하며 엄청난 스트레스에 시달리게 될 것이다. 그렇게 해서 많은 돈을 벌지는 모르겠지만 어쩌다 심장마비라도 온다면 애써 쌓은 부를 누려 보지도 못한 채 삶을 마감해야 할 것이다. '행복'을 건강보다 앞세우면 실제로는 전혀 행복해질 수 없다. 행복하려면 많은 재물보다 튼튼한 몸이 더

요긴한 법이다. 건강이 나빠진 갑부들이라면 입을 모아 그렇게 말할 것이다.

　바울은 결혼을 신체적인 건강에 빗대어 설명한다. 혼인과 동시에 우리는 자연스럽게 하나님이 만드신 흐름 속에 들어가게 된다. 따라서 자기 멋대로 가정을 꾸리겠다고 마음먹으면 온갖 어려움을 피할 길이 없다. 결혼은 애초부터 하나님이 손수 만드신 제도이기 때문이다. 주님은 결혼을 인간의 삶 전체를 통틀어 가장 중요한 관계로 세우셨다. 만약 당신이 결혼이나 배우자를 출세가도에 필요한 지팡이쯤으로 여겨서 2-3번째 우선순위에 놓았다면 당장 정신을 차려야 할 것이다. 그런 식으로는 부부 관계가 제대로 설 수 없다. 일단 혼인을 했다면 결혼 생활에 가장 높은 우선순위를 두는 것이 마땅하다.

　그래야 하는 까닭은 결혼에 담긴 힘 때문이다. 결혼에는 인생 항로 전반을 좌우하는 힘이 있다. 온갖 어려움과 약점들로 가득한 악조건에서 살아간다 할지라도 결혼 관계가 탄탄하면 나머지 것들이 문제가 되지 않는다. 얼마든지 어려움을 극복하고 견고하고 안전한 세계로 옮겨 갈 수 있다. 반면에 누가 봐도 성공적이고 영향력 있는 환경 가운데 생활할지라도 부부 사이의 관계가 허약하면 문제가 생길 수 있다. 언제라도 허약하고 부실한 세계로 밀려들 수 있기 때문이다. 결혼에는 이처럼 인생 항로의 방향을 바꾸는 힘이 있다. 이 힘을 가진 결혼의 가치를 깨달아 무엇에도 양보할 수 없는 최고의 우선순위를 두도록 하라.

이처럼 결혼에 우선순위를 부여하는 열쇠는 영적인 우정이다. 본 장에서 전하고자 하는 메시지의 핵심도 바로 여기에 있다. 안타깝게도 많은 부부들이 결혼 생활을 시작하면서 그것이 하나님께 나가는 여정이라는 인식을 하지 못하고 있다. 그리스도인들은 같은 신앙을 가진 파트너와 결혼하게 된 것을 자축하지만 배우자감의 믿음은 공통 관심사나 취미처럼 '잘 맞는' 짝의 여러 조건들 가운데 하나일 뿐이다. 하지만 영적인 우정은 다르다. 그것은 하나님을 점점 더 깊이 알고, 섬기고, 사랑하고 닮아 가도록 온 마음을 다해 서로 돕는다.

에베소서 5장 말씀을 본문으로 설교한 적이 있다. 바울이 '거룩하게 하는' 것이 결혼의 목적이라고 가르치는 대목이다. 예배가 끝난 뒤에 한 여성이 말했다. "결혼의 목표는 오로지 행복해지는 거라고 생각했어요. 그런데 목사님은 결혼을 대단히 큰일이라고 말씀하시는군요." 그렇다. 결혼은 큰일이다. 다만 그것이 행복과 배치된다고 본 것이 잘못이다.

바울은 "티나 주름 잡힌 것이나 이런 것들이 없이 거룩하고 흠이 없게 하려 하심"(엡 5:26-27)이 결혼의 주요한 목적 가운데 하나라고 말한다. 무슨 뜻일까? 갈라디아서 5장 22-25절에 '성령의 열매'(사랑, 기쁨, 화평, 인내, 친절, 선함, 신실, 온유, 절제)라고 표현된 예수님의 성품이 그리스도인들의 내면에서 재생산되어야 한다는 말이다. 예수님의 사랑과 지혜, 탁월함이 내면에 자리를 잡으면 저마다 가진 독특한 은사나 부르심과 어우러져 '참 사람', 곧 하나님이 지으실 때 의도하셨던 인간이 되어져 간다. 성경은 처음부터 끝까지 한 목소리로 혼자 힘으로는 그 여정을 마칠 수 없다고 외친다. 뜻을 같이하는 친구들, 곧 신앙의 형제자매들과 더불어 한마음으로 한 방향을 바라보아야 한다. 연인이자 친구인 배우자야말로 그 엄청난 모험의 가장 적합한 길벗이다.

이것이 모두 큰일들일까? 그렇기는 하지만 어차피 인간은 그 일을 하도록 지음 받은 존재다. 그렇다면 한마디로 "결혼은 행복이 아니라 거룩함의 문제"는 아닐까? 그렇기도 하고 아니기도 하다. 앞에서 살펴본 바와 마찬가지로, 그 두 가지 성질은 대단히 대조적이다. 거룩함의 참뜻을 정확하게 파악했다면 현실적인 행복은 거룩함의 곁이 아니라 반대편에 있다는 사실도 알고 있을 것이다. 거룩함은 새로운 소망을 심어 주고 옛 욕구들을 조절해서 거기에 보조를 맞추게 해준다. 따라서 행복한 결혼 생활을 하고 싶다면 혼인 자체가 본래 거룩해지도록 설계되었음을 인정하고 받아들여야 한다.

C. S. 루이스는 이렇게 썼다.

그분은 없는 행복을 주시는 것이 아니라 기왕에 있는 행복을 베푸십니다. 우리가 택할 수 있는 길은 세 갈래뿐입니다. 하나님이 되든지, 피조물로서 그분의 선하심을 나눠 갖든지, 아니면 비참해지든지. 우주가 키워 내는 유일한 식량, 다른 우주가 있다손 치더라도 그 우주가 키워 낼 수 있는 단 하나

의 식량을 섭취하는 법을 배우지 못하면 영원토록 굶주릴 수 밖에 없습니다.[9]

이만하면 구체적인 이야기를 할 준비가 된 듯하다. 어떻게 서로를 도와가며 하나님을 향해 나가는 여정을 계속할 것인가? 다음 장 에서 그 답을 찾아보자.

05   진실한 사랑은
그때부터 시작이다

남편들아 아내 사랑하기를 그리스도께서 교회를 사랑하시고
그 교회를 위하여 자신을 주심 같이 하라 이는 곧 물로 씻어 말씀으로
깨끗하게 하사 거룩하게 하시고(엡 5:25-26).

스탠리 하우어바스의 이야기를 다시 한 번 곱씹어 보자.

우리는 절대로 결혼 상대를 속속들이 알 수 없다. 그렇다고
생각할 뿐이다. 처음엔 자신의 판단이 확실하다고 믿을지 모
르지만 그 마음이 변하는 데까지는 오랜 시간이 걸리지 않는
다. 세상만사가 대부분 그렇듯, 결혼도 일단 시작하고 나면
더 이상 전에 알던 그 사람이 아닌 법이다. 중요한 것은 더불

어 살게 된 낯선 상대를 사랑하고 보살피는 법을 배우는 일
이다.[1]

오랜 세월 결혼 생활을 해온 이들이라면 하우어바스의 현실적인
지적에 공감할 것이다. 결혼은 인간을 변화시킨다. 자녀의 출생
역시 우리를 변화시킨다. 직업이나 직장을 바꾸는 일도 우리를 변
화시킨다. 나이도 사람을 바꿔 놓는다. 설상가상으로 결혼은 오랫
동안 내재되어 있었지만 자신도 몰랐던 내면의 특성들을 배우자
앞에서 적나라하게 드러내는 주요 무대가 된다.

　　대부분의 사람들은 '사랑에 빠지는' 경험을 하면서 결혼 생
활에 들어간다. 사랑의 감정이 최고조에 이르렀을 때는 절정의 행
복감을 맛보기도 한다. 결혼 카운슬러이면서 저술가인 게리 채프
먼(Gary Chapman)은 이처럼 사랑에 빠진 상태(흔히들 몇 달에서 2년 정
도 지속된다고 믿는다)에서는 마음을 주고 있는 상대가 여러 가지 중
요한 기준들에 완벽하게 들어맞는다는 환상을 품게 된다고 한다.
채프먼은 젠(Jen)이라는 내담자를 소개하며 다음과 같이 말한다.
"젠과 가까웠던 친구의 눈에는 젠이 약혼한 남자가 가진 단점들
이 보였다. 가끔은 그것을 어떻게 젠에게 말해야 할지 고민스러웠
지만 정작 젠은 귀담아 들으려 하지 않았다. 젠의 어머니 역시 딸
이 결혼하려는 젊은이가 도무지 안정된 직업을 가질 것 같지 않다
는 걱정을 떨쳐 버리지 못했지만 차마 티를 내지 못하고 '라이언
(Ryan)의 계획'이 무엇인지 에둘러 묻기만 했다. 채프먼은 당시의

상황을 계속 설명한다.

> 물론 우리가 순진하기만 한 건 아닙니다. 머리로는 서로 다르다는 걸 알고 있어요. 하지만 …어떤 합의점에 (그것도 빠른 시간 안에) 도달하리라 확신합니다. 우리는 종종 상대의 됨됨이 가운데 아름답고 매력적인 구석들에 끌립니다. 우리의 사랑은 단연코 인간이 경험하는 일들 가운데 가장 놀라운 것입니다. 이미 결혼해서 사는 부부들 가운데 얼마는 그런 감정을 잃어버리고 살기도 하지만 그 일이 자신들에게는 절대로 일어나지 않을 거라고 믿어 버리죠. 그들이 그렇게 된 것은 진정으로 사랑하지 않았기 때문일 것이라고 합리화하면서 말입니다.[2]

상대방의 결점이 밝히 보이기 시작하는 순간, 콩깍지는 떨어져 나간다. 대단치 않게 여겼던 사소한 단점들이 점점 크게 다가오면서 결국 상대방을 제대로 몰랐던 것이 아닌가 하는 의구심까지 들게 된다. 이쯤 되면, 파트너가 너무 낯설어 보이기까지 하며 상대방을 이해하고 사랑하는 문제가 새로운 과제로 부각된다.

이런 일이 벌어지면 저마다 다른 방식으로 대응한다. 결혼의 목적이 '소울 메이트'(이편을 바꾸려 들지 않을 뿐만 아니라 삶의 목표를 성취하도록 자발적으로 도와줄)를 얻는 데 있었다면, 커다란 혼란이 생길 것이다. 부부 관계가 제대로 돌아가려면 엄청난 시간 투자가 필요한데 배우자 역시 이편을 몹시 낯설어 하고 있으며 치명적인 결점들을 보기 시작했다는 것을 깨닫게 되면 아프고 괴로운 마음은 더욱 가중된다. 십중팔구는 대뜸 '딱 들어맞는' 짝을 고르지 못하고 엉뚱한 선택을 했다고 자책하는 반응부터 보인다.

하지만 새로운 피조물을 향해 가는 여정의 영적인 동반자로서 우정을 나누는 것을 목표로 삼고 결혼 생활을 시작했다면 어땠을까? 죄와 흠을 벗어 버리고 하나님이 빚어 가고 계시는 새사람이 되도록 서로 돕는 부부의 삶을 기대했다면 어땠을까? 그랬다면 실제로 '낯선' 상황이 벌어진다 하더라도 소매를 걷어 붙이고 문제 해결에 본격적으로 뛰어들 것이다.

그러기 위해서는 어떤 '연장들'을 챙겨야 할까? 어떻게 하면 나그네 길을 함께하며 영적인 우정을 나누도록 서로 도울 수 있을까? 어떻게 하면 서로 깊이 사랑하며 아무 소득도 없이 냉랭한 침묵으로 끝날 다툼을 되풀이하지 않고 승승장구 발전하는 부부 관계를 꾸려 갈 수 있을까? 근원적인 해결책을 찾으려면 하나님의 은혜에서 비롯된 능력을 기반으로 사랑 안에서 진리를 말해야 한다.

오직 사랑 안에서 참된 것을 하여 범사에 그에게까지 자랄지라 그는 머리니 곧 그리스도라(엡 4:15).

상투적인 이야기처럼 들릴지 모르겠지만 적어도 뼈아픈 실패를 겪기 전까지는 그럴 것이다. 하나님이 세우신 제도인 결혼에는 마땅히 받아 써야 할 몇 가지 힘이 내장되어 있다. 진리의 힘, 사랑의 힘, 은혜의 힘이 그것이다. 이것들을 사용하면 배우자가 삶 속에서 그리스도의 성품을 드러낼 뿐만 아니라 서로 사랑하며 힘을 모아 한 길을 가도록 도울 수 있다. 이러한 힘들은 특히 결혼한 상대가 남이나 다름없다는 느낌이 드는 시기에 가장 탁월하게 작동된다.

최악의 상황을 마주하게 하는 진실의 힘

쇠렌 키르케고르의 저서에는 현대인을 가장무도회에 참석한 손님에 빗댄 대목이 있다. "너나없이 가면을 벗어 던져야 하는 자정이 다가오고 있다는 것을 모르는가?"[3] 당시에는 축제의 첫 부분에서는 모두가 가면을 쓰고 잔치에 참여하는 관습이 있었다. 참석한 손님들은 더불어 춤추고, 먹고, 이야기를 나누지만 모두들 서로가 누구인지는 알 수 없다. 하지만 자정이 되면 일제히 가면을 벗고 정체를 드러내야 했다. 화려한 마스크가 벗겨지고 조금도 꾸미지 않은, 그래서 누구나 또렷이 볼 수 있는 실체가 드러나는 시간이 닥친다는 점에서, 신데렐라 이야기와도 맥이 닿아 있다. 언뜻 마지막 심판 날이 떠오르기도 한다. 다른 한편으로는 결혼의 모습과도 무척 닮았다. 부부 사이에는 무엇 하나 숨길 수 있는 것이 없다. 같이 살아가다 보면 매사가 낱낱이 드러나 결국에는 가면과 화려한 장식이 없는, 있는 그대로의 자기 본색을 드러낼 수밖에 없다. 어째서 그런가?

결혼은 그 어떤 관계보다 두 인간을 긴밀하게 한다. 물론 부모와 자식의 관계도 많은 것을 공유하고 대단히 가깝기는 하다. 그러나 양자 간에 분명한 힘의 격차가 존재한다. 부모와 자식이 선 토대가 달라서 아빠 엄마는 자식의 평가를 무시하고 아들딸들은 부모의 비판을 외면하기 쉽다. 게다가 아이들이란 웬만큼 자라면 떠나가게 마련이다.

또한 결혼은 동거보다 훨씬 견고하다. 빠져나갈 길이 거의 없다 싶을 정도다. 결혼하지 않고 함께 사는 이들도 서로 가깝기는 하지만 양쪽 모두 결혼 관계에서 요구할 수 있는 권리들을 서로에게 주장할 수는 없다는 점을 잘 알고 있다. 동거 커플들은 사회적으로든, 경제적으로든, 법적으로든 삶 전체를 아우르지는 못한다. 따라서 파트너의 주장에 동의할 수 없으면 상대적으로 사소한 문제를 가지고도 관계를 청산할 수 있다.

반면 결혼한 부부의 통합된 삶은 두 인간 사이에 형성될 수 있는 가장 가깝고 탄탄한 관계다. 상대방을 가까이 보고 깊이 알 뿐만 아니라 어쩔 수 없이 서로의 결점과 죄까지 끌어안고 처리해나가야 한다는 뜻이다.

당신은 어쩌면 겁이 많아서 매사에 근심이 앞서는 사람일 수 있다. 또는 늘 당당하고 자기주장이 강해서 이기적인 성향을 보일 수도 있다. 융통성이 없어서 뜻대로 되지 않으면 쉬 삐치는 성향일 수도 있다. 거칠고 사나워서 다들 두려워만 하고 사랑하지는 않는 사람일 수도 있다. 제대로 훈련을 받지 못해서 도통 미더운 구석이 없으며 무질서할 수도 있고, 산만하고, 무신경하며, 다른 이들과 어울리는 법을 모르는 둔감한 사람일 수도 있다. 남들을 판단하고 비판하기 좋아할 뿐만 아니라 스스로에 대한 평가도 박하기 짝이 없는 완벽 주의적인 성향일 수도 있고, 조급하고 신경질적인 성향이어서 원한을 품거나 이성을 잃고 쉽게 화를 내는 사람일 수도 있다. 지나치게 독립적이어서 남의 일에 끼어들지 않을 뿐 아니라, 여럿이 뜻을 모아 결정하는 것을 못하고, 도와 달라고 부탁하는 것을 죽기보다 싫어하는 사람일 수도 있다. 또는 사랑받고자 하는 욕구가 너무 커서 진실을 은폐하거나, 비밀을 지키지 못하거나, 두루두루 잘 보이려고 열심히 일만 하는 부류의 사람일 수도 있다. 아니면 검소하지만 동시에 인색해서 자신의 정당한 필요를 돌보지 않고 남들에게도 야박하다는 소리를 들을 수도 있다.

이처럼 우리 내면에 간직되어 있는 은밀한 결함들을 상대방은 진즉부터 알고 있었다. 함께 사는 부모나 동기들은 말할 것도 없고, 기숙사 룸메이트나 친구들도 단점들을 샅샅이 파악하고 있다. 하지만 정작 당사자는 지적을 받을 때마다 한쪽으로 치우쳤다느니 잘못 봤다느니 하며 무시하거나, 앞으로 고치도록 노력해 보겠다는 모호한 약속으로 비판의 무게를 줄이려 한다. 그럼에도 불구하고 반발은 조금도 수그러들지 않고 이쪽 역시 문제의 심각성을 인정하지 않는다. 이편의 결점이 배우자에게처럼 그들에게도 항상 동일한 문제를 일으키는 것이 아니기 때문이다.

대개는 우리가 가진 성격적인 결함이 주변 사람들에게는 가벼운 피해를 주는 것으로 끝나지만 결혼해서 함께 사는 남편이나 아내에게는 커다란 문제를 야기한다. 가령 원한을 품고 좀처럼 풀 줄 모르는 기질을 가진 사람이 있다고 하자. 그의 성향은 친구들 사이에선 조금 문제가 되는 정도지만 결혼 생활에서는 관계의 생명을 앗아갈 수도 있다. 함께 사는 배우자만큼 파트너를 통해 큰 어려움을 겪거나 상처를 입는 사람은 아무도 없다. 어디가 잘못되었는지 누구보다도 잘 알 뿐 아니라 예리할 정도로 정확하게 인식하기 때문이다.

혼인 예배를 인도할 때마다 나는 종종 다리에 빗대어 이런 측면을 설명하곤 한다. 시내를 가로지르는 낡은 다리가 있는데 교량 어딘가에 쉬 드러나지 않는 구조적인 문제가 있다고 해보자. 그것은 아주 가까이서 자세히 살피면 모를까, 언뜻 봐서는 무엇이 문제인지조차 알 수 없는 머리카락처럼 가느다란 균열일 수도 있다. 그런데 그 위로 10톤짜리 대형 트럭이 지나다닌다면 어떻게 되겠는가? 묵직한 트럭이 주는 하중 때문에 그 균열은 점점 더 커지게 될 것이다.

결혼을 하고 나면, 남편과 아내는 커다란 트럭을 몰고 상대방의 마음을 오간다. 그러면 치명적인 흠들이 고스란히 노출된다. 배우자가 결함을 만들어 낸 것이 아니다. 우리는 종종 배우자를 향해 "왜 살살 약을 올려서 나를 화나게 해?"라고 항변하지만 그것은 사실이 아니다. 다만 우리 내면에 깔려 있던 문제가 수면 위로 올라왔을 따름이다. 그렇지만 그것이 나쁜 일은 아니다. 자신이 완벽에 가깝다는 착각에 빠져 산다면 어떻게 '영광스러운 모습'으로 변모해 갈 수 있겠는가?

2002년, 나는 정기 검진 과정에서 갑상선 암 판정을 받았다. 주치의가 우연히 목에서 조그만 암 덩어리를 찾아낸 것이다. 암제거 수술은 물론이고 후속 치료를 받으며 무척 두렵고 고통스러웠지만, '의사가 그 종양을 찾지 못했다면 좋았을 텐데. 너무 작아서 그냥 지나쳤다면 이렇게 힘들고 골치 아픈 일들을 피할 수 있었을 텐데!'라고 바랐던 적은 단 한 번도 없었다. '힘들고 골치 아픈 일들을' 모면한 결과가 궁극적으로는 아직 작고 전이되지 않은 상태에서 발견되어 치료되는 것과는 비할 수 없을 만큼 훨씬 더 '힘들고 골치 아플 것이' 확실하기 때문이다.

결혼을 서로 성장하도록 돕는 관계로 만들어 가는 첫 걸음은 그 안에 내재된 속성들을 인정하고 받아들이는 것이다. 결혼은 본질적으로 '진실의 힘', 즉 스스로의 실체를 사실 그대로 드러내는 힘을 가지고 있다. 배우자의 예리하고 폭넓은 비판 앞에선 누구든 기가 질리게 마련이다. 혹시 짝을 잘못 고른 것이 아닌가 하는 생각이 드는 것도 무리는 아니다. 하지만 마음의 죄를 폭로하는 최종적인 주체는 배우자가 아니라 결혼 그 자체임을 알아야 한다. 결혼은 자기 자신과 대면하게 한다. 마주하고 싶지 않은 자화상을 들이대고 목덜미를 잡아채서 똑바로 보지 않고는 견딜 수 없게 하는 것이 결혼이다.

맥 빠지는 소리처럼 들릴지 모르겠지만, 이것은 진정으로 자유롭게 되는 과정이기도 하다. 카운슬러들은 인간을 속박하는 것은 스스로 깨닫지 못한 약점뿐이라고 말한다. 자신이 기질적으로 가진 특성을 부정하면 바로 그 특성의 지배를 받게 된다는 뜻이다. 결혼은 부부의 실상을 철저하게 끄집어내고 샅샅이 조명해 준다. 결혼이 가진 이러한 힘에 저항하지 말라. 배우자에게 이편의 잘못된 구석을 짚어 낼 권리를 주라. 바울은 어떻게 예수님이 인류의 얼룩과 티를 '씻고 깨끗하게' 하셨는지 설명한다. 배우자에게 그렇게 할 권한을 부여하라.

살아오는 동안 롭(Rob)에게는 친구가 거의 없었다. 어린 시절부터 남의 입장이 되어 생각해 볼 줄 몰랐기 때문이다. 타인과 공감하는 능력이 거의, 또는 전혀 없어서 자신의 말이나 행동에 다른 이들이 부정적인 반응을 보이면 도리어 롭 자신이 화들짝 놀라곤 했다. 롭이 초등학교 4학년 때쯤, 상담 교사는 그의 부모를 불러 비록 경증이긴 하지만, 롭이 남들이 어떻게 느끼는지 상상하거나 공감할 줄 모르는 탓에 타인의 감정을 무시하는 '반사회적 인격 장애(sociopath)'로 자라날 가능성이 있다고 주의를 주었다. 이런 성격적인 결함은 수많은 문제를 일으켰지만 정작 본인은 그 실상을 눈곱만큼도 눈치 채지 못했다. 사정을 아는 이들은 아무도 롭과 친구가 되려 하지 않았다. 첫 직장에 들어가서도 마찬가지였다. 롭이 연거푸 실수를 저지르자 상사는 물론이고 지시를 받아 움직이는 일꾼들까지도 분통을 터트렸다. 직장에서 쫓겨나는 것은 시간문제였다.

그러다 롭은 제시카(Jessica)를 만나게 되었는데 그들은 두 번째 데이트에서 서로에게 푹 빠졌다. 제시카는 롭이 탁월한 이야기꾼이라고 생각했고 실제로도 그랬다. 롭 쪽에도 제시카가 웬만해선 상처를 입지 않는 적극적인 여성이라는 점이 마음에 들었다. 롭의 유머 감각은 몇 차례씩이나 상처와 모욕의 경계선을 넘나들었다. 평생 고치지 못한 결함이었지만, 제시카는 그동안 롭이 겪었던 이들과는 달리 야무지게 호통을 쳐서 정신을 차리게 만들었다. 롭은 그것이 정말 좋았다. 드디어 수줍은 새색시와는 다른 부류의 아가씨를 만났구나 싶었다.

둘은 식을 올리고 부부가 되었다. 하지만 한 달 두 달 시간이 흐르면서 롭의 무신경한 우스개와 폭력적인 언사는 점점 그 정도가 심해졌다. 사랑을 시작할 무렵에는 다들 더없이 점잖게 행동하지만 편안한 사이가 되고 서로에게 차츰 익숙해지면 더 이상 자신을 제어하지 않게 되고 본색을 드러낸다. 롭의 경우도 다르지 않았다. 결혼한 지 얼마 되지 않아 롭의 성격적인 문제가 밑바닥까지 다 드러났고 제시카도 그 면면을 속속들이 보게 되었다. 롭이 다른 사람들과의 관계에서 어떻게 처신하고 다니는지도 알게 되었다. 사람들이 자신처럼 유들유들, 여유 있게 롭의 말을 받아줄 리가 만무했다. 제시카는 남편을 평생 따라다니는 관계 문제가 어떤 성격인지 파악하고는 깊은 환멸을 느꼈다. 결혼한 지 채 일

188

년도 안 됐는데 벌써 남편과 헤어져 싱글로 돌아갈 꿈을 꾸었다.

남편도 마침내 아내가 더 이상 행복하지 않다는 것을 눈치챘다. 부부는 출석하는 교회의 목회자에게 상담을 요청했다. 긴 여정의 시작을 알리는 신호였다. 여러 주에 걸친 목회 상담 끝에 첫 번째 돌파구가 열렸다. 어느 날 밤, 롭과 제시카는 한 자리에 마주앉았다. 두 사람은 하나님이 왜 둘을 함께하게 하셨는지 그 목적을 비로소 알 것 같았다. 거친 사내에 맞서 조금도 밀리지 않고 또박또박 따질 힘을 갖춘 여인이 또 있을까? "그런 행동은 상처가 돼. 당신이 하는 말이 남들을 어떻게 만드는지 똑똑히 알 때까지 그 느낌을 정확하게 이야기해 줄게. 침묵하지도, 물러서지도 않겠지만 되갚아 주지도 않을 거야. 예수님이 그러셨던 것처럼 사랑으로 용납할 거야"

롭은 이렇게 자신을 사랑해 주는 사람을 만나 본 적이 없었다. 백이면 백, 포기하고 피해 버리거나 무작정 공격을 퍼붓는 것이 고작이었다. 그런데 자신이 내뱉는 말이 다른 사람들에게 얼마나 큰 상처를 주는지 차분하지만 솔직하게 설명해 주는 이가 나타난 것이다. 변화를 끌어낸 가장 큰 요인은 툭하면 상처를 입히는 비뚤어진 성품을 지적하는 이가 바로 자신이 세상에서 가장 사랑하는 아내라는 사실이었다. 제시카가 고상하고 따뜻하게 남편을 사랑할수록, 그 역시 아내가 상처받는 것을 보고 싶어 하지 않게 되었다. 천천히, 그러나 확실하게 롭은 귀를 기울이고, 배우고, 변해 갔다.

제시카는 자신도 철저하게 달라질 필요가 있음을 깨달았다. "지독하리만치 독립적이어서 누구한테도 기대기가 어려웠어요. 마음에 들지 않으면 그냥 차 버리고 말았으니까요. 그러니 남편하고 같이 있는 것이 얼마나 짜증스러웠겠어요?" 롭의 문제가 심각하다는 것을 파악했을 즈음에도 제시카는 늘 그랬던 것처럼 달아나고 싶었지만 결혼 서약이 마음에 걸려서 도저히 그럴 수가 없었다. 상처를 주는 상대에게서 도망치지 않은 것은 그때가 처음이었다.

결혼한 지 3년쯤 지나자, 롭은 그 부모도 몰라볼 만큼 변해 있었다. 아버지 어머니조차도 아들이 그처럼 사려 깊고 공감할 줄 아는 인간으로 거듭나리라고는 생각조차 못했다. 제시카의 양친도 마찬가지였다. 약점을 부드럽고 너그럽게 받아 주는 딸의 모습은 낯설기까지 했다. 예전 같으면 어림도 없는 일이었다. 모두가 결혼에 담긴 진실의 힘이 이뤄 낸 성과였다.

곁에 있는 배우자가 '나보다 나은 사람'이다

이처럼 결혼이 가져다주는 '진실의 힘'은 분명 귀한 선물이지만 받기가 쉽지 않은 선물이기도 하다. 배우자의 이러저런 결점이 계속 눈에 들어오고 이것저것이 잘못이란 지적을 자주 들으면 감정이 상하기 때문이다. 신랑 신부는 광산에서 갓 캐낸 원석과 같아서 배우자 속에 박힌 황금을 보고 결혼하지만 불순물에 더 눈이 가게 된다. 시간이 지날수록 거룩한 영광의 빛 가운데 태워 없애야 할 '찌꺼기'에 해당하는 태도와 인성, 또는 죄에 물든 습관이 눈에 들어온다. 이런 흠들은 영구적인 것이 아니지만 우리 마음을 광범위하게 장악하고, 가끔 커다란 문제를 일으키며, 쉽게 제거되지도 않는다.

그럼에도 불구하고 불순물과 순금을 구별하는 법을 배우면 큰 도움이 된다. "당신은 항상 그런 식이지. 정말 싫어"라고 투덜거리는 대신, 그 미운 모습들이 진짜도 영원한 것도 아님을 기억하라. 로마서 7장 14-25절에서 바울은 이런 현상의 역학 관계를 적나라하게 파헤치고 있다. "내가 원하는 것은 행하지 아니하고 도리어 미워하는 것을 행함이라"(7:15). "이를 행하는 자는 내가 아니요 내 속에 거하는 죄니라"(7:20). 이것은 자신의 행동에 책임이 없다는 의미가 아니라 미워하는 행동들이 "하나님의 법을 즐거워하는" 속사람으로부터 비롯된 것이 아님을 알고 있다는 뜻이다. 그리스도인 부부들에게는 반드시 이와 같은 분별이 있어야 한다.

"이런 짓을 할 때마다 밉기는 하지만, 그것은 그 사람의 진짜 모습도 아니고 영원하지도 않아!"라고 말하는 것은 부부 관계에 적잖은 힘을 준다. 한 걸음 더 나아가 서로 뜻을 모아 무엇이 찌꺼기이고 무엇이 순금인지 가려내도록 용기를 북돋아 준다.

찌꺼기를 지켜보면서 느끼는 실망감을 경감시킬 뜻은 없다. 개중에는 배우자의 단점들이 드러나자마자 결혼 생활을 청산하는 이들도 있을 것이다. 더러는 행복해지고자 하는 기대를 줄이거나 완전히 거둬 버리고 상황에 맞게 적응하는 법을 배우기도 한다.

오랜 세월 불행의 원인을 제공한 배우자를 탓하면서 시간을 허비하는 부부도 적지 않다. 이러한 접근 방법에는 한 가지 공통점이 있다. 상대방을 바라보며 "좀 더 나은 배우자감을 찾아야 할까봐"라고 중얼거리는 것이다.

하지만 이미 결혼해서 함께 사는 남편과 아내의 완성된 미래상을 떠올리면 '더 나은 배우자감'의 실체를 명확히 그려낼 수 있을 것이다. 그것이야말로 이 책이 제시하는 기독교적인 결혼의 모델이라고 할 수 있다. 지금 곁에 있는 남편, 또는 아내가 '보다 나은 그 사람'이라는 뜻이다. 완벽한 배우자를 소망하는 마음을 주신 분은 분명 하나님이지만 이미 결혼한 짝에게서 그 실재를 구해야 한다. 현재의 파트너를 버리고 굳이 다른 이들 가운데서 똑같이 뿌리 깊고 은밀한 흠을 가진 상대를 탐색할 까닭이 없다. 어떤 이들은 설렘과 실망, 거부, 다른 대상을 향한 관심의 사이클을 되풀이해 가며 결혼과 이혼을 반복하기도 한다. 여기서 벗어나 안정을 찾는 유일한 길은 상대방이 가지고 있는 영광스러운 모습을 제대로 보는 것이다.

"결혼의 토대가 되는 우정이 견고한지 아닌지를 어떻게 알 수 있습니까?"라는 질문을 자주 받는다. 우리 부부의 대답은 늘 똑같다. 서로의 문제점이 눈에 들어올 때 도망치고 싶은 마음이 드는가, 아니면 힘을 모아 해결하려는 소망을 가지게 되는가? 후자에 가깝다면 결혼을 지킬 안전장치가 되어 있는 셈이다. 파트너가 가진 단점들에 집착하는가, 아니면 내면에 감추어진 아름다운 요소들을 감지하고 그것이 점점 더 확장되길 원하는가? 후자라면 과감하게 앞으로 나가라. 결혼이 가진 진실의 힘이 모든 두려움에서 당신을 지켜 줄 것이다.

성질을 내도 경건하게

진실의 힘에서 사랑의 힘으로 넘어가기 전에, 주저하지 말고 진실을 말하라고 다시 한 번 권면하고 싶다. 캐시는 감정적으로 분노를 폭발시키지 않고 상대가 알아들을 때까지 끊임없이 요점을 되풀이해 강조한다. 아내는 그걸 '경건한 잔소리'라고 부른다.

　뉴욕시로 이사해서 리디머 장로교회를 시작할 무렵 우리 부부는 교회를 세우는 일에 엄청난 에너지가 필요하다는 사실을 절감하고 있었다. 특히 한번 일을 시작하면 물불을 가리지 않고 파고드는 성향의 나로서는 더 말할 것도 없었다. 교회를 개척한 다른 목회자들을 보면서 적어도 3년은 딴 생각 말고 온힘을 쏟아 부어야 한다는 것을 배웠다. 그것은 건강과 가족 관계를 위험에 빠트리지 않는 선에서 더는 못하겠다 싶을 때까지 전력을 다해 일해야 한다는 뜻이었다. 나는 아내에게 그렇게 3년을 지내도 괜찮겠느냐고 물었다. 그 뒤엔 상황이 달라질 것이라는 약속도 덧붙였다. "3년을 채운 다음엔 일을 확실하게 줄일게요. 오케이?" "오케이!" 캐시가 대꾸했다.

　하지만 3년이란 시간은 쏜살같이 지나갔다. 아내는 약속한 대로 일하는 시간을 줄일 것을 요구했다. "두 달만 더 시간을 줘요." 나는 캐시에게 부탁했다. "이러저러한 일들은 조금 더 신경을 써 줘야 해요. 딱 두 달만 더 있으면 돼요." 같은 레퍼토리가 몇 번이나 되풀이됐다. 아무 보람도 없이 몇 달이 몇 번씩 흘러갔다.

그날도 여느 때처럼 일을 마치고 집으로 돌아왔다. 바깥일이 유난히 잘 풀린 날이었다. 재킷을 막 벗으려는데 아파트 발코니 쪽에서 와장창 깨지는 소리가 났다. 채 몇 초가 지나기도 전에 다시 한 번 무언가 깨지는 소리가 들렸다. 나는 발코니로 달려갔다가 기겁을 했다. 아내가 망치를 들고 있었고 혼수로 사온 사기그릇들이 곁에 쌓여 있었다. 바닥엔 잔 받침 두 개의 파편들이 낭자했다.

"여보, 지금 뭐하고 있는 거요?"

캐시는 고개를 돌리며 말했다. "아무리 말을 해도 듣지를 않잖아요. 지금처럼 계속 일만 하면 집안이 콩가루가 될 판이란 걸 알기나 해요? 나로서는 당신을 정신 차리게 만들 방도가 없어요. 사태가 얼마나 심각한지, 신경도 안 쓰죠? 이게 바로 당신이 하고 있는 짓이라고요." 말을 마치기도 전에 망치를 집어 들더니 세 번째 잔 받침을 내려쳤다. 접시가 부서지며 사기 조각이 사방으로 튀었다.

나는 떨면서 주저앉았다. 따귀라도 한 대 얻어맞은 기분이었다. "알았어요, 알았어, 다 들을 게요!" 아내는 분명히 잔뜩 긴장되어 있었고 눈으로 레이저를 쏘고 있었지만 이야기를 하면서도 결코 분노하거나 이성을 잃지는 않았다. 차분하지만 단호하게 말을 이어갔다. 내용은 몇 달째 이어졌던 똑같은 주문이었다. 나는 내가 얼마나 착각 속에 빠져 있었는지 퍼뜩 깨달았다. 일을 줄일 수 있는 가까운 시점이란 것은 아예 없었다. 나는 내가 성취한 일들에 줄곧 중독되어 있었다. 결단을 해야 했다. 아내는 처음으로 자신의 말을 듣고 있는 나를 물끄러미 바라보았고 우리는 서로를 안아 주었다.

한참 뒤에 아내에게 물어보았다. "처음 집에 들어왔을 때 당신이 너무 화가 나서 제정신이 아닌 줄 알았어요. 어떻게 그렇게 금방 감정을 다스릴 수 있었죠?"

아내가 씩 웃으며 대답했다. "그런 적 없어요. 잔 받침 세 개가 으스러진 거 봤죠?" 캐시는 말을 이었다. "컵은 없었잖아요. 짝이 되는 잔들은 몇 년 전에 깨져서 내다 버리고 받침만 남았던 거예요. 멀쩡한 접시에 손을 대기 전에 당신이 말려 줘서 얼마나 기뻤는지 몰라요!"

서로에게 상대방을 책임질 권리를 주라. "오직 오늘이라 일컫는 동안에 매일 피차 권면하여 너희 중에 누구든지 죄의 유혹으로 완고하게 되지 않도록 하라"(히 3:13).[4]

마음을 새롭게 하는 사랑의 힘

우리는 저마다 자신에 대한 이미지와 가치 평가를 지닌 채 결혼 생활을 시작하게 된다. 그것은 굉장히 다양한 이들이 오랜 세월에 걸쳐 우리에게 전해 준 갖가지 정보가 축적된 일종의 표지인 셈이다. 부모, 형제자매, 남자 친구와 여자 친구, 교사와 코치들은 당신에 대해 좋다 나쁘다, 가치가 있다 없다, 유망하다 가망 없다 따위의 판단을 내려 왔다. 우리는 그것을 걸러 듣기도 하고 더러는 잊으려고도 하지만 쉬운 일은 아니다. 긍정적인 평가는 비판과 비난에 비해 인간 심리에 드리우는 그늘이 옅고 지속성도 떨어진다. 반면 누군가의 말을 통해 받은 상처는 잘 지워지지 않는 흔적을 남긴다. 따라서 자아상은 여러 층으로 이뤄지며 상당 부분은 모순적이다. 그것은 일관된 흐름 없이 얼기설기 엮여 있기 일쑤다. 자아상이라는 것을 눈으로 볼 수 있다면 마치 프랑켄슈타인처럼 전혀 어울리지 않는 조각들을 이어 붙인 괴물의 형상을 하고 있을 것이 분명하다.

하지만 무엇보다 치명적인 타격을 입히는 평가은 아마도 우리가 우리 자신에게 들려주는 혼잣말들이다. 많은 이들의 머릿속에서는 자신을 향해 바보 같고, 멍청하고, 실패자에 낙오자라고 질책하는 독백들이 끊임없이 재생되고 있다.

그런데 우리 안에 지금까지 차곡차곡 쌓여 있던 타인과 나자신의 평가들을 단번에 뒤집어엎을 존재가 삶에 들어온다.[5] 사랑과 결혼을 통해서다. 결혼은 자기평가를 완전히 갈아엎을 엄청난 권한을 상대방의 손에 쥐어 주는 행위다. 우리는 배우자와의 관계를 통해 과거에 형성되었던 부정적 평가들을 깨끗이 청산하고 새

196

로운 자아상을 획득할 수 있다. 남편, 또는 아내의 사랑과 지지에
는 깊고 깊은 상처들을 치유하는 힘이 있다. 어째서 그럴까? 한
예로 세상 모든 사람이 추하다고 해도 배우자만 예쁘다고 해주면
정말 예쁘다고 여겨지는 것처럼 배우자를 통해 새로운 평가가 주
어지기 때문이다. 성경 구절을 흉내 내자면, 마음이 혹 우리를 책
망할 일이 있어도 배우자는 우리 마음보다 크다.

나는 결혼하기 전까지 스스로 '남자답다'고 생각해 본 적이
없었다. 옷을 좀 잘 입었고, 행진이 있을 때마다 밴드에서 트럼펫
을 불었으며, 고등학교 내내 보이스카우트로 활동한 공붓벌레였
을 따름이다. 다 좋은 일이긴 하지만 어느 면으로든 멋지거나 마
초처럼 보인다고 말하긴 어려웠다. 그리고 특히 고등학교 때는 멋
지지 못하다는 이유로 종종 놀림이나 따돌림을 당했다. 그러나 캐
시는 그런 나를 빛나는 갑옷을 입은 기사처럼 봐주었다. 온 세상
이 날 클라크 켄트(Clark Kent, 슈퍼맨이 일상생활을 할 때 쓰는 이름 – 역
주)라고 여길지라도 자신만큼은 속에 입은 푸른 셔츠를 보고 있노
라고 늘, 그리고 계속 이야기해 주었다. 조그만 일이라도 용기를
낼라치면 어김없이 금방 알아보고 칭찬해 주었다. 세월이 흐르면
서 차츰차츰 그 말들은 내 속에 쌓여 갔다. 캐시에게 난 슈퍼맨이
다. 다름 아닌 아내의 평가가 사나이라는 의식을 심어 준 것이다.

결혼은 두 인간의 삶을 통합시키고 최대한 긴밀하게 연결시
켜 주므로 배우자의 긍정적인 평가는 최고의 신뢰도를 갖게 해준
다. 간신히 인사만 하고 지내는 이가 다가와서 "목사님만큼 친절

한 사람은 지금껏 본 적이 없습니다"라고 이야기한다면 칭찬을
받았다는 느낌에 틀림없이 기분이 좋아질 것이다. 하지만 그 말이
나의 마음에 얼마나 깊숙이 배어들겠는가? 모르긴 해도 깊은 데
까지는 미치지 못할 것이다. 내 마음 한 구석에서 "고마운 말이긴
하지만 저 사람이 날 알면 얼마나 알겠어?"라는 소리가 들려오기
때문이다. 하지만 오랫동안 함께 살아 온 아내가 어느 날, "당신만
큼 친절한 사람은 본 적이 없어요"라고 말해 준다면 그 말은 나의
내면 깊숙이 파고들 것이다. 그런 지지는 한없는 위로가 된다. 나
를 누구보다 잘 알고 있는 아내에게서 나온 말이기 때문이다.

숱한 시간이 흘러서 배우자를 향한 사랑과 존경이 더더욱 깊
어진 뒤에는 그러한 지지와 격려 하나하나가 더 큰 힘과 위안이
된다. 〈반지의 제왕 : 두 개의 탑〉에 나오는 샘 갬지(Sam Gamgee)의
말마따나 "칭송받을 만한 자격이 있는 이의 칭찬은 최고의 상급"
이다. 더없이 존경하는 대상으로부터 지극한 존경을 받는 것은 세
상 무엇과도 비교할 수 없을 만큼 소중한 일이다.

우주를 다스리는 하나님의 사랑을 입었다는 사실을 알기만
해도 우리는 누구나 세상 누구도 소유하지 못한 든든한 기초 위에
서게 되는데 이 또한 같은 원리로 설명할 수 있다. 우리에게는 그
리스도를 통해 보여 주신 하나님의 사랑을 절절히 깨달아 가는 것
자체가 더없이 큰 상급이다. 하지만 에덴동산의 아담을 잊어서도
안 된다. 그는 비록 하나님과 완벽한 교제를 누리고 있었지만 관
계적인 본성 때문에 인간의 사랑을 갈망할 수밖에 없었다. 배우자

의 사랑과 그리스도의 사랑은 그리스도인의 삶 가운데 한데 어울려 강력한 상호작용을 일으킨다.

결혼 가운데 드러나는 사랑의 치유력은 거룩한 자녀들 속에서 예수님이 드러내시는 치유 역사의 축소판이다. 하나님은 그리스도 안에서 주님을 좇는 백성들을 의롭고, 거룩하며, 아름답게 보신다(고후 5:21). 세상은 우리의 잘못을 들추지만 하나님이 베풀어 주시는 사랑은 그 죄를 다 덮고도 남으며 끝없이 이어진다. 이처럼 예수님은 한 사람 한 사람에 대해 세상이 무슨 소리를 하든지 다 가려 주실 능력을 가지셨다. 그리스도인은 결혼 생활을 통해 그 원리를 축소판으로 살아 내는 셈이다. 더러는 남편과 아내가 예수님의 사랑을 정확하게 보여 주기도 한다. 남편이나 아내의 지지가 예수님의 사랑과 똑 닮아서 그리스도 안에서 누리는 자비를 한층 온전하게 믿고 받아들이도록 마음을 움직이기도 한다.

그러므로 결혼은 온갖 상처를 치유하고 저마다 지닌 남다른 아름다움과 가치를 확신하게 만드는 힘을 지녔다. 이는 세상의 어떤 인간관계도 따라올 수 없는 독특한 능력이다.

상대방이 원하는 방식으로

우리는 삶을 치유하는 이 같은 사랑을 어떻게 배우자에게 줄 수 있을까? 이것은 대단히 중요한 주제이자 기술이다. 먼저 간단한 예화를 소개하고자 한다.

처갓집에서는 장인어른이 항상 규칙적으로 가사 일을 돕는다. 장인어른은 오래 전부터 아이를 돌보고 밥을 챙겨 먹이는 따위의 집안일을 열심히 거들어 오셨다. 반면 우리 집에서는 아버지가 한 번도 그런 일을 하시는 것을 보지 못했다. 아이의 옷을 갈아입히거나 젖병을 물리는 일 따위는 생각도 할 수 없는 일이었다.

결혼하기 전에 캐시네에 가서 식구들과 둘러앉아 저녁을 먹은 적이 있었다. 근사한 식기에 담긴 맛난 음식을 다 비웠을 즈음, 나는 다들 식사를 마친 것을 확인하고는 자리에서 일어나 어슬렁어슬렁 거실로 나왔다. 이에 장모님은 기겁을 하셨다. 그 집에서는 밥을 먹고 나면 모두가 정리를 돕는 것이 상식이었고 최소한 가까이에 놓인 접시나 컵 따위의 식기들을 거둬서 싱크대에 집어넣기라도 해야 했다. 손가락 하나 까딱하지 않는 내 꼴을 보고 예비 장모는 딸의 귀에 대고 내가 시중들 사람을 기다리나 보다며 혀를 찼다. 하지만 우리 집은 달랐다. 손님은 고사하고 같은 식구가 설거지를 도우려 했다 해도 어머니는 모욕을 받은 것으로 여겼을 것이다. 크고 작은 집안일들을 도맡아 섬기는 것은 주부의 고유한 직분이므로 아무도 침해해서는 안 될 일이었다.

성장 배경의 차이는 첫 아이가 태어나고 나서야 비로소 선명하게 그 모습을 드러냈다. 어느 날 아기를 안고 소파에 앉아 있는데 아이에게서 수상쩍은 냄새가 났다. 나는 부엌에서 무언가를 하고 있는 아내에게 소리를 질렀다. "여보, 기저귀를 갈아 줘야겠어요!"

캐시가 대꾸했다. "그래요? 어떻게 해야 하는지 알죠?"

"뭐라고요?"

"문제를 본 사람이 해결해야지요." 아내는 깔깔대며 웃었다.

점점 부아가 솟았다. 당장 콕 집어 말하긴 어렵지만, 뭐랄까, 존중받지 못한다는 느낌이 들었다. 똥 기저귀를 가는 것은 남편의 몫이 아니었다. 불편한 기색을 보이자 이번엔 캐시의 심사가 틀어졌다. "대단한 일도 아니고 그냥 기저귀 한 번 갈아 주라는 걸 가지고 뭘 그래요? 당신은 한가하고 난 바쁘잖아요!" 그날은 매듭을 풀지 못했다. 어디가 꼬였는지 제대로 몰랐기 때문이다. 넓게는 육아 전반, 좁게는 냄새나고 더러운 기저귀를 가는 일은 그 뒤로도 오랫동안, 마음속 가장 낮은 자리에 깔려 있는 역학 관계를 꿰뚫어 보기 전까지 줄곧 부부 싸움의 씨앗이 되었다.

장모님이 고작 마흔 줄에 중풍을 맞는 바람에 장인어른은 온갖 집안일들을 떠맡게 되었다. 아버지는 밖에 나가 돈을 벌고 어머니는 집안 살림을 꾸리는 것이 일반적이던 어른들 세대로서는 대단히 이례적인 일이었다. 장모님은 그 점을 무척 고마워하며 남편이 보여 준 사랑과 겸손을 깊이 존경한다. 캐시는 "너희 아빠가 날 얼마나 사랑하는지 이걸 보면 알 수 있어. 자질구레한 일들을 다 해주고 너희들까지 보살펴 주잖니"라는 엄마의 칭송을 귀에 못이 박이도록 들으며 자랐다. 하지만 우리 집의 경우, 아버지는 집안일을 하는 데 손을 보태 달라는 부탁을 받아 본 적이 없었다. 더러워진 기저귀 속을 들여다 본 적이 있기나 할지 의심스러울 정도다. 대신 밖에서 밤늦게까지 일하고 녹초가 돼서 돌아오기 일쑤였다. 어머니는 식구들을 굶기지 않고 먹여 살리는 아버지의 노고에 깊이 감사했으며, 가정의 행복에 그만큼 기여할 수 있는 길은 적어도 집안에 있는 동안은 남편이 손가락 하나 까딱하지 않고 지내게 해주는 것이라고 믿었다. 어머니는 말했다. "이것이 내가 아버지를 사랑하는 방식이야. 아버지가 얼마나 힘들게 일하시는지 알지? 한 번도 힘들다는 내색하지 않고 생활비를 가져오시잖니. 그러니까 집에 계실 때는 아무 일도 부탁하지 않는 거란다. 내가 다 알아서 하면 되거든."

두 가정의 차이점은 가사 노동을 분담하는 데 그치지 않았다. 장인어른은 몹시 과묵한 편이어서 웬만해선 말로 표현하는 법이 없는 분이다. 하지만 값비싼 대가를 치러 가면서 아내에게 필요한 일을 묵묵히 감당하며 사랑을 전했다. 장모님에게는 그것이 꽃이나 보석보다 훨씬 더 소중한 선물이었기에 진심으로 고마워하며 남편의 사랑을 절절히 느꼈다. 반면, 밖에서 일하는 시간이 아주 길었던 나의 아버지는 어쩌면 혼자서 아이를 키우는 걸 힘들어하며 잔소리를 퍼붓는 아내를 만났을 수도 있을 것이다. 하지만 어머니는 그러지 않았다. 아버지는 그런 어머니를 더없이 고맙게 여겼으며 늘 '큰 성을 다스리는 임금님'이 된 것 같은 기분으로 사셨다.

우리는 저마다 존경하는 어른들이 사랑을 소통하는 방식을 보고 배우며 자랐다. 그리고 그 기억들은 어느 사이엔가 우리 의

식의 일부를 차지하게 되었다. "누가 기저귀를 갈 것인가?"를 두고 벌인 갈등의 근원이 바로 거기에 있었다. 처음에는 몹시 당혹스러웠다. 정말 단순한 문제가 아니던가? 그까짓 걸 가지고 어째서 이토록 감정이 뜨겁게 달아오르는 거지?

그리고 마침내 그 원인을 알아냈다. 아들아이의 기저귀를 갈아 달라는 캐시의 부탁이 내 귀에는 마치 아내가 날 사랑하지 않으며 내가 열심히 일하는 것 같지도 않다는 이야기로 들렸던 것이다. 아내 또한 당신이 갈아 주면 좋겠다는 나의 반응을 그런 잔심부름은 여자한테나 어울리는 하찮은 일이란 말로 해석하고 있었다. 간단히 말하자면, 캐시의 무의식은 "아빠가 엄마를 사랑했던 방식으로 당신이 날 사랑한다면, 당연히 기저귀를 갈아 주리라 믿어요"라고 말하고 있었다. 나는 나대로 이렇게 속으로 대꾸했던 셈이다. "어머니가 아버지를 사랑했던 방식으로 날 사랑한다면 그 따위 부탁은 하지 않았을 거요."

그래서 어떻게 되었을까? 우리는 일이 어떻게 돌아가고 있는지 깨달았다. 그리고 이번 경우에는 내 쪽에서 달라져야 했다. 일과 육아가 서로 충돌하는 패턴이 반복되는 것을 내버려 두고 싶지 않았기 때문이다. "사랑해요"라는 말만으로는 부족하다. 자신에게 익숙한 방식으로 배우자를 사랑하는 태도 또한 충분하지 않다. 만약 당신이 누군가에게 십만 원을 주고 싶다면 그것을 전하는 방법은 무수히 많다. 현금으로 줄 수도 있고 수표라든지 금붙이, 또는 그만한 값이 나가는 물건으로 전할 수도 있다. 여러 가지 종류의 화폐가 가능하다. 그러므로 물어야 한다. "어떤 방식으로 십만 원을 받고 싶으세요?" 이와 같은 방식으로 우리는 배우자가 정서적으로 가장 소중하고 효과적이라고 믿는 방식으로 사랑하는 법을 배울 필요가 있다. 남편, 또는 아내의 삶에 결혼이 가진 재생력과 치유력을 공급할 방도는 오로지 그 길뿐이다.

상대방이 원하는 사랑의 언어로 하라

우리가 종종 '사랑의 화폐'라고 부르는 말은 흔히들 '사랑의 언어'라고 사용되기도 한다. 이것은 대단히 유용한 비유다. 영어를 모르는 이에게 영어로 사랑을 고백해 봐야 그 뜻이 전해질 리 없듯이 우리는 상대방이 알아들을 수 있는 방식으로 사랑을 전해야 한다. 그렇지 않으면 상대방에게 전달이 되지 않는다. 무선 통신에 빗대어 설명하자면, 발신자가 일정한 주파수로 신호를 내보내도 받는 쪽이 열어 놓은 채널과 다르면 수신이 되지 않는 이치다. 결혼 생활도 마찬가지다. 남편은 섹시하고 로맨틱한 주파수로 "사랑합니다"라는 메시지를 날리지만, 아내는 전혀 다른 채널을 열어 놓고 있을지도 모른다. 아내가 속상했던 일을 털어놓고 하소연하는데 남편이 귀 기울여 듣지 않을 뿐 아니라 조급하게 말허리를 자르고 성급한 충고를 늘어놓는다면 아내의 불평이 터져 나올 것이 뻔하다. "날 사랑하기는 해요?" 남편도 억울하다는 듯 응수한다. "보면 몰라?" 어째서 이렇게 어긋나는 것일까? 남편이 엉뚱한 채널로 아내에게 사랑을 전하고 있기 때문이다. 결혼 생활을 하면서 서로 쉴 새 없이 사랑의 신호를 보내지만 제대로 접수되지 않는 까닭이 여기에 있다.

사랑을 표현하는 데는 여러 가지 경로가 있다. 선물을 줄 수도 있고, 목청껏 "사랑해요"라고 외칠 수도 있고, 칭찬을 해줄 수도 있고, 로맨틱하고 따듯한 애정을 몸으로 전할 수도 있고, 상대방의 소원을 들어 줄 수도 있고, 시간을 내서 관심을 보일 수도 있다. 그밖에도 이루 헤아릴 수 없을 만큼 다양한 방법들이 있다. 오래 전부터 사상가들은 사랑의 실체를 파악하고 분별하려는 노력을 기울여 왔다. 그리스인들은 사랑이라는 말을 스토르게(storge, 애정), 필리아(philia, 우정), 에로스(eros, 성애), 아가페(agape, 섬김)로 구분해서 사용했다. 그밖에도 사랑을 구분하는 방법에는 보다 다양한 범주들이 있다. 모든 사랑이 다 필요하고 어느 것 하나 무시할 수 없지만 제각기 정서적으로 더 소중하게 다가오는 형태가 있게 마련이다. 그것들은 특별히 귀하게 여기는 화폐기도 하고 마음에 담긴 사랑의 메시지를 가장 효과적으로 전하는 언어이기도 하다. 어떤 유형의 사랑은 받을 때 더 짜릿하고 뿌듯한 느낌이 들기도 한다.

그 이유는 우리 삶에서 중요하다고 생각했던 이가 유난히 그런 사랑을 주는 데 서툴렀던 탓인 경우도 있다. 반대로 삶에서 중요한 위치를 차지하는 이가 유달리 그런 사랑을 주는 데 능숙했기 때문일 수도 있다. 정도의 차이는 있겠지만 누구에게나 더 마음에 드는 사랑의 유형이 있는 법이다. 사랑을 주고 싶다면 받는 쪽에서 어떤 형태를 선호하는지 알고 거기에 부합하는 방식을 택하는 것이 가장 현명하다.

배우자에게도 그래야 한다. 하나님이 우리에게 그렇게 하셨기 때문이다. 모세가 하나님의 영광을 보여 달라고 청했을 때 그는 노(No)라는 대답을 들었다. 하지만 요한은 하나님이 인간의 형상으로 이 세상에 오셨다고 선포한다. "말씀이 육신이 되어 우리 가운데 거하시매 우리가 그의 영광을 보니 아버지의 독생자의 영광이요 은혜와 진리가 충만하더라"(요 1:14). 그것은 놀라운 사건이다. 하나님은 우리가 소통할 수 있도록 인간의 모습을 통해 당신의 영광을 나타내셨다. 성육신이라는, 누구라도 쉽게 잡을 수 있는 인간의 모습으로 찾아오신 것이다. 따라서 우리도 배우자가 공감할 만한 모습을 취해서 사랑에 덧입혀야 한다. 상대방이 필요한 방식으로 사랑을 전달해야 하는 것이다. 실제적인 원리 몇 가지를 짚어 보자.

가장 먼저는 스스로 어떤 '필터'를 가지고 있는지 확인해야 한다. 우리는 누구나 특정한 사랑의 언어만 '걸러서' 듣는 필터가 있다. 예를 들어, 남편은 부지런히 선물 공세를 펴는데 아내는 말로 사랑을 전해 주길 바랄 수도 있다. 상대가 가장 소중하게 여기는 언어로 사랑을 말하지 않는 까닭에 "날 사랑하긴 하나요?"라는 반응이 계속 된다면 자신의 필터를 치워 버리고 배우자가 원하는 사랑을 분별하도록 노력해 보라.

신학자 스프라울(R. C. Sproul)은 그의 아내 베스타(Vesta)와 있었던 일을 소개하며 이 원리를 소상히 설명한다. "내가 생일 때 진짜 받고 싶은 선물은 주로 내 손으로 사지 않을 법한 것들이다. 그때는 새 골프채가 갖고 싶었다. 하지만 현실적인 성향의 아내는 내게 흰 셔츠가 필요하다는 것을 알고는 근사한 셔츠 여섯 벌을 생일 선물로 주었다. 그때 나는 실망스러운 감정을 드러내지 않으려고 얼마나 안간힘을 썼는지 모른다." 하지만 베스타의 생일에 스프라울이 보인 처신도 별반 다를 것이 없었다. 아내가 정말 원했던 것은 신형 세탁기였지만 호화롭고 값비싼 선물을 주고 싶은 욕심에 그는 모피 코트를 사 들고 들어갔다. 둘 다 사랑을 표현하기 위해 열심히 노력했지만 언어권이 다른 상대방으로서는 알아들을 수 없는 언어였다. 자신의 언어로만 대화를 시도하는 바람에 상대방을 만족시킬 수가 없었던 것이다.

지금 배우자와 겪고 있는 갈등이 혹시 언어 차이에서 오는 다툼은 아닌지 곰곰이 돌아보라. 그러면 자신의 고집을 꺾고 전략을 바꾸는 용기를 낼 수 있을 것이다. 우리 부부처럼 아이를 키우는 책임을 두고 티격태격하고 있는가? 남편은(내가 그랬던 것처럼) '내 어머니가 아버지를 사랑했던 방식대로 날 사랑한다면 기저귀 가는 일 따위를 부탁할 순 없을 거야'라고 생각하고 아내는(캐시가 그랬던 것처럼) '아빠가 엄마를 사랑했던 것처럼 날 사랑한다면 말하지 않아도 알아서 해줬겠지'라고 중얼거리고 있을지도 모르겠다. 서로 손가락질하며 이기적이라고 비난하기 전에, 남편(또는 아내)이 사랑받고 있다는 것을 왜 인식하지 못하는지 먼저 짚어 봐야 할 것이다.

배우자가 주로 쓰는 사랑의 언어를 배우고 자신 편에서가 아니라 상대방이 열어 놓은 채널을 통해 사랑의 신호를 보내라.

적절치 않은 사랑의 언어는 의미를 '거꾸로' 전달할 수 있다는 것도 기억하라. 가령 상대방이 원하는 것을 제대로 파악하지 못하고 선물 상자를 들이밀었다간 "당신은 돈으로 사랑을 대신할 수 있다고 생각해요?"라는 소리를 듣게 될지도 모른다.

주요한 사랑의 언어들을 남용하지 말라. 상처를 주지 않도록 조심하라. 그릇 사용된 언어는 깊은 상처를 남긴다. 남들과 함께 있는 자리에서 존중받는 것을 대단히 중요하게 여기는 남편은 틀림없이 아내가 친구들 앞에서 자신을 우스갯소리의 소재로 삼는 상황을 견디지 못할 것이다. 반면 인정하고 지지해 주는 말을 자주 듣고 싶어 하는 아내에게 남편의 침묵은 재앙에 가깝다.

빠지는 사랑에서 베푸는 사랑으로

로맨틱한 사랑의 감정은 오래 가지 못하고 결국 두 사람 앞에 남는 것은 현실이라는 말을 종종 듣게 된다. 그렇다면 그런 상태가 되었을 때 어떻게 의지를 가지고 오랜 세월 변함없이 배우자를 사랑하는 단계로 도약할 수 있을까?

작가인 개리 채프먼(Gary Chapman)은 직접 상담한 어느 부부의 사례를 들어 이 질문에 대한 슬기로운 답을 제시한다.[6]

베키(Becky)는 카운슬러를 찾아와 눈물을 쏟으며 남편 브렌트(Brent)가 자신을 떠나려 한다고 하소연했다. 나중에는 남편도 아내의 청을 이기지 못하고 상담소를 찾아왔는데 브렌트의 이야기는 한결같았다. "아내를 더 이상 사랑하지 않습니다. 이렇게 상처를 주며 사는 건 싫어요. 냉정하게 들릴지 모르겠지만 이젠 베키를 봐도 아무런 감정이 일어나지 않습니다." 이들은 처음에 푹 빠지다시피 서로를 사랑했었다. 하지만 결혼하고 몇 달이 지나자, 상대방의 결점들이 보이기 시작했고 감정은 차갑게 식어 버렸다. 브렌트의 경우에는 식다 못해 완전히 사라져 버렸다. 결혼이고 뭐고 다 때려치우면 좋겠다는 생각뿐이라고 했다. 지난 몇 달 동안 다른 여자와 사랑을 나눠 왔다는 사실도 털어놓았다. 새롭게 사랑하게 된 그녀 없이 산다는 것은 상상조차 못할 일이어서 한시바삐 이혼하려 한다는 이야기였다.

카운슬러는 다른 시각으로 상황을 곱씹어 보면 어떻겠느냐고 제안했다. 그는 대부분의 커플들이 사랑의 눈금이 '최고'를 가리키는 상태에서 결혼 생활을 시작한다는 점을 지적했다. 이때는 배우자가 곁에 있기만 해도 사랑받고 있다는 느낌이 든다. 하지만 언젠가는 바늘이 내려가게 되어 있으며 그때는 의지적인 선택이 필요해지는 시기라는 것이다. 카운슬러는 브렌트에게 말했다.

(행복감이 가신 뒤에) 배우자가 이편에서 사용하는 주요한 사랑의 언어를 배워 구사하면 사랑받고자 하는 욕구는 계속 채

워질 겁니다. 반면에 상대편의 언어를 사용하지 않으면 탱크는 서서히 말라붙고 사랑받고 있다는 느낌도 엷어져 가게 됩니다. 사랑의 욕구를 채우는 것은 철저하게 선택의 문제입니다. 배우자가 사용하는 사랑의 언어를 공부해서 자주 구사하면… 감정적인 사랑의 탱크가 늘 가득 차 있게 되어 '홀딱 빠지는' 경험에 대한 강박이 무너져 내린다 하더라도 아쉬워하지 않을 겁니다. 하지만 상대방이 쓰는 사랑의 언어를 배우지 않거나 학습했어도 사용하지 않으면 감정의 눈금이 '최고'에서 내려오는 순간부터 자연스럽게 충족되지 못한 정서적 욕구에 대한 목마름으로 시달리게 됩니다. 텅 빈 사랑의 탱크를 부여잡고 몇 년을 지내다 보면 다른 누군가와 '사랑에 빠질' 가능성이 높습니다. 악순환이 다시 시작되는 거죠.[7]

브렌트는 요지부동이었다. 새로 시작한 사랑이 베키와의 관계처럼 흘러갈 것이라는 이야기를 믿지 못했을 뿐만 아니라 이번엔 영원토록 변함없는 '진짜배기' 사랑이라고 자신했다. 그는 카운슬러에게 관심을 가져 줘서 고맙다는 인사와 베키를 잘 부탁한다는 말을 남기고 방을 나갔다.

몇 주 뒤, 브렌트는 느닷없이 카운슬러에게 전화를 걸어 면담을 요청했다. 방을 들어서는 낯빛부터가 심상치 않았다. 차분하고 자신감 넘치던 예전의 모습이 아니었다. 브렌트는 새로 사귀게 된 연인이 자신을 공격하는 것처럼 보인다고 했다. 예전에 베키가

지적했던 여러 가지 문제를 똑같이 들추며 비난하는데 아내보다 훨씬 거칠고 신경질적이라는 것이다. 관계는 이미 다 망가진 것처럼 보였다.

카운슬러는 사랑의 패러다임-자신도 모르는 사이에 휩쓸리지만 결국 선택해야 할 시점과 마주하게 되는-을 다시 한 번 설명했다. 그것은 처음에는 기계적인 것처럼 보일지 모르겠지만 부부가 힘을 모으면 결국 풍요롭고 건강한 사랑을 받는 경험이 쌓여 삶이 윤택해진다고 거듭 강조했다. 브렌트는 변하기 시작했고 일년 쯤 지났을 무렵에는 완전히 달라진 결혼 생활을 하게 되었다.

베키와 브렌트의 경우를 보면서 사랑의 언어만 잘 전달하면 부부 사이에 벌어지는 모든 문제를 해결할 수 있다는 식으로 생각해서는 안 된다. 인간의 마음은 이루 헤아리기 어려울 만큼 복잡하다(렘 17:9). 마음속 깊이 자리 잡은 우상숭배 패턴, 의식적이고 무의식적인 분노, 하나님의 은혜와 상담에 기대어 뿌리 뽑아야 할 두려움 같은 요소들도 부부 사이에 문제를 일으킬 수 있다. 그렇기는 하지만, 배우자를 알고 가장 적합한 방식으로 사랑하려는 의지적인 수고는 행복한 결혼 생활의 분명한 토대가 된다. 현대 문화가 사랑을 의식적인 행동이라기보다 주로 갑자기 몰아닥치는 감정으로 여기는 탓에 이처럼 기본적인 기술조차 종종 깡그리 무시되기 때문이다.

사랑은 반드시 표현해야 한다

여러 가지 사랑의 언어들을 단순화하여 나열하는 것만으로도 많은 도움을 받을 수 있다. 목록을 한 번 훑어보는 것이 분별 과정의 출발점이 될 수 있기 때문이다. 갖가지 항목들을 살피며 "매주 이러저러하게 해주면 결혼 생활이 크게 달라질 거야!" 같은 이야기만 해도 이미 변화 과정에 들어선 셈이다.

우선 '애정'의 범주에서부터 이야기를 시작하고 싶다. 우리는 눈 맞춤, 가벼운 신체 접촉, 나란히 붙어 앉는 것, 손잡기 같은 사소한 행동으로도 사랑을 전할 수 있다. 성관계 전 단계에서만 이런 행동을 한다면 애정을 표현하는 방식으로서의 진정성을 잃어버리게 된다. 사랑은 서로에게 집중할 수 있는 상황을 만드는 창의성을 통해서도 표현된다. 산책, 모닥불 앞에 앉아 있기, 아름다운 경치를 감상하며 드라이브하기, 피크닉 같은 활동 등을 계획해 보라. 더 나아가 이런 일들을 주선하는 것을 사랑을 드러내는 중요한 신호나 표현으로 삼으라. 자신의 겉모습을 잘 가꿔서 배우자에게 보여 주는 것도 하나의 선물이 될 수 있다. 웃음과 재미도 다정한 분위기를 만드는 데 단단히 한몫을 한다.

사랑은 반드시 말로써 표현되어야 한다. "물론 사랑하지" 수준에 머물러서는 안 된다. 직접적이고, 개인적이며, 구체적이고, 늘 새로운 방식으로 사랑의 메시지를 보내는 법을 익혀야 한다. 파트너의 장점과 은사를 분별해서 솔직한 인정과 칭찬, 감사를 전하라. 이런 사랑의 이면에는 거칠고 비난 섞인 말을 삼가는 마음가짐이 있다. 함께 축하할 만한 기념일에는 말만이 아니라 쪽지, 카드, 편지, 또는 진심이 담긴 짧은 글로 사랑하는 마음을 전달하라.

마지막으로 사려 깊고, 개성적이며, 유용하고, 아름다운 선물로도 애정을 표현할 수 있다.

우정은 상처를 나눌 수 있게 한다

이미 이야기했듯이 우정은 결혼의 핵심을 이루는 요소다. 우정의 모습을 지닌 사랑은 범위가 뚜렷해서 양질의 시간을 함께 보내면서 서서히 싹트고 자라난다. 두 사람 가운데 적어도 어느 한 쪽이 좋아하는 일을 하면서 그 사이에 의사소통이 이루어진다는 뜻이다. 대부분의 사람들은 레크리에이션이나 오락을 떠올릴 것이다. 그것도 틀린 이야기는 아니지만, 정원을 가꾸거나 집안일을 같이 하는 것도 이에 해당된다고 할 수 있다. 무엇보다 삶 전체를 통틀어 배우자와 더불어 지내는 시간에 우선순위를 두고 있음을 보여 주는 것이 중요하다.

배우자가 하는 일에 대한 관심과 자부심뿐만 아니라 전폭적인 지지와 충성심을 보여 주는 것으로도 이런 사랑을 나타낼 수 있다. 부부가 모두 밖에 나가서 일을 하고 있다면, 상대방의 직업 세계를 공부하고 가치를 인정해 주는 법을 배워야 한다. 아내가 육아와 살림을 전담하는 전업 주부인 경우, 남편은 정서적으로 깊이 공감하며 가정을 안식처로 만드는 아내의 노력에 힘을 보태는 것이 필요하다.

아울러 정신세계를 나누는 방식으로도 사랑을 전할 수 있다. 함께 책을 읽고(큰소리로 낭독해도 좋다), 생각이 어떻게 달라졌는지 이야기하고, 주제를 정해 연구하는 것 등이다.

마지막으로, 우정으로서의 사랑은 상대방의 말을 잘 듣고 서로에게 마음을 여는 자세를 통해서 표현되고 성장한다. 우정은 두려움과 상처, 약점을 안심하고 나눌 수 있는 피난처다. 우리는 상대방의 말을 듣되 집중해서 들어 주어야 한다. 더러 귀 기울여 듣기는 하지만 마음을 열지 않거나, 오픈은 잘하는데 제대로 경청할 줄 모르는 이들이 있다. 서로 헌신하고 약속을 지킬 때 신뢰가 구축되는 법이다.

섬김은 가장 강력한 사랑의 신호이다

섬김은 가장 실제적이고 시시한 일들에서 비롯된다. 아내가 육아와 살림을 대부분, 또는 전폭적으로 책임지고 있는 상황이라면 남편은 힘닿는 데까지 돕는 것이 당연하다. 기분 좋게 기저귀를 갈고 부탁하지 않아도 알아서 청소기를 돌려 주라.

섬김은 배우자를 깊이 존중한다는 의미이기도 하다. 파트너에게 언제 어디서든 서슴없이 지지하고 옹호하며 가족과 친구들 앞에서 신뢰하고 감사하는 뜻을 분명히 하겠다는 이야기다.

섬김은 상대방이 행복하고 성공적인 삶을 살 수 있도록 헌신적으로 뒷받침해 준다. 배우자가 은사를 계발하고 계속해서 성장할 수 있도록 돕다 보면 섬김으로서의 사랑이 자연스럽게 드러날 것이다.

그러나 파트너에게 불편이나 상처를 주는 태도와 행동을 기꺼이 바꾸기로 결단하고 헌신하는 마음가짐이야말로 더할 나위 없이 큰 사랑의 표현이다. 섬김으로서의 사랑에는 행동을 교정할 뿐만 아니라 구체적인 변화를 이끌어 갈 진실 된 힘이 있다. 하나님의 은혜 없이는 이러한 변화가 대단히 어려워서 불가능할 정도이지만 결혼 생활에서 이것은 가장 강력한 사랑의 신호이기도 하다.

4장에서 다루었듯이 그리스도인 부부에게는 영적으로 성장할 수 있게 서로를 섬기는 것보다 더 큰 사랑은 없다. 배우자를 격려해서 교회나 그리스도인 공동체의 활동에 적극적으로 참여할 수 있도록 해야 하며, 함께 성경을 공부하거나 기독교 서적을 읽는 노력도 필요하다. 함께 기도하는 것도 섬김의 한 부분이다. 수세기 동안 그리스도인들은 가족들과 더불어 날마다 다양한 형식의 기도를 드렸다.

매일 서로를 위해 드리는 간구는 여러 면에서 다른 언어들을 한데 묶는 특별한 사랑의 언어다. 파트너를 향한 따뜻한 애정과 투명성을 갖췄음을 보여 주는 지표이기도 하다. 날마다, 또는 자주 이런 기도를 드리면 부부 사이에 하나님의 사랑과 서로를 향한 사랑이 가득하게 될 것이다.

몇 가지 항목들을 소개했지만, 그밖에도 사랑의 언어는 무수히 많다. 배우자의 정서적인 필요에 따라 길든 짧든, 개인적인 시간을 갖도록 배려하는 것도 한 방법이 될 수 있을 것이다. 배우자에게 쉬어 갈 여유를 주어야 한다는 데는 재론의 여지가 없지만, 저만의 시간을 갖거나 다른 일에 관심을 쏟을 여유와 기간은 사람마다 다 다를 수밖에 없다. 이런 일들은 배우자로 하여금 말로 꼭 집어 표현할 수 없었던 일들을 또렷이 구별하고 정리할 수 있게 해준다. 우리 앞에 놓인 숙제는 어렵지만 단순하다. 배우자의 사랑의 언어를 배우라. 남편과 아내가 머리를 맞대고 각자, 또는 서로 어떤 말을 쓰고 있는지 연구하라. 다만 몇 가지라도 상대방의 언어로 자주 사랑을 전할 실질적인 방법을 찾아내라. 그리고 실천하라. 한 주 한 주, 의지를 가지고 구체적인 사랑을 주고받으라.

결혼 안에 '진실의 힘'과 '사랑의 힘'

우리는 지금까지 결혼 안에 진실의 힘과 사랑의 힘이 내재되어 있음을 살펴보았다. 진실의 힘은 자신의 본 모습을 있는 그대로 보게 해주는 능력을 가리킨다. 그리고 사랑의 힘은 자아상을 재편하고, 과거를 청산하며, 깊고 깊은 상처를 치유하는 결혼의 작용을 말한다.

모든 사람이 못생겼다고 해도 배우자가 예쁘다고 하면 우리는 정말 자신이 예쁘다고 생각하게 된다. 배우자의 말에는 그런 힘이 있다. 하지만 이 원칙은 반대로도 똑같이 적용된다. 모두가 아름답다고 말해도 남편이나 아내가 밉다고 하면 정말 자신이 미운 사람이라는 느낌이 드는 것이다. 이처럼 배우자의 의견은 무시무시한 무기가 될 수 있다. 부부는 서로의 가슴에 치명상을 입힐 힘을 가지고 있다. 남편, 또는 아내가 휘두르는 칼날은 무엇과도 비교할 수 없이 예리하여 배우자에게 깊은 상처를 남긴다.

배우자의 확인과 평가, 축복은 그만큼 커다란 신뢰성과 능력을 갖기에 결혼과 함께 각자의 어그러진 모습들은 선명하게 드러날 수밖에 없다. 그런데 여기에 문제가 있다. 아내는 의사가 내 병을 알 듯, 카운슬러가 내 분노와 두려움을 파헤치듯 내 죄를 낱낱이 알지는 못한다는 것이다. 그저 자신에게 자주 저지르는 죄만 알고 있을 따름이다. 본인에게 무신경한 것을 보고 둔하다는 것을 알고 본인에게 이기적인 것을 보고 이기적임을 알 뿐이다.

결혼이 갖는 커다란 문제가 여기에 있다. 이편의 마음을 한 손에 쥐고 있으며, 이편이 그토록 절실하게 원하는 인정과 지지를 보내 줄 수 있는 지구상의 단 한 사람이 유감스럽게도 이편의 죄 때문에 깊은 상처를 입을 수 있다는 점이다. 배우자로부터 난생처음 심각한 비난을 받으면 우리는 진실의 힘을 사용한다. 당신이 얼마나 멍청하고, 어리석으며, 이기적인지 아느냐고 되받아쳐 준다. 몇 차례 그러다 보면 놀랍게도 그런 비난이 상대를 산산조각 낼 수 있음을 감지하게 되고 다음부터는 더 거칠고 모욕적인 말로 공격을 퍼붓는다. 알다시피 그런 공방전이 끝나고 나면 남는 것은 타다 만 운동화 두 짝밖에 없다. 이와 같이 사랑과 지지의 힘을 가진 부부가 애정을 제한한 상태에서 쏟아 붓는 공격적인 말은 무용할 뿐이며 오히려 파탄을 부르게 된다.

진실을 말하는 것이 대단히 파괴적이라는 것을 뼈저리게 실감하고 나면 이번에는 정반대의 실수를 저지를 가능성이 높다. 오로지 좋은 말만 하기로 작정할 수 있다는 뜻이다. 그래서 실망스러운 점이 있어도 이야기하기를 꺼린다. 아예 입을 닫아 버리는 것이다. 생각과 감정을 가리거나 감춘 채 진실의 힘은 억누르는 것이다.

그렇게 되면 두 사람이 결혼 생활을 통해 영적으로 성장할 엄청난 잠재력을 잃고 만다. 배우자가 진실을 말하지 않는다는 것을 알게 되면 사랑 어린 지지를 받는다 하더라도 삶에 미치는 영향이 현저하게 줄어든다. 남편이나 아내가 늘 진실을 말한다는 확신이 서야만 참다운 변화가 일어나는 것이다.

요약하면 진실과 사랑은 늘 함께 붙어 다녀야 한다. 문제는 그것이 좀처럼 쉽지 않다는 것이다. 우리에게 필요한 것은 진실과 사랑을 한데 아우를 수 있는 능력과 용기이다. 배우자의 지적을 받아도 거기서 사랑이 감지되기만 하면 마음 놓고 잘못을 인정할 수 있다. 그래야 스스로의 실상을 직면하고 성장할 수 있다. 하지만 그렇게 되지 않는 경우도 있다. 배우자의 결점이 눈에 들어오면 화가 솟구치기 때문에 사랑을 실어 진실을 말하기가 너무도 힘들어지는 것이다.

은혜의 힘, 화해

사랑이 빠진 진실은 부부가 하나 되는 일의 훼방꾼이며 진실이 결여된 사랑은 하나라는 환상을 갖게 하지만 사실상 성장으로 가는 길목을 가로막는 장애가 된다. 해법은 은혜뿐이다. 예수님의 은혜를 경험해야 용서와 회개라는 결혼 생활에 필수적인 두 가지 기술을 자연스럽게 체득하게 된다. 잘 뉘우치고 잘 용서해야만 진실과 사랑을 한데 묶을 수 있는 것이다.

신학교에서 몇 년 동안 우리와 함께 공부했던 아빈 잉겔슨 (Arvin Engelson)은 결혼을 잔에 담긴 보석에 빗대어 설명했다. 큼지막한 보석 두 개가 서로 건설적이고 창의적으로 어우러지기 위해 같은 공간 안에 있다 치자. 둘은 서로 부대끼면서 모난 부분을 매끄럽고 우아하게 다듬어 간다. 하지만 잔 안에 보석과 함께 특별한 연마제를 넣지 않으면 부딪힐 때마다 튕겨 나가거나 흠집이 나고 부서질 뿐 서로에게 좋은 영향을 미치지 못할 것이다. 보석을 넣은 잔에 연마제가 필요하듯 결혼 생활에는 하나님의 은혜가 필수적이다. 은혜의 힘이 작용하지 않으면 진실과 사랑이 어우러질 수 없다.

마가복음 11장 25절에서 예수님은 너희가 기도할 때 이웃과 서로 등진 일이 생각나거든 그를 용서하라고 말씀하셨다. 물론 아무하고도 부딪히지 말아야 하는 것은 아니다. 맞서야 할 일이 있으면 맞서야 한다. 주님은 마태복음 18장에서 형제가 죄를 짓거든 가서 그 잘못을 이야기해 주라고 하셨다(바울도 갈라디아서 6장을 비롯한 여러 곳에서 같은 가르침을 주고 있다). 그렇다면 성경은 먼저 용서한 뒤에 가서 맞서라는 말을 하고 있는 것일까? 그렇다. 말씀이 그토록 놀라운 것은 보통 자신에게 잘못을 저지른 상대에게 받은 대로 되갚아 주는 것이 일반적인 반응이기 때문이다. 우리는 종종 기분이 상할 때 목소리를 높이며 사실상 앙갚음을 하곤 한다. 나를 불쾌하게 했으니 똑같이 기분 나쁘게 해주겠다는 식이다. 하지만 이것은 지극히 나쁜 해결책이다. 상대도 이편이 보복하고 있음을 알고 이성을 잃거나, 더욱 화를 내거나, 둘 다가 되기 때문이다. 그에게 진실을 말하고 있는 것 같지만 그 사람을 위해서가 아니라 자기 자신을 위해서다. 그리고 그 결과물은 비탄과 쓴맛, 절망뿐이다.

예수님은 우리에게 해결책을 주셨다. 우리가 하나님의 은혜로 사함 받은 삶을 살고 있다면, 먼저 못되게 구는 이들을 용서하고 그 후에 가서 맞서라고 가르치신다. 그렇게 하면 결과가 달라진다. 용서라는 '연마제'가 빠진 진실은 상처를 남길 따름이다. 그렇게 되면 상대방은 다시 보복하거나 숨어 버릴 것이다. 결혼 생활에 이런 문제가 발생하면 '사랑 없는 진실' 모드에 빠져 끊이지 않는 싸움 속에서 허덕이게 된다. 또는 '진실 없는 사랑'에 치우쳐 이면에 감춰진 문제를 회피하며 쇼윈도 부부처럼 살게 된다.

배우자가 어떤 일을 했는지 가감 없이 선명하게 진실을 제시하고 이어서 티끌 만큼일지언정 우월감을 비친다든지 상대방을 위축시킬 만한 태도를 보이지 않고 전폭적이고, 사심 없이 자발적인 용서 의지를 전하는 기술은 원만한 부부 관계를 이루는 데 반드시 필요한 능력이다. 이것은 분노를 드러내지 말라는 뜻이 아니다. 화를 누르기만 하면 진실을 말하지 못할 가능성이 커진다는 의미다. 하지만 용서하겠다는 마음을 가지고 솔직하게 상대방의 잘못을 말한다면 그것이 소금이 되어 분노가 퍼져 나가는 것을 막아 줄 것이다. 진실과 사랑은 공존할 수 있다. 그리스도가 우리를 용서하셨듯이 배우자를 용서하겠다는 마음가짐이 바닥에 깔려 있기 때문이다.

그렇다면 우리가 은혜의 능력을 맛보려면 어떻게 해야 하는가? 우선 겸손해야 한다. 우리가 종종 다른 사람을 용서하기가 힘든 이유는 마음 한 구석에 "나라면 절대로 그런 짓을 하지 않았을 거야!"라는 생각이 조금이나마 깃들어 있기 때문이다. 이처럼 내가 상대방보다 낫다는 생각을 버리지 못하는 한, 용서는 불가능에 가까우리만치 힘들게 된다. 우월감과 업신여기는 마음이 생기면 진실이 사랑을 집어삼켜 버린다. 그래서 상대방을 비난하고 멸시하는 데 열을 올리게 되고 미워하는 감정도 그만큼 커지게 된다.

그러나 사랑으로 진실을 말하려면 겸손에 더해 '정서적인 부요'도 갖춰야 한다. 내면에 가득한 기쁨과 자신감이 뒷받침되어야 한다는 의미다. 스스로에게 만족하지 못하고 늘 자기 혐오감과 씨름하고 있다면 배우자를 즐겁게 해주는 데 지나치게 큰 비중을 둘 수도 있다. 상대방의 비위를 건드리고 싶지 않아서 잘못을 지적하거나 자신이 얼마나 큰 상처를 받고 있는지 설명할 줄 모르고, 먼저 용서할 엄두조차 내지 못하는 것이다. 원망이 가득하지만 열어보일 힘이 없으니 한사코 숨길 수밖에 없는 것이다. 이처럼 항상 지지할 뿐 반대를 표현하지 못하게 되면 사랑이 진실을 집어삼키고 만다.

삶에 변화를 가져오고, 삶을 통합하며, 진실의 힘과 사랑의 힘을 두루 행사하기 위해서는 철저한 겸손과 아울러 넘치는 기쁨과 확신이 있어야 한다. 세상 어디에서 그것을 구할 수 있을까, 정답은 세상 밖에서 구해야 한다. 외적인 도움 없이 인간의 본성만 가지고는 두 힘을 조화롭게 구사할 길이 없다. 하나님의 은혜를 맛본 경험이 없으면, 스스로 성공했다고 믿는 이들은 자부심에 가득해서 겸손할 줄 모르고, 실패한 삶을 살았다고 여기는 이들은 겸손하긴 해도 자신감과 희열을 느끼지 못한다.

하지만 복음은 우리를 바꿔서 우리가 더 이상 세상에서 이룬 일들이나 행위로 자신을 평가하지 않고 은혜로 새롭게 된 자신을 보게 해준다. 인간은 태생적으로 죄성을 가진 존재이며, 실수가 많은 피조물이다. 하지만 예수님은 한 사람 한 사람을 위해 목숨을 내놓으셨다. 우주를 다스리시는 주님이 죽기까지 우리를 사랑하신 것이다. 이처럼 복음은 인간을 바닥까지 낮아지게 하는 동시에 하늘 높이 솟구치게 한다. 너나없이 죄인이지만 그리스도가 온전히 사랑하고 용납해 주셨기 때문이다.

이 은혜의 힘을 얻으려면 스스로 빚어내는 것이 아니라 풍성하게 받아서 되비쳐 줄 수밖에 없다. 뭇 사람들을 위해 십자가에 달려 돌아가시면서 '자신을 죽이려는 이들'의 죄를 용서해 주시는 예수님을 바라보면 그 사랑이 너무나 압도적이어서 감히 살아 낼 꿈조차 꿀 수 없다. 하지만 '나'를 위해 십자가에 달려 돌아가시면서 '나'를 용서하시고 '내' 죄를 멀리 치워 버리신 예수님을 주목한다면 상황은 달라진다. 하나님의 독생자가 나를 위해 하신 일을 알고 그 환희와 자유를 맛보고 나면 배우자에게도 똑같은 사랑을 베풀 힘이 생길 수 있다. 은혜의 힘을 행사할 정서적인 겸손과 부요를 얻게 되는 것이다.

배우자가 영광스러운 존재가 되도록 도우라

결혼은 한 인간의 실상에 관한 진실을 고스란히 보여 주는 독특한 힘을 가졌다. 아울러 사랑에 기대어 과거를 청산하고 자아상을 치유하는 특별한 능력도 가지고 있다. 뿐만 아니라 하나님이 예수 그리스도를 통해 베푸신 놀라운 은혜를 깨닫게 하는 기이한 힘도 있다. 바울은 에베소서 5장에서 예수님이 큰 값을 치르시고 우리를 아름답게 하셨으므로 우리도 다른 이들에게 마땅히 그러해야 한다고 가르친다.

우리의 죄가 예수님께 입히는 상처는 배우자의 죄가 우리에게 입히는 상처와는 비교할 수 없을 정도다. 남편, 또는 아내가 자신을 십자가에 못 박는 것 같은 느낌이 드는가? 우리 또한 죄를 짓고 실제로 그리스도를 십자가에 못 박았지만 끝내 용서를 받았다.

옛날 옛적 러시아에 황제의 총애를 받는 장군이 있었는데 불행하게도 부상을 당해 죽어 가고 있었다. 황제 차르는 임종을 앞둔 장군에게 어린 아들을 한 점 부족함이 없도록 키워 주겠다고 다짐했다. 마침내 장군이 세상을 떠나자 황제는 약속을 지켰다. 장군의 아들에게 근사한 집을 주고 최고의 교육을 받게 했다. 청년이 된 아들은 장교가 되어 군대에 들어갔다. 하지만 그는 도박에 빠지게 되었고 빚이 늘어나자 부대의 공금에도 손을 대기 시작했다. 어느 날 밤, 막사에 앉아 장부를 뒤적이던 청년은 자신의 횡령 사실이 들통 나기 직전이란 것을 깨닫게 되었다. 더는 회계 담당자의 눈을 피할 수가 없었다. 그는 술을 잔뜩 들이마시고 스스로 목숨을 끊을 채비를 했다. 권총을 곁에 두고 술을 몇 모금 더 들이켰다. 마지막 잔을 들이키고 나면 용기를 내서 방아쇠를 당길 참이었다. 하지만 그 전에 술기운을 못 이기고 테이블 위에 엎어지고 말았다.

그날 밤, 황제는 평범한 병사로 변장을 하고 부대와 전선을 두루 돌아보러 나갔다. 차르는 병사들의 사기를 확인하고 애로 사항이 없는지 알아보기 위해 평소에도 자주 그렇게 순찰을 다니곤 했다. 막사로 들어선 황제는 수양아들이나 다름없는 청년이 고꾸라져 있는 것을 보았다. 차르는 청년의 몸에 깔린 장부를 읽어 보고는 그가 무슨 짓을 했는지, 또 무슨 짓을 하려고 하는지 곧 알아챘다.

한 시간쯤 뒤, 젊은이는 잠에서 깨어났다. 권총은 없어지고 손에는 난데없는 편지 한 통이 쥐어져 있었다. 놀랍게도 그것은 보증서였다. "장부의 차액은 나 차르가 황실의 개인 재정으로 모두 메워 주기로 약속하노라." 말미에는 황제의 어인까지 찍혀 있었다. 그는 청년이 저지른 잘못을 낱낱이 알았지만 그 모든 것을 용서하고 탕감해 주었다.

우리의 마음을 상하게 만든 배우자에게 "당신의 잘못을 다 알아요. 하지만 용서하고 덮겠어요. 예수님이 내 죄를 덮어 주셨기 때문이죠"라고 말할 수 있는 근거가 여기에 있다. 우주의 주인이신 하나님은 인간의 옷을 입고 이 세상에 오셔서 각 사람의 마음을 살피시고 극악한 죄를 남김없이 확인하셨다. 그것은 그리스도에게 추상적인 문제가 아니었다. 실제로 인간의 죄가 주님을 죽음으로 몰고 갔다. 십자가에 달리신 구세주는 뭇 사람들을 굽어보셨다. 더러는 주님을 부인하고, 더러는 배신했으며, 너나없이 그분을 외면하고 저버렸다. 하지만 주님은 인간의 죄를 알면서도 가려 주셨다.

이보다 더 강력한 용서의 근거는 다시없을 것이다. 온전히, 값없이, 처벌하려 들지 않고, 마음으로부터 용서하는 능력보다 결혼 생활에 더 필요한 것이 또 있을까? 하나님의 은혜를 깊이 맛보는 체험(스스로 용서 받은 죄인임을 아는 자각)을 하면 진실의 힘과 사랑의 힘을 함께 작용시킬 수 있을 것이다.

은혜를 의식하는 가운데 이런 힘을 행사한다는 것은 곧 배우자가 영광스러운 존재가 되도록 돕는 길이기도 하다.

캐시와 나는 결혼식 사진을 침실 벽에 붙여 놓고 지낸다. 벌써 37년이나 된 사진이다. 그때는 머리숱도 많고 신체적으로도 훨씬 젊어 보인다. 우리끼리는 얼굴에서 광채가 난다고 표현하기도 한다. 결혼식 주례를 하면 근사하게 차려입고 단상 앞에 선 신랑 신부를 향해 초를 치고 싶을 때가 있다. "멋지군요. 하지만 지금부터는 줄곧 내리막이어서 다시는 오늘처럼 빛나 보일 수 없을 겁니다."

하지만 배우자와 더불어 서로의 삶 가운데 임하신 하나님의 은혜에 기대어 진실의 힘과 사랑의 힘을 행사하는 부부에겐 사실이 아니다. 영적인 동반자와 함께 하나님의 파트너가 되어 새로운 피조물을 향해 가는 여정에 충실하다면 양상은 전혀 달라진다. 세월이 흐를수록 주님의 눈으로 배우자를 바라보며 마치 잘 깎고 다듬어 세팅한 다이아몬드를 보듯, 아름다움을 보게 될 것이다.

> 그러므로 우리가 낙심하지 아니하노니 우리의 겉 사람은 낡아지나 우리의 속사람은 날로 새로워지도다 우리가 잠시 받는 환난의 경한 것이 지극히 크고 영원한 영광의 중한 것을 우리에게 이루게 함이니 우리가 주목하는 것은 보이는 것이 아니요 보이지 않는 것이니 보이는 것은 잠깐이요 보이지 않는 것은 영원함이라(고후 4:16-18).

신령한 눈으로 배우자를 바라본다는 것은 곧 그 안에 계신 하나님을 지극히 일부분이나마 파악한다는 것이다. 세상의 뭇 사람들은 주름투성이 노인네들로 치부할지 몰라도 예수님이 베푸신 은혜 가운데서 결혼의 힘을 활용하는 주인공들은 갈수록 영적으로 아름다워지는 모습을 보게 될 것이다. 서로 어여쁜 옷을 입히고, 깨끗이 씻기고, 화려하게 치장해 주는 셈이다. 그리고 언젠가는 하나님이 우리 가운데서 이루신 것들을 온 우주가 함께 바라보게 될 것이다.

결혼식 날, 신랑 신부가 서로에게 해야 할 이야기는 이것이다. "참 근사하군요. 오늘처럼 언젠가는 하나님 앞에 아름다운 모습으로 서게 될 거예요. 그때는 이런 옷들이 다 누더기처럼 보이겠죠?"

06 '다름'의 복을 누리라

아내들이여 자기 남편에게 복종하기를 주께 하듯 하라
이는 남편이 아내의 머리 됨이
그리스도께서 교회의 머리 됨과 같음이니(엡 5:22-23).

책을 쓰는 내내 남편(팀 켈러)과 함께 작업했지만 적어도 이 부분만큼은 남성과 여성의 성 역할 차이를 두고 씨름하거나 이야기해 본 경험이 많은 내가(캐시) 혼자 쓰는 것이 더 적절하겠다는 데 의견을 같이 했다. 이미 잘 알려진 이야기이지만, 창세기에 기록된 저주의 영향권을 벗어나지 못한 인류 문화는 여성을 비하하고 억압하는 쪽으로 남성의 머리 됨을 해석해 왔으며 여성들은 그런 대우를 인식하고 반대하는 입장을 보이는 것이 일반적이었다.

평등 주의자든, 페미니스트든, 전통주의자든, 보완주의자든,

그밖에 다양한 해석들 가운데 어떤 입장을 취하든, 남녀 간의 차이는 결혼 생활에서 결코 빠질 수 없는 중요한 이슈다. 여기에 대한 합의를 이루지 못하고 지내는 것은 방안에 잠자고 있는 사자를 모신 채 살금살금 걸어 다니는 꼴과 다름없다. 사람들은 누구나 저마다의 역할 개념(남편은 아내에게 어떻게 행동해야 하고 아내는 남편을 어떻게 대해야 하며 아이들과 부모의 관계는 어때야 하는지 등)을 가지고 결혼 생활을 시작한다. 이것은 원 가정에서 나고 자라면서 모여진 인상들일 수도 있고, 현대 문화가 제시하는 표준, 또는 친구들의 결혼 생활을 관찰하면서 얻은 정보, 심지어 소설이나 텔레비전, 영화에서 얻은 잡동사니 지식들이 결집된 결과물일 수도 있다.

결혼에서 성 역할이 항상 논란의 여지가 많은 주제였다는 데는 반론의 여지가 없다. 개인적으로는 40년 가까이 그 논란의 중심에 서서 살아 왔다. 성경 말씀이 억압과 저항 양면에 걸쳐 두루 동원되는 모습도 지켜보았다. 그리고 '머리 됨'이라든지 '순종' 같은 뜨거운 쟁점들이 예수님의 본보기를 통해 정확하게 이해되었을 때 결혼 생활에 치유와 번영이 찾아오는 것도 목격했다.

우리 부부 역시 처음부터 남성과 여성의 역할이 어떻게 다른지에 대해 잘 정리된 원칙을 가지고 결혼 생활을 시작한 것은 아니다. 신학교에서 다양한 분야의 신학적인 주제들을 다뤘고 수많은 이야기를 나눴음에도 불구하고 새로운 교회로 일터를 옮긴 후 맞은 첫 아침에 대한 준비는 전혀 되어 있지 않았다. 남편은 서류 가방을 챙겨 들고 가볍게 키스한 다음 "갔다 올게요"라는 말과 함께 사라져 버렸다. 나는 부엌에 멍하니 서서 혼자 중얼거렸다. "이제 난 하루 종일 뭘 하지?" 그 이전까지 우리는 남녀 구분 없이 살았다. 같은 강의실에서 함께 수업을 들었고, 공평한 경쟁의 장에서 학점을 다투었다. 하나님이 인간을 남자와 여자로 만드신 뜻을 곰곰이 헤아려야 할 일은 거의 생기지 않았다. 그러다 갑자기 여성과 아내로서의 내 역할을 현실적으로, 그리고 성경적으로 고민할 수밖에 없는 처지에 놓인 것이다.

당시에는 우리 둘 다 지금보다 더 어설프고 무지했지만, 하나님이 부여하신 성 역할을 따르는 것이 우주의 멋진 공연장으로 들어가는 일일 뿐만 아니라 가장 내밀한 자아와 마주하도록 하는 하나님의 선물들 가운데 하나임을 믿고 있었다. 나이가 들수록 내가 주름이 많고 하늘거리는 치마를 좋아하게 되었다거나 남편이 자동차 정비에 깊이 빠졌다는 이야기는 아니다. 누군가가 사랑하는 마음으로 보내 준 선물을 한 번도 쳐다보지 않고 내던지는 것은 지혜로운 사람의 처신이 아니다. 그러므로 결혼이라는 제도 속에 하나님이 명확하게 나눠 주신 성 역할이 존재한다는 개념이 조금 불편하게 느껴질지라도, 최소한 이 장을 다 읽을 때까지라도 그 판단을 유보해 주었으면 좋겠다. 그래서 창조주께서 거룩한 자녀들에게 유익을 끼치기 위해 주신 이 선물을 가능한 한 면밀하게 진단해 보았으면 한다.

태초에 하나님이 설계하신 남성과 여성

하나님이 애초에 세우셨던 선한 뜻이 무엇이고, 남자와 여자가 그 것을 어떻게 망가뜨렸으며, 이를 회복시키기 위해 주님이 어떤 일 을 하셨는지 살펴보는 데서 성 역할에 관한 논의를 시작하려고 한 다. 그런 준비가 되어 있어야 비로소 권위, 순종, 머리 됨, 돕는 배 필 따위의 위험천만한 개념들로 넘어갈 수 있을 것이다.

성경은 인류에 대한 이야기를 꺼냄과 동시에 성에 관해 언급 하고 있다. "하나님이 자기 형상 곧 하나님의 형상대로 사람을 창 조하시되 남자와 여자를 창조하시고"(창 1:27). 남성성과 여성성은 인간에게 자연스럽게 따라오는 요소이면서 동시에 핵심적인 성분 임을 보여 주는 대목이다. 하나님은 인간을 한 덩어리로 지으셨다 가 차츰 분화되게 만드시지 않고 명확하게 남성과 여성으로 갈라서 출발시키셨다. 세포 하나하나마다 XX 또는 XY라는 도장이 찍혀 있다. 하나님이 설계하신 방식을 무시하거나 창조주가 세상에 보내 신 목적을 이루는 데 도움이 될 선물을 경멸하고서는 자신을 정확 하게 파악할 수 없다는 뜻이다. 성이 전적으로 사회적으로 구성된 것일 뿐이라는 포스트모더니즘의 사고방식이 타당하다면 내키는 대로 어느 길이든 따라갈 수 있을 것이다. 하지만 성이 인간 본질의 중심을 이루는 것이 사실이라면 남녀 구별을 무시하다가 자신을 이 해하는 결정적 열쇠를 잃어버리는 위험을 자초할 수도 있다.

아울러 창세기는 남성과 여성이 전적으로 평등하게 창조되 었음을 보여 준다. 똑같이 하나님의 형상대로 지어졌고, 똑같이 축복을 받았으며, 똑같이 세상을 다스릴 '통치권'을 위임받았다. 이는 남성과 여성이 함께 문명과 문화를 세우는 권한을 행사해야 한다는 의미다. 남녀 어느 한쪽이 아니라 모두가 과학과 예술, 가정과 인간 공동체를 건설하라는 부르심을 받은 것이다.[1]

남자와 여자를 지으신 하나님은 곧바로 "생육하고… 땅에 충만하라"고 말씀하신다. 자손을 낳으라고 말씀하시면서 끝없이 생명을 빚어내는 창조주의 역사를 반영하신 셈이다. 하지만 생명을 만들어 내는 이 놀라운 사명은 양쪽이 힘을 모아야만 성취할 수 있다. 남자든 여자든 혼자서는 절대로 생명을 잉태할 수 없다.

이 말씀은 남성과 여성이 철저하게 상호보완적인 존재임을 강하게 보여 주는 본문이라 할 수 있다. 하나님은 홀로 지내는 아담의 외로운 모습을 보시고 "좋지 않으니"라고 말씀하셨다. 하나님이 온 우주를 통틀어 무언가 불완전하다고 평가하신 것은 처음 있는 일이었다. 하나님은 갈비뼈라는 재료를 사용해서 아담의 짝을 만들어 주셨고, 첫 남자 아담은 첫 여자의 이름을 짓는 책임을 맡게 되었다. 내러티브를 구성하는 이 두 가지 성분은 훗날 남편의 '머리 됨'[2]에 대한 신약 성경의 모든 토대가 되었다. 하지만 창세기는 남성에게 권위를 부여하면서도 여성을 흔히 생각하는 것처럼 열등하게 묘사하지 않는다. 하나님은 여성을 "돕는 배필"(창 2:18), 곧 그에게 알맞은 짝이라고 규정하셨다.

여기서 '돕는'이라는 말은 히브리어 '에젤('ezer)'을 풀이한 말로 썩 좋은 번역은 아니다. 굳이 힘을 보태지 않아도 잘 해낼 능력을 가진 주인공의 수고를 덜어 주는 보조자 정도를 암시하는 말이기 때문이다. 하지만 성경에 종종 사용되고 있는 '에젤'이라는 단어는 등장할 때마다 십중팔구 하나님 자신을 가리킨다. 더러는 거지반 패한 싸움을 승리로 이끄는 데 결정적 도움을 주는 지원군처럼 군사적인 도움을 의미하기도 한다. 여기서 돕는다는 것은 남자에게 결핍된 부분을 이편의 능력으로 채워 준다는 이야기다.[3] 여성이 그만큼 '강력한 조력자'가 되도록 지음 받은 존재라는 것이다.

'배필' 또한 바람직한 해석이 아니다. 이는 말 그대로 '뭔가 한 쌍을 이루는 것'처럼 해석될 소지가 많기 때문이다.[4] 남자의 일부를 가져다가 여성을 만드는 창세기 2장의 내러티브는 전반적으로 양성 모두 상대방의 도움이 없으면 불완전하다는 점을 선명하게 드러낸다.

남자와 여자는 서로 '한 벌을 이루는 반쪽'과 같다. 정확히 들어맞는 퍼즐 조각이라고 보면 된다. 한 치의 오차도 없이 똑같거나 그냥 다른 구석이 있는 게 아니라 나올 데가 나오고 들어갈 데가 들어가 한데 모으면 온전한 일체가 되도록 만들어졌다는 말이다. 남자와 여자는 서로 다른 스텝을 밟으면서 멋진 춤사위를 빚어내는 능력을 가진 셈이다.

창세기 3장은 남자와 여자가 하나님께 죄를 짓고 에덴동산에서 쫓겨나는 타락에 관해 기술하고 있다. 그리고 곧바로 남녀의 연합에 재앙에 가까운 변화가 일어나는 것을 볼 수 있다. 분위기가 돌변해서 책임 전가와 손가락질, 비난이 난무한다(창 3:8-13).

서로 다른 속성은 온전함을 이루는 재료가 되기보다 억압과 착취의 빌미가 되었다. 남편을 의지하고 바라보는 여성의 자세는 맹목적인 집착으로 변질되고 아내를 보호하고 사랑하는 남성의 태도 역시 이기적인 욕정과 부당하게 이용하려는 의지로 바뀌었다.

셋이 하나가 되어 추는 춤

그리스도의 성품과 사역을 살펴보면 남성과 여성 사이에 본래 존재했던 연합과 사랑이 회복되는 과정이 눈에 보이기 시작한다. 예수님은 남성과 동일하게 하나님의 형상과 창조 명령을 지닌 여성의 평등성을 강조하셨으며,[5] 태초에 남자와 여자에게 각각 부여하셨던 '섬기는 리더'와 '에젤-조력자'의 역할을 되찾게 하셨다.

빌립보서 2장 5-11절을 보면 초기 교회가 자주 불렀던 찬송을 볼 수 있다. 하나님과 동등하시지만 영광스러운 자신을 비우고 종의 역할을 떠맡으신 예수 그리스도에 대한 내용이다. 예수님은 거룩한 특권을 내려놓으셨지만 그 거룩함은 조금도 퇴색되지 않았다. 주님은 가장 낮은 데서 죽기까지 주인을 섬기는 역할을 자임하셨다. 본문을 살펴보면 하나님의 첫 번째와 두 번째 위격은 본질적으로 동등함에도 불구하고 성자 하나님이 세상을 구원하기 위해 성부 하나님께 자발적으로 복종하는 것을 볼 수 있다. 예수님은 온전히 자원하는 마음으로 그 역할을 맡으셨고 그것은 하늘 아버지께 큰 선물이 되었다. 여기서 발견하게 되는 것은 결혼 생활에서 아내가 행하는 순종은 이편에서 주는 선물이지 강요에 의한 의무가 아니라는 것이다.

개인적으로 성 역할에 있어서 양성 평등의 개념을 이해하는데 어려움을 겪던 시절이 있었다. 그때 나는 이 본문을 보면서 여성에게 맡겨진 복종의 기능이 너무 혹독하다는 그간의 생각을 누그러뜨릴 수 있었다. 50년대에 태어난 아이들 가운데 중성적으로 양육된 사례를 찾는다면 내 동기들도 반드시 거기에 끼어야 할 것이다. 어머니는 친척들 가운데 유일하게 대학 교육을 받은 여성이었다. 덕분에 나는 남자아이들과 평등한지 아닌지 고민해 볼 필요도 없는 분위기 속에서 자랐다. 화장실에 갈 때를 제외하면, 세상을 남자와 여자로 가른다는 것은 상상도 못할 일이었다. 그런 점에서 페미니스트 운동은 그 자체로 커다란 충격이었다. "그러니까, 혹사당하고, 학대받고, 착취당하고, 멸시받고, 열등한 존재로 몰리는 여성들이 정말 있단 말인가요?" 여성 운동가들이 제안하는 치유법을 듣고 있노라면 나는 남녀 차별의 실체조차 모르고 있었다는 생각을 떨쳐 버릴 수 없었다.

반면에 남성과 여성을 "다르지만 평등한" 인간으로 설명하는 그리스도인의 주장을 처음 들었을 때는 "분리하되 차별하지 않는다"는 인종 분리 정책의 느낌을 먼저 받았다. 머리 됨이나 순종이라는 개념과 처음 맞닥뜨리게 되었을 때 나는 지성적으로든 윤리적으로든 제법 충격을 받았다. 하지만 다행스럽게도 훌륭한 스승들을 만난 덕분에 이 빌립보서 2장 본문을 접할 수 있었고 그

의미에 대해 깨달을 수 있었다. 하나님의 두 번째 위격이 자신을 낮춰 종의 역할을 감당하셨음에도 불구하고 존엄과 위격에 아무런 손상이 없었다면(도리어 더 큰 영광에 이르셨다면), 결혼 생활 속에서 '예수님의 역할'을 감당하라는 요구가 어떻게 내게 해로울 수 있단 말인가!

빌립보서 말씀은 '삼위가 연합하여 추는 춤'을 선명하게 보여 주는 주요한 본문이다. 성자는 순종하는 위치에 서서 성부를 좇았다. 성부는 그 선물을 받아들였지만 성자를 지극히 높은 자리까지 끌어올리셨다. 서로가 서로를 기뻐하면서 높여 주길 원했으며 사랑과 경배를 주고받는 일이 되풀이되었다. 바울은 빌립보서 본문이 보여 주는 내용을 고린도전서 11장 3절에서는 직설적으로 이야기하고 있다. 성부와 성자의 관계는 남편과 아내 사이가 어떠해야 하는지 보여 주는 표본이라는 것이다. 성자는 자유롭고 자발적인 동기에서 기쁨에 겨워 성부 하나님께 복종했다. 그것은 강요를 받거나 성자가 부족하고 열등해서가 아니었다. 성부의 머리 됨은 서로 기쁨과 존중, 사랑을 전하는 가운데 드러난다.

인간이 가진 서로 다른 성은 삼위일체에 내포된 생명을 반영한다. 남자와 여자는 사랑과 희생, 권위와 순종이 어우러진 삼위일체 하나님의 '춤'을 거울처럼 되비추도록 부름 받았다. 성자가 복종하는 역할을 받아들이는 순간, 그분은 연약함이 아니라 위대함을 보여 주시는 것이다. 바울이 결혼의 '비밀'이라고도 표현한 이 지점에서 우리는 구원 사역 가운데 나타난 하나님의 마음을 들여다볼 수 있는 통찰력을 얻게 된다. C. S. 루이스는 말한다. "그리스도와 교회를 그려낸 이 이미지에서 자연적인 사실로서만이 아니라 인간의 통제와 지식 너머에 있는 궁극적인 실재를 반영하는 그림자, 경이로운 산 그림자로서의 남자와 여자를 보게 된다."[6]

그렇다면 머리 됨은 무엇인가?

여성에게 주어진 역할을 따르는 것이 여성의 품위를 손상시키지도, 위험에 빠트리지도 않는다는 깨달음은 나에겐 커다란 진전이었다. 페미니즘 운동이 한창 각광을 받던 시절, 나는 개인적으로 그 지지나 보호를 받아야 할 입장은 아니었지만, 엄연히 같은 시대를 사는 여성으로 그 공기를 호흡하고 있었다. 기꺼이 '순종'하거나 '순종적'이 되는 것은 가벼운 일도 아니고, 주위의 이해를 기대할 수 있는 선택도 아니었다.[7]

하지만 남성에게 순종하고 그 성 역할에 따르는 것을 동등하게 받아들이는 데는 또 다른 발돋움이 필요했다. 이른바 '섬기는 리더' 이야기다.

더 높은 지위를 가진 이들에게 특전과 특권이 주어지는 것은 세상에서 흔히 보게 되는 익숙한 장면이다. 플래티넘 마일리지 카드를 가진 승객은 별도의 비용 없이 1등석으로 업그레이드할 수 있고 거기에 합당한 기내식과 음료, 수하물 운반 서비스를 무료로 제공받는다. 은행에 많은 돈을 넣어 두고 있는 고객은 별도의 창구에서 더 빨리 업무를 처리할 수 있다.

하지만 삼위일체 하나님의 역사에서는 가장 자기를 내세우지 않고, 가장 희생적이며, 가장 헌신적인 이가 가장 크다. 예수님은 머리 됨과 권위의 개념을 다시(또는 더 정확하게, 제대로) 규정하심으로써 유해한 부분을 제거해 버리셨다. 적어도 세상이 아니라 주님이 내리신 정의를 좇아 사는 이들에게는 독성이 사라진 것이다.

요한복음 13장 1-17절을 보면, 예수님은 돌아가시기 전날 밤, 제자들의 발을 씻기는 유명한 사건을 통해 권위와 머리 됨을 어떻게 해석하시는지 몸으로 보이며 가르치셨다.

> 내가 너희에게 행한 것을 너희가 아느냐 너희가 나를 선생이라 또는 주라 하니 너희 말이 옳도다 내가 그러하다 내가 주와 또는 선생이 되어 너희 발을 씻었으니 너희도 서로 발을 씻어 주는 것이 옳으니라 내가 너희에게 행한 것 같이 너희도 행하게 하려 하여 본을 보였노라 내가 진실로 진실로 너희에게 이르노니 종이 주인보다 크지 못하고 보냄을 받은 자가 보낸 자보다 크지 못하나니(12-16).

예수님은 몸소 제자들의 발을 씻기는 자리로 내려가셔서 권위와 머리 됨이란 다른 사람을 섬기는 것을 가리키며 사랑하기 위해서는 죽음마저 무릅써야 한다는 사실을 더할 나위 없이 극적인 방식으로 보여 주셨다. 그리스도는 모든 권위를 '섬기는 권위'로 재

규정하셨다. 힘을 쓸 때도 자신을 위해서가 아니라 다른 이를 섬길 때에만 허용된다. 세상의 권력자들과 달리 예수님은 섬김을 받기 위해서가 아니라 목숨을 내놓기까지 우리를 섬기러 이 땅에 오셨다.

복음서의 기록은 그러한 사실을 전혀 깨닫지 못하는 제자들의 모습을 적나라하게 보여 주고 있다. 사실상 그들은 주님이 십자가에 못 박히기 바로 전날 밤까지도 조만간 도래할 새 나라에서 누가 오른쪽과 왼쪽에 앉아 영예를 누릴 것인가를 두고 다툼을 벌였다. 예수님은 권위와 머리 됨에 대한 입장을 분명히 밝히셨다.

> 이방인의 집권자들이 그들을 임의로 주관하고 그 고관들이 그들에게 권세를 부리는 줄을 너희가 알거니와 너희 중에는 그렇지 않을지니 너희 중에 누구든지 크고자 하는 자는 너희를 섬기는 자가 되고 너희 중에 누구든지 으뜸이 되고자 하는 자는 모든 사람의 종이 되어야 하리라 인자가 온 것은 섬김을 받으려 함이 아니라 도리어 섬기려 하고⋯(막 10:32-45).

예수님이 승천하시고 성령님이 오시면서 마침내 모두가 주님의 가르침을 제대로 이해하게 된 듯하다. 바울이 에베소 교회에 편지할 즈음엔 예수님과 교회의 관계가 남편과 아내의 관계를 규정하는 모델로 자리를 잡았다. 그리스도인(교회)은 모든 면에서 그리스도께 복종해야 한다. 마찬가지로 아내도 모든 면에서 남편에게 복종해야 한다. 그러나 주님이 남편에게 어떻게 행하라고 명령하셨는지 잘 알기에 더 이상 기죽을 일은 없다. 남편들은 주님이 교회에 하셨던 것처럼 권위와 권세를 사용해서 사랑을 표현하고 아내를 아끼고 섬기되 죽는 순간까지 멈추지 않는 리더의 역할을 감당해야 한다.

우리는 예수님을 통해 권위자가 자신의 모든 권세를 내려놓고 겸손히 순종함으로써 큰 영광에 이르는 모습을 보게 된다. 복종은 그리스도의 위신을 떨어트리지 못했다. 오히려 하나님이 그를 지극히 높이시고, 모든 이름 위에 뛰어난 이름을 주셔서 더없이 영광스러운 자리에 앉히셨다. 그렇다면 남편은 순종을 통해 아내를 준비시켜서 영광에 이르도록 높이고 있다는 뜻인가? 잘은 모르겠지만 한 가지 분명한 것은 남편에 대한 아내의 역할이 그리스도를 향한 교회의 복종과 비슷하다면 그 무엇도 두려워할 필요가 없다는 것이다.

차이를 넘어 서로 포용하라

하나님이 여자를 특별히 '돕는 배필'로 부르셨듯이, 남자와 여자에게 제각기 다른 사명과 서로 다른 능력을 주신 것은 조금도 이상한 일이 아니다. 남자와 여자의 가장 뚜렷한 차이는 아이를 낳아 기를 수 있는 신체적인 특성에 있을 것이다. 물론 개인적 성향의 영향도 받겠지만 그러한 물리적 차이에 따라 정서적이고 심리

240

적인 자질에도 남녀 간 미묘한 차이가 생긴다.

놀랍게도 이 부분에 관해서는 페미니즘 이론가들도 성경의 가르침을 그대로 가져다 쓰고 있다. 남성과 여성은 서로 호환할 수 있는 유니섹스 같은 존재가 아니다. 하지만 저마다 강점이 있어서 결국 문제를 해결하며, 합의를 이루고, 제각기 다른 방식으로 리더의 기능을 한다. 〈뉴욕 타임스〉는 '여성이 음악을 연주할 때(When Women Make Music)'라는 기명 칼럼에서 이와 관련된 흥미로운 사례를 소개한다. 여성 지휘자이자 음악 감독인 필자는 이 세 가지 영역에서 어떻게 여성이 남성과는 다른 방식으로 오케스트라를 이끌어 가는지 간략하게 설명한다.[8] 무엇보다도 관리 스타일이 남성보다 '나을 것 같다'고 했다. 여성 지휘자와 같은 방식으로 단원들을 대하는 음악가는 '장기적인 안목으로 볼 때 한결 훌륭한' 연주를 하게 된다는 것이다. 남성에 대한 역 차별적 발언이라는 볼멘소리가 나올 법도 하지만 논의의 핵심은 같은 사안을 두고도 남성과 여성의 접근 방식이 명확하게 다르다는 데 있다. 지난 20여 년 동안, 남녀 사이에 생각하고, 느끼고, 행동하고, 일하고, 관계를 꾸려 가는 방식에 있어서 엄청난 차이가 있음을 뒷받침하는 실증적인 연구 결과들이 봇물처럼 쏟아져 나왔다.

양성 간의 좀처럼 좁혀지지 않는 차이를 들여다 본 첫 번째 페미니즘 논문은 캐럴 길리건(Carol Gilligan)의 '다른 목소리로(In a Different Voice)'일 것이다. 1982년, 하버드대학 출판부는 이를 책으로 묶어 낸 후 "혁명의 시작을 알리는 소책자"라고 평가했다. 길리건은 피상적으로 성차를 강조했던 기존의 사회 과학 이론서들을 넘어서서 여성들의 심리 발달 단계와 동기, 도덕적인 추론이 남성들과 판이하게 다르다고 주장했다.[9] 남성들은 자신을 다른 사람과 분리시키면서 성숙하는 반면, 여성은 다른 사람들과 결합하면서 무르익는다는 것이다.[10]

정도의 차이를 넘어서 일반적으로, 그리고 보편적으로 남성들은 독립을 추구하는 특성, 곧 '내보내는' 자질을 가지고 있어서 밖을 내다보고 일을 벌이는 성향이 있다. 죄의 지배를 받는 세상에서 이러한 특질들은 다음과 같은 부정적인 남성상을 만들기도 한다. 능력을 우상으로 삼게 되면 우두머리 자리를 노리는 개인주의에 몰두하게 되고 남성성의 부르심을 거부하고 정 반대 방향으로 치달으면 의존적이 되는 것이다. 전자는 남성성이 지나쳐서 나타나는 죄이고 후자는 남성성을 거부하는 데서 비롯된 죄다.

일반적으로, 그리고 보편적으로 여성들은 상호의존적인 특성, 곧 '받아들이는' 자질을 가지고 있다. 보다 내향적인 시각을 가지고 있으며 기왕에 존재하는 것들을 키워 내는 데 관심을 둔다. 죄의 지배를 받는 세상에서 이러한 특질들은 다음과 같은 부정적인 여성상을 만들어 내기도 한다. 애착을 우상으로 삼게 되면 의존성이 과도하게 높아지고, 여성성의 부르심을 거부하여 정 반대 방향으로 치우치면 개인주의적인 사람이 되는 것이다. 전자는 여성성이 지나쳐서 나타나는 죄이고 후자는 여성성을 거부하는 데서 비롯된 죄다.

인간이 춤추는 하나님, 그 삼위일체의 형상대로 지음 받은 존재라는 점을 감안하면 이런 차이가 존재하리라는 사실은 얼마든지 예상할 수 있을 것이다.[11]

안타깝게도, 남녀의 태생적 차이를 부정하는 이들은(의학적이고 과학적인 연구와 사회학적이고 심리적인 연구가 병합되면서 예전보다는 많이 줄어들었다) 여성의 가치를 지키려 안간힘을 쓰지만 도리어 의도와는 다르게 그 가치를 떨어뜨리는 잘못을 저지르고 있다. 군림하고 젠체하는 남성들의 행동은 출세하고 인정받기를 원하는 욕구에 도리어 찬물을 끼얹는 결과를 가져올 것이다. 성차를 인정하지 않는 이들은 여성적인 특성을 버리고 남자들과 동등해지기 위해 얼치기 '사내'가 되길 요구한다. 그렇게 되면 여성들만이 세상에 줄 수 있는 여성적인 리더십과 창의성, 통찰력(그밖에도 수없이 많지만 몇 가지만 꼽는다) 같은 것들이 비즈니스 세계와 로맨틱한 관계들, 더 나아가 교회에서도 실종되고 말 것이다.

지난 30년 동안 수많은 철학자와 사회학자들은 이 '다름의 문제'를 다방면에서 성찰해 왔다.[12] 남들과 다른 자신의 존재를 인정하고 그 정체성을 규정하는 것은 자연스러운 일이다. 수많은 전문가들은 인간이 자신과 다른 이들을 배제하고 무시하는 과정을 거치면서 자존감과 개성이 강화된다고 말한다. 하나님으로부터 멀어진 인간의 마음에서는 인격적이고, 근본적이며, 전형적인 교만이 자연스럽게 자라나므로 자기를 입증해 보이고 특별함과 우월성, 업적 따위에 토대를 둔 정체성을 확립하고자 하는 욕구에 시달리게 된다.

남성과 여성 사이는 '타인을 배제시키는' 일이 상습적으로 벌어지는 접점 가운데 하나다. 성별이 다른 인간을 사랑하기는 힘들다. 오해, 폭발적인 분노, 눈물 따위가 차고 넘친다. 남자들은 자판기 근처에 둘러서서 여성들의 요모조모를 꼬집고 비하하며 낄낄거린다. 여자들은 남성들의 가식을 들추고 약점을 쑤셔 대는 것으로 이에 보답한다. 너나없이 비꼬는 투로 "남자들은 다!"라든지 "여자들이란!"이라고 한 마디씩 보탠다. 실제로 남녀의 간격은 넓고도 깊어 보일 때가 많고 서로에 대해 몰라도 너무 모른다. 마음이 무너진 상태에서는 자기 합리화밖에 남지 않아서 납득할 수 없는 상대의 일면에 대해 '열등'하다고 단정하기도 한다. 이렇듯 남성과 여성이 저마다 가진 '고유한 영광'[13]을 잃어버리거나 부정하면 상대방을 평가하고 그 미덕을 누리는 법도 놓칠 수밖에 없다.

하지만 바로 거기가 그리스도인의 결혼관이 개입해야 할 자리다. 성경적인 관점에서 결혼은 남성과 여성의 격차를 해결하고 이성간의 차이를 넘어 온전히 서로를 끌어안게 한다. 성적인 차이에서 비롯된 배우자의 '다름'을 인정하고 씨름하는 과정에서 다른 경로를 통해서는 불가능하리만치 많이 성장하고 성숙해진다. 창세기가 설명하듯, 남성과 여성은 서로 철저하게 다르지만 둘이 모여야 완성되는 나머지 '반쪽'이기 때문이다. 개인적으로 아는 사람들 중에 동성애자 친구들이 몇 있다. 그들은 모두 이성을 대하기보다 동성을 대하는 것이 한결 쉽고, 그것이 동성애가 주는 매력이라고 입을 모은다. 그러리라고 믿어 의심치 않는다. 상대가 동성이라면 끌어안아야 할 '다름'이 훨씬 적을 것이기 때문이다. 그러나 하나님의 결혼 설계도에는 다른 이를 끌어안고 하나가 되는 과정이 포함되어 있다. 그리고 이것은 남성과 여성 사이에서만 가능한 일이다. 아주 작은 원자 단위에서 넓고 광활한 우주에 이르기까지 세상은 플러스와 마이너스의 결합으로 이루어져 있다. 세상을 돌아가게 만드는 것은 서로 다른 것들이 끌어당기는 힘이다.

십자가와 '다름'

결혼의 이면을 들춰 보면 남녀 간의 차이라는 뿌리에서 나온 수많은 갈등의 잎사귀들이 무성하게 존재한다. 성별이 다른 것만이 문제가 아니다. 정말 심각한 것은 그 다른 점을 도무지 납득할 수 없다는 사실이다. 이처럼 '이해 불가'라는 장벽에 부딪히면 마음의 죄가 작동되면서 뿌리 깊은 기질의 차이라고 받아들이기보다 거기에 윤리적 의미를 부여하는 식으로 반응하기 쉽다. 남성은 여성의 '상호 의존' 욕구를 단순한 '의존성'으로 보고 여성은 남성의 독립 의지를 영락없는 이기심으로 파악하는 것이다. 이처럼 남녀 차이에서 비롯된 배우자의 다른 점을 별 생각 없이 지속적으로 경멸하는 사고에 익숙해지면 부부 사이는 점점 더 멀어지기만 한다.

하지만 예수님은 그 모든 상황을 변화시키는 본보기와 능력을 동시에 제공하신다.

미로슬라프 볼프(Miroslav Volf)는 《배제와 포용(Exclusion and Embrace)》이라는 저서에서 성경의 하나님이 다른 존재, 곧 인간을 포용하셨다는 사실을 선명하게 보여 주고 있다. 다른 신학자의 언급을 인용하면서 볼프는 이렇게 적고 있다.

> 그리스도의 십자가에는 다른 사람들, 곧 죄인들(완고한 원수들)을 향한 하나님의 사랑이 녹아 있다. 삼위일체 안에서 세 하나님이 서로를 향해 위임하고 복종하시는 모습은 그리스도가 하나님을 거역하는 이 세상을 향해 자신을 내어 주심으로 가장 또렷이 드러난다. 이러한 자기희생은 그분을 믿는 모든 이들을 영원한 하나님의 사랑과 생명 안으로 이끌어 들인다.[14]

그리스도는 다른 사람들, 곧 타락한 인류를 끌어안으셨다. 주님은 우리가 죄인이라고 해서 무작정 쫓아내거나 심판으로 몰아 가지 않으셨다. 오히려 그 죄를 지고 십자가에 달려 돌아가시면서까지 우리를 포용하셨다. 다른 이들, 특히 적대적인 이들을 사랑하는 데는 희생이 따르기 마련이다. 경우에 따라서는 배신과 거절, 심지어 공격을 당할 수도 있다.[15] 쉬운 것으로 치자면 그들을 버리고 떠나는 것이 상책이다. 하지만 주님은 그렇게 하지 않으셨다. 당신과 너무도 다른 존재들인 우리 인류를 끌어안고 사랑하셨으며 새로운 연합을 이루도록 인도하셨다.

이처럼 허물을 덮는 너그러운 사랑은 주의 복음을 받아들인 그리스도인들에게 우월 의식이나 배타적인 자세 없이 자신의 정체성을 형성할 수 있는 기초를 제공해 준다. 그리스도를 통해 깊은 안도감을 느끼게 되는 것이다. 주님 안에서 자신이 어떤 존재인지 명확하게 깨닫고 나면 자신과 다르다고 해서 상대를 멸시하거나 거부하고 싶은 충동에 휘말리지 않게 된다. 자신과 다른 이들, 특히 성별도 성격도 다른 배우자를 포용할 힘이 생기는 것이다. 달라도 너무 달라서 종종 머리끝까지 부아가 나기도 하지만 남편, 또는 아내의 그 점까지 끌어안게 되는 것이다.

성경적 개념에서 말하는 결혼 생활의 영광이 여기에 있다. 성별이 다른 두 인간이 그 '다름'을 끌어안고 서로 헌신하며 희생하다 보면 때로는 아프고 번거롭기도 하지만 결국은 서로가 성장하고 성숙해지는 가장 유익한 경험을 하게 되는 것이다. 아울러 남자와 여자는 뼛속까지 상호보완적이므로 그 과정을 통해 견고한 연합을 이루게 된다. 이것은 밖에서 큰돈을 벌어다 주거나 희생적으로 아이들을 보살피는 것과는 다른 차원의 이야기다. 남자는 나가서 일하고 여자는 집에서 자식을 키우는 가족의 형태는 비교적 최근에 등장한 모델이다. 오랜 세월 동안 남편과 아내(종종 아이들까지)는 밭이나 일터에서 종종 함께 일해 왔다. 가정을 꾸리는데 필요한 일들을 가족끼리 어떻게 배분할지는 집집마다, 또는 사회마다 시대마다 다 다를 것이다. 하지만 집안의 머리인 남편이 보여 주는 섬기는 리더십과 아내의 순종이라는 강력하고도 너그러운 선물은 어디서나 견고한 기초가 되며 하나님의 창조 목적과 의도에 부합하는 부부의 모습을 완성하게 해줄 것이다.

'머리 됨'과 '순종'

말과 글로는 충분히 공감하는 내용일 테지만 이러한 이상들을 어떻게 결혼 생활이라는 현실 속에서 실제적으로 적용할 수 있을까?

먼저는, 머리 됨과 순종을 실천할 안전지대를 찾아야 한다. 나 자신부터가 남자가 죄성 때문에 여자를 지배하려고 한다는 하나님의 경고(창 3:16)를 잘 인식하지 못하고 있었기에 하는 말이다.[16] 따라서 제대로 된 결혼 생활을 하길 원하는 여성이라면 우선 '강력한 조력자'에 어울리는 '섬기는 리더'가 되어 줄 남편감을 찾아내는 것이 중요하다.

텔레비전이나 영화에서 위험한 장면이나 액션 신이 나올 때 "집에서는 절대로 따라 하지 마십시오"라는 경고 문구가 나오는 것을 흔히 보았을 것이다. 하지만 성 역할은 정반대다. 자막을 넣는다면 아마도 "집이나 신앙 공동체, 교회에서만 따라 하십시오"[17] 정도가 될 것이다. 우리 그리스도인들은 회개와 용서가 이뤄질 수 있는(이 두 가지 요소가 정말 필요하다) 공간에서 성 역할이라는 고귀한 신앙 유산이자 창조 섭리를 되살리는 노력을 기울이는 것이 안전하다.

'머리 됨'과 '순종'에 대한 뒤틀리고 비성경적인 개념을 무기로 남성들이 여성에게 가했던 끔찍한 학대의 기록을 묵살하거나 가벼이 여길 생각은 꿈에도 없다. 교회는 그 아픔을 단 한 조각이라도 흘려버리거나 축소해서는 안 된다. 하지만 목욕물과 함께 아기까지 내다 버리는 실수를 범해서도 안 된다. 지저분해진 목욕물은 가능한 모든 수단을 동원해서 퍼내지만 아기는 지켜야 한다. 최상의 해결책은 예수님이 정하시고 친히 모범을 보여 주신 성 역할을 제대로 받아들이는 것이다. 남성과 여성이 자신을 더 깊이 이해하고 남들과 잘 어울리는 가정 공동체를 회복할 수 있다면 이는 분명 인간 사회의 구원으로 진입하는 통로가 될 수 있다.[18] 결혼을 사역이라는 맥락에서 보자면, 아내는 남편에게 순종하고 남편은 아내의 머리가 되어야 한다.

둘째로, 남편과 아내의 성 역할이 어떠해야 하는지에 대해 성경이 주는 가르침을 보면서 놀라운 면들을 포착해 내야 한다. 성경은 남편들에게 집안에서 '섬기는 리더'가 될 것과 최종적인 책임과 권위를 갖는다는 원칙만 분명히 밝힐 뿐, 구체적으로 어떻게 행동해야 하는지에 관해서는 이렇다 할 언급이 거의 없다. 그렇다면 여성이 집밖에 나가서 활동하는 것은 잘못일까? 문화 운동을 하거나 과학자가 되는 건 어떨까? 남편은 빨래를 하거나 집안을 치우면 안 되는 걸까? 반드시 남자가 재정을 관리하고 여자가 육아에 전념해야 하는 것일까? 전통적인 사고방식을 가진 이들은 이런 질문에 전통적인 답을 제시하려고 할지 모르겠지만, 성경은 어디에서도 그것을 뒷받침할 만한 언급을 하지 않는다. 성경은 남성과 여성이 각각 해야 할 일과 하지 말아야 할 일들을 열거하지 않는다. 상세한 지침 따위는 아예 존재하지도 않는다.

어째서일까? 생각해 보라. 성경은 장구한 시간과 수많은 문화를 아우르는 텍스트이다. 고대 농경 문화권에서나 적용될 수 있는 남편과 아내의 역할만을 기록했다면 오늘날에는 적용하기가 무척 힘들었을 것이다.

다시 말해서 문화적으로 성 역할을 규정하는 엄격한 조항들에는 전혀 성경적인 근거가 없다는 뜻이다. 성별에 따라 감정 표현, 관계 방식, 의사 결정 방식, 다양한 개인의 특성과 문화를 표출하는 방식이 다르다는 사회 과학자들의 주장이 끊임없이 제기되고 있기는 하지만, 영적인 영역에서는 정형화된 남성상이나 여성상을 도출해 내는 것이 거의 불가능하다. 미국에서는 대단히 권위주의적이라는 평가를 받는 아버지도 서구를 벗어나면 오히려 자유롭다는 평가를 받을 수 있다. 성 역할을 존중하고 표현할 길을 찾는 것은 선택의 여지가 없는 일이다. 하지만 성경은 본질적인 원칙을 고수하면서도 각론에서는 자유로운 판단을 허용한다.

남편이 웨스트민스터 신학교에서 강의를 하게 되었을 때 우리는 필라델피아로 이사하면서 처음이자 마지막으로 집을 장만했다. 하지만 학교에서 받는 월급만으로는 생활비에 주택 대출 부금까지 메울 수가 없어서 나는 출판사(Great Commission Publications)의 시간제 편집자로 일을 시작하게 되었다. 일 년 내내 아침 일찍 출근해야 하는 자리였다. 반면에 남편 팀은 상대적으로 자유롭게 시간을 쓸 수 있었고 여름에는 더 여유가 많았던 터라 아이의 등하교를 맡아 줄 수 있었고 방학 때는 종일 같이 놀아 주거나 보살펴 줄 수 있었다. 밖에서 보기에는 부부의 성 역할이 완전히 뒤바뀐, 최소한 거기에 매이지 않는 형국이었다. 하지만 실상은 정반대였다. 누가 무슨 일을 하느냐 하는 피상적인 내용은 달라졌을지라도 나는 여전히 '강한 조력자'의 역할을 계속하면서 남편의 학교생활을 뒷받침해 주었다.

지금까지 한 이야기에 대해 두 갈래의 반론이 나올 수 있으리라 생각한다. 우선 더 확실한 답을 원하는 이들이 이의를 제기할 것이다. "이 정도론 어림도 없습니다. 정확히 남편은 무얼 하고 아내는 무얼 하지 말라는 거죠? 아내가 해야 할 일은 뭐고 남편이 하지 말아야 할 일은 뭡니까? 구체적인 지침을 주세요." 성경은 이에 대해 의도적으로 답을 주지 않았다. 이것은 특히 전통적인 사고방식을 가진 부부들이 종종 "자, 이제부터 우리 식구들은 반드시 이러저러해야 해"라며 막무가내 식 패턴을 따를 때 제동을 걸어 준다. 제아무리 부부라도 남편과 아내는 제각기 다른 인격체이며 십중팔구는 다른 시간, 그리고 다른 장소에서 태어났을 것이다. '머리'와 '돕는 배필'이라는 기본적인 역할에는 변화가 있을 수 없지만 결혼 생활 속에서 그것을 어떻게 구현해 낼지에 관해서는 합의가 필요하다. 그런 결정을 이끌어 내는 과정이야말로 양성 간의 차이를 고려하고 존중하는 일의 핵심을 이루고 있다.

하지만 남자가 머리가 된다는 개념이 몹시 신경에 거슬리는 여자들도 있으리라 믿는다. "남자와 여자가 판이하게 다르다는 건 인정하지만 왜 꼭 남자가 선두에 서서 이끌어야 한다는 거죠? 똑같이 귀한 존재이고 서로 다를 뿐이라면서 어째서 남편이 머리가 되어야 한다는 거예요?" 이에 대한 가장 진실한 답은 "모르겠다" 는 것이다. 삼위 하나님 중에서 왜 성자가 복종하고 섬기는 분이 되셔야(빌 2:4) 했는가? 성부면 안 되는 특별한 이유라도 있는가? 우리는 그 답을 모른다. 아는 게 있다면 그것이 주님의 위대하심을 드러내는 표징이라는 사실뿐이다.

두 번째 반론, 더 나아가서는 첫 번째 반론에 대해서도 더 현실적이고 실천적인 답이 있다. 그것은 남성과 여성이 섬기는 리더와 강한 조력자라는 역할을 받아들이고 의지적으로 따르려고 애쓰다 보면 서로가 각자의 차이를 인식하고 서로 존경하게 되리라는 것이다.

성경은 가정을 이룬 남자와 여자가 가족의 기능이라는 테두리 안에서 저마다 가진 은사들을 살펴보아야 한다고 가르친다. 같은 팀의 멤버로서 역할을 어떻게 분담할지 따져 보라는 것이다. 성경은 아내들에게 더 직접적이고 자주 자상한 후원자요, 격려자가 되기를 권면하며 자녀를 양육하고 집안 살림을 돌보라고 더 직접적이고 자주 당부하고 있다(벧전 3:1-2, 4). 반면에 남편들에게는 더 직접적이고 자주 식구들을 앞장서 인도하며, 부양하고, 보호하라고 권고한다. 그리고 아들딸을 교육하고 키우는 일을 외면하지 말라고 타이른다(딤전 3:4, 5:8).

어느 한 쪽의 은사가 더 강하거나 약할 수는 있겠지만 성 역할을 하나님이 주신 선물로 인정하고 받아들인다면 약하다고 포기할 것이 아니라 부족한 능력을 보완하려는 노력을 기울여야 할 것이다. 우리 부부는 둘 다 어머니들이 여장부 스타일이고 아버지들이 수동적이었던 집안 출신이어서, 결혼한 뒤 한동안은 자라면서 본 대로 고스란히 따라 하려는 성향 때문에 큰 어려움을 겪었다. 남편에게 머리의 자리를 맡기기 위해(팀으로서는 그걸 받아들이기 위해) 자연스러운 감정의 흐름을 거슬러 힘겹게 헤엄쳐야 했다. 남편도 마찬가지였다. 머리 됨을 지키고 아이들을 양육하고 뒷받침하는 아내의 역할을 침해하지 않도록 조심하면서 날 돕기 위해 무진 애를 썼다.

그래서 팀은 '섬기는 리더'에서 '리더' 쪽에 더 비중을 두었다. 자신의 역할을 하나님의 선물이라고 여기는 자세가 남편에게 힘을 주고 더 성숙하게 이끌었다. 하지만 남성들 가운데는 '섬기는'에 더 무게를 실어야 하는 이들도 적지 않다. 제대로 순종하기만 하면 자신이 맡은 역할이 좋은 하나님의 선물이 될 것이다(의사 결정 과정에서 남편과 아내의 역할을 어떻게 규정할 것인지에 관해서 더 많은 정보가 필요하면 말미에 붙인 부록을 참조하라).

포용을 통해 깊어지는 지혜

하나님이 제시하신 결혼 패턴을 따르면 따를수록 우리는 내면 깊숙한 곳을 들여다보고 기본적인 남성성, 또는 여성성을 파악할 수 있게 된다. 결혼이 삶의 균형을 잡아 주고 지평을 넓혀 주기 때문에 이성이 가진 자질들이 자연스럽게 전해지고 저마다 독특한 방식으로 서로 섬기다 보면 한층 더 견고해지고 또 부드러워진다. 남편은 결혼한 뒤로 시간이 흐를수록 적절한 대답을 내놓아야 하는 상황과 자주 마주하게 되었는데 그때마다 아내가 여기 있다면 무슨 말을 했을지, 또 어떤 행동을 했을지 생각하게 된다는 이야기를 자주 한다. "아주 짧은 순간 동안 스스로에게 묻는 거죠. 보통은 캐시의 반응이 더 지혜롭고 적절했던 것 같은데 하면서요. 그러고 나서 보면, 선택할 수 있는 말과 행동의 폭이 상당히 늘어났다는 생각이 들어요. 아내처럼 삶을 바라보는 법을 배운 거죠. 반응하는 반경도 넓어졌고 올바르게 행동할 수 있는 여지도 크게 늘었어요."

그러므로 결혼은 남성성이 강한 이들과 여성성이 강한 이들 모두를 세워 준다. 그만큼 깊어지고 넓어질 수 있다는 말이다.

팀은 남한테 불편한 이야기하는 것을 좀처럼 못 견디는 성향이 있다. 하지만 또 다른 부분에서는 감당하기 어려울 만큼 적극적이다. 남편의 시선은 늘 밖을 향하고 있어서 내면의 감정을 제대로 들여다볼 줄 모른다. 나는 이 문제에 대해 오랫동안 조심스럽고도 정중하게 가르쳐야 했다. 하지만 나도 팀에게 다음과 같이 고백할 때가 있다. "당신한테서 감정을 떼어 놓고 객관적으로 관찰하는 법을 좀 배워야겠어요."

"전형적으로 남자가 무심하고 여자는 감정적이지 않은가?"

라며 고개를 갸웃거리는 이들도 있을 것이다. 하지만 누구나 그런 것은 아니다. 분명한 것은 이것이 팀과 내게 해당되는 이야기라는 것이다. 어떤 모습이 '전형적'이라고 생각하는가? 비록 모두가 성 역할에서 균형을 잃고 어그러졌지만 바로 그런 부분을 채우라고 남편과 아내가 있는 것이 아니겠는가? 이것이 사도 바울이 말하는 '큰 비밀'이다. 결혼 생활이 일정한 수준에 이르면 그토록 나와 다른 남편이 나를 치유하고 있는 것을 보게 되며 나 역시 그러고 있는 것을 본다.

남편과 아내는 서로 판이하게 다르다는 사실을 잊지 말라. 나와는 전혀 다르게 행동하고 생각하며 움직인다. 그런 상대를 대하는 것이 실망스럽기도 하고 두려울 뿐만 아니라 도무지 납득이 가지 않을 때도 있다. 하지만 조금 더 깊이 들어가 보면 스스로의 실체를 보게 되고 배우자가 자신의 반쪽임을 실감할 것이다. 그리고 하나님이 배우자를 통해 나 자신을 완성해 가는 모습이 눈에 들어오면서 인격적으로 편안해질 것이다. 타락하기 전까지, 아담과 이브는 벌거벗어도 부끄러운 줄 몰랐다. 걱정도 없고 감출 일도 없었으며 원초적이고 원시적인 연합과 합의가 존재했다. 하지만 죄가 인류 안에 들어오면서 그 연합이 훼손되고 말았다.

배우자가 성 역할을 인정하지 않는다면

성 역할을 결혼 생활의 토대로 삼으려면 둘 사이의 합의가 필요하다. 그런데 배우자가 자신의 성 역할을 올바르게 해석하지 못하거나 완강하게 거부한다면 어떻게 해야 할까? 그렇게 되면 세상 사람들이 흔히 착취와 노골적인 학대에 대한 대안으로 내세우는 평등주의나 유니섹스 스타일의 성 역할을 채택하는 편이 낫지 않을까?

남성과 여성의 역할에서 성경이 가르치고 있는 바들은 하나같이 창조 역사와 밀접하게 연관되어 있다. 흔히 생각하듯 가볍게 바꾸고 없앨 수 있는 게 아니라는 뜻이다. 더 나아가 저마다 부여받은 역할이 삼위일체 하나님이 보여 주신 관계의 본질에 근거한다는 점을 고려하면, 창조주께서 결혼을 통해 의도하신 신비로운 계시를 변경하거나 폐기하는 것은 인간의 권한이 될 수 없다.

예수님을 믿지 않는 배우자와 결혼한 그리스도인들의 입장에 대해 신약 성경이 주는 지침들은 좋은 출발점이 된다. 하지만 이른바 신앙 안에서 결혼을 했는데 아내가 남편의 머리 됨을 인정하지 않고 복종하기를 거부한다면 어떻게 할 것인가? 또는 교회 문턱만 드나드는 남편이 성경의 가르침을 곡해해서 아내의 의견과 헌신은 물론이고 인격까지 무시하고 억압한다면 어떻게 해야 하는가?

개인적으로는 그런 처지가 되어 본 적이 없지만, 그와 비슷한, 아니 더 심각한 처지에 몰린 친구들은 여럿 본 적이 있다. 게다가 나 역시 죄인으로서 또 다른 죄인과 결혼한 터라 언제까지나 온전한 성 역할을 지켜 낼 수 있다고 장담하지 못한다.

"자신을 다스릴 수 있는 존재는 자신뿐"이란 말이 있다. 지혜로운 조언을 해주는 데 지침이 될 만한 이야기이다. 남의 행동은 어찌할 수 없지만 자신의 행동은 바꿀 수 있는 법이다. 성경이 가르치는 성 역할에 온전히 따르고자 할 때 반드시 상대방의 동의를 얻어야 하는 것은 아니다. 남편에게 맡겨진 머리 됨이든 아내가 감당해야 할 순종이든, 양쪽 모두 배우자의 허락을 기다릴 것 없이 한쪽에서 먼저 섬기기 시작하면 된다.

눈에 보이는 행동을 변화시키기 전에 먼저 보이지 않는 마음가짐부터 바꾸는 것이 중요하다. 별다른 움직임 없이 기도 생활을 시작하는 것만으로도 남편은 아내를 도와(당장의 형편이 어떠하든지) 영적으로 풍요로운 삶을 살게 하는 쪽으로 에너지의 방향을 바꿀 수 있다. 남편의 완고하고 독선적인 행동을 원망하는 일에 길들여진 아내는 존중받지 못하는 처지를 한탄하기보다 너그럽게 순종하는 자세를 보임으로써 변화의 출발점을 삼을 수 있다.

부부가 모두 성 역할을 지키고 따르는 데 열심인 경우에도 구체적인 방법은 제각기 다르듯이, 균형이 깨진 결혼 생활을 이어가는 어려운 상황에서 하나님을 영화롭게 하는 실질적인 방법 또한 저마다 다를 수밖에 없다. 그러나 분명히 말하고 싶은 것은 주님을 섬기는 데서 보상을 찾지 못한다면 그분이 세우신 패턴을 피한다 해도 별다른 만족을 얻을 수 없다는 것이다.

결혼 관계의 절반에 해당하는 자기 영역에서 '예수님처럼' 살아볼 노력이나 시도를 해보고 싶지 않은가?

Timothy Keller

part 3 ~~~~~~~~~~

The
Meaning
of
Marriage

결혼은 하나 됨이다

07 하나님과 하나 되는
싱글은 아름답다

**내가 결혼하지 아니한 자들과 과부들에게 이르노니
나와 같이 그냥 지내는 것이 좋으니라**(고전 7:8).

맨해튼에 교회를 개척했을 때 가장 먼저 눈에 들어왔던 점은 교인들 가운데 독신이 무려 80퍼센트에 이른다는 사실이었다. 리디머 교회의 독신 비율이 맨해튼의 인구 통계와 비슷하다는 것을 알게 되기 전까지는 좀처럼 납득이 가지 않는 구성이었다. 처음 몇 달 동안은 싱글들에게 결혼과 가정에 관한 메시지를 전할 필요성이 있을까 싶을 정도였다. 하지만 그릇된 생각임을 금방 깨닫고 1991년 여름과 가을에 결혼을 주제로 9차례에 걸쳐 설교했으며 그 내용이 이 책의 뼈대가 되었다.

결혼하지 않은 이들에게 결혼에 관한 메시지를 전해야겠다는 생각을 품게 된 동기는 깊이 있고 균형 잡힌 결혼관을 갖추지 못하면 독신 생활을 제대로 유지할 수 없다는 생각에서였다. 시각이 잘못되어 있으면 결혼에 대한 기대가 넘치거나 모자라게 마련인데, 어느 쪽이든 바람직하지 않은 모습이다.

바울은 고린도전서 7장에 이렇게 적고 있다. "네가 아내에게 매였느냐 놓이기를 구하지 말며 아내에게서 놓였느냐 아내를 구하지 말라 그러나 장가가도 죄 짓는 것이 아니요 처녀가 시집가도 죄 짓는 것이 아니로되 이런 이들은 육신에 고난이 있으리니 나는 너희를 아끼노라"(7:27-28). 언뜻 보기엔 아주 혼란스러운 본문이다. 결혼을 근사하게 그려냈던 에베소서 5장 21절 말씀과는 완전히 다른 분위기다. 고린도전서 7장을 쓸 무렵, 사도에게 몹시 기분 나쁜 일이 있었던 것일까? 개중에는 당시 바울이 머잖아 예수님이 다시 오실 거라는 확신을 품고 있어서("때가 얼마 남지 않았으니") 이런 결혼관을 피력했을 것이라고 풀이하기도 한다. 그렇다면 그로부터 오랜 세월이 흘렀으니 바울의 생각이 틀렸다는 말인가? 하지만 바울은 곧바로 덧붙인다.

> 형제들아 내가 이 말을 하노니 그때가 단축하여진 고로 이 후부터 아내 있는 자들은 없는 자 같이 하며 우는 자들은 울지 않는 자 같이 하며 기쁜 자들은 기쁘지 않은 자 같이 하며 매매하는 자들은 없는 자 같이 하며 세상 물건을 쓰는 자

들은 다 쓰지 못하는 자 같이 하라 이 세상의 외형은 지나감

이니라(고전 7:29-31).[1]

여기서 "때가 얼마 남지 않았으니"라는 표현 뒤에 복잡한 역사의

식이 깃들어 있음을 알 수 있다. 바울은 한 세대와 다음 세대가

'중첩되며' 변해 가고 있음을 가르쳤다.[2] 구약 시대의 선지자들은

언젠가 메시야가 오시면 낡은 질서(죽음이 득세하고 축복이 흐려진)가

끝나고 만물이 바로 서며 죽음과 부패가 사라진 시대, 곧 하나님

이 통치하시는 새로운 나라가 시작될 것이라고 예언했다. 그리고

예수님은 이 세상에 오셔서 자신이 메시아임을 선언하셨다. 하지

만 놀랍게도 왕좌에 오르지 않으시고 오히려 십자가를 지셨다. 심

판하기는커녕 도리어 심판을 받으셨다.

이것은 무슨 의미일까? 이제 회개하고 믿기만 하면 누구나

들어갈 수 있는 하나님 나라를 여셨다는 것이다(요 3:3, 5). 하나님,

그리고 이웃과의 관계를 바로잡아 주며 세상을 치유할 수 있는 주

님의 권세가 지금 우리 가운데 역사하고 있다(눅 11:20, 12:32). 하지

만 현실 세계는 아직 끝나지 않았고 우리는 여전히 부패와 질병,

죽음이 춤추는 땅에 살고 있다. '세대의 중첩'이란 그런 의미다.

그리스도가 세상에 오시면서 하나님 나라(하나님의 권세가 뭇 피조물들

을 다시 회복시키시는)가 도래했지만 아직 이 땅에 온전히 실현된 상

태는 아니라는 말이다. 낡은 세상은 아직도 이곳에 존재하며 비록

예상보다 더 오래 지속되고 있기는 하지만 언젠가는 반드시 끝나

262

게 되어 있다. 바울의 말마따나 지금도 사라져 가고 있다.

다른 말로는 세상이 여전히 존재하고 이 땅의 사회적이고 물질적인 관심사들 또한 여전히 이어지며 우리는 그 안에서 계속 살아가고 있다는 것이다. 너나없이 내일을 향해 한 걸음 한 걸음 내딛고 있는 것이다. 하지만 하나님이 준비하신 미래를 확신하기에 세상에 속한 일들을 대하는 마음가짐은 남다를 수밖에 없다. 성공을 기뻐하지만 날뛰지 않고 실패에 아파하지만 무너지지 않는다. 하나님이 우리가 장차 누리게 될 참다운 기쁨을 보장하시는 까닭이다. 그러므로 세상에 속한 일들로 기뻐하되 거기에 '매몰되어서는' 안 된다(고전 7:31).[3]

그렇다면 이런 원리는 결혼과 가정에 어떻게 적용될 수 있을까? 바울은 결혼하든지 혼자 살든지 둘 다 나쁘지 않은 조건이라고 말한다. 결혼했다 해서 지나치게 들뜰 것도 없고 그렇지 않다 해서 지나치게 실망할 것도 없다. 그리스도는 참다운 만족을 주실 수 있는 유일한 배우자이며 진정으로 포용하고 필요를 채워 줄 분이기 때문이다.

독신의 유익

이러한 배경을 가지고 돌아보면, 독신과 결혼에 대한 바울의 설명이 얼마나 급진적인지 더 확실하게 알 수 있다. 스탠리 하우어바스는 기독교야말로 독신을 삶의 형식 가운데 하나로 제시한 첫 번째 종교라고 주장한다. "유대교를 비롯한 여타 종교들과 기독교를 가르는 명백한 차이 가운데 하나는 독신에 대한 형성자의 아이디 어를 추종자들의 전형적인 삶의 양태로 받아들였다는 데 있다."[4] 고대 종교와 문화는 거의 모두 가정을 이루고 아이를 낳는 일에 절대적인 가치를 부여한다. 가문의 영예를 떠난 영예는 존재하지 않는다. 상속자가 없으면 의미도 유산도 영원히 이어질 수 없기 때문이다. 아이들이 없다면 미래도 없다. 그러기에 미래를 향한 가장 큰 소망은 아이를 갖는 것이었다. 고대 문화에서 오랫동안 싱글로 사는 성인은 완전히 자기를 실현하지 못한 인생으로 취급받았다.

하지만 기독교의 정수인 예수님과 가장 중요한 신학자 바울은 둘 다 평생 독신으로 살았다. 따라서 독신으로 사는 이들을 결혼한 성인들보다 미숙하다거나 완전히 영글지 않았다는 식으로 볼 근거가 없다. 완벽한 인격체였던 예수님도 싱글이었기 때문이다(히 4:15, 벧전 2:22). 고린도전서 7장에 기록된 바울의 평가에 따르면, 독신은 하나님의 축복을 받는 좋은 조건이며 여러 가지 정황으로 볼 때 사실상 결혼보다 낫다. 이처럼 혁명적인 자세를 가졌던 초대교회는 바울의 편지들에서 보듯 누구한테도 결혼에 대한 압박감을 주지 않았으며 가난한 미망인들을 제도적으로 지원하여 재혼하지 않고도 살아갈 길을 열어 주기까지 했다. 어느 사회 사학자는 이렇게 설명한다.

남편을 잃고 혼자가 되는 경우, 그리스도인 여성들은 상대적으로 상당히 유리했다. 신앙이 없는 미망인들은 재혼이라는 사회적 압력에 심하게 시달렸다. 심지어 아우구스티누스 황제는 2년 안에 다시 결혼하지 않을 경우, 벌금을 물리기까지 했다. 그와는 대조적으로 그리스도인들 사이에서는 미망인들을 대단히 존중했으므로 어떤 면에서는 재혼 의지가 다소 떨어졌던 게 사실이다. 교회는 기꺼이 가난한 미망인들을 지원했으며 재혼 여부는 본인의 선택에 맡겼다(남편을 잃은 뒤에 재혼하지 않은 여성들은 열심히 이웃들을 섬기고 선행을 베풀었다).[5]

어째서 초대교회는 이런 태도를 보였던 것일까? 복음을 받아들이고 미래에 완성될 나라에 대한 소망을 품었기에 결혼에 크게 연연하지 않은 것이다. 당시에는 상속받을 자식 없이 사는 인생만큼 급진적인 삶은 없었다. 자식들은 의미 있게 사는 주요한 방법이었다. 아들딸들이 없다면 죽고 난 뒤에 누가 기억해 주겠는가? 노후에 보살핌을 받을 수 있다는 점에서 자녀들은 하나의 안전장치이기도 했다. 반면 신앙을 가진 싱글들은 가족이 아니라 하나님이 미래를 보장해 준다고 믿었다.

그리스도인 싱글들은 가족들이 아니라 주님을 소망으로 삼았다. 하나님은 다양한 방법으로 그리스도인들의 미래를 보장해 주신다. 우선 참다운 가정인 교회를 주셔서 그리스도 안에서 형제자매, 아버지와 어머니를 갖게 하신다. 하지만 궁극적으로 그리스

도인의 유산은 새 하늘과 새 땅이 열리는 날 완성될 하나님 나라
이다. 하우어바스는 계속해서 이 소망이 독신으로 사는 그리스도
인들로 배우자와 자녀 없이도 만족스러운 삶을 살 뿐만 아니라 이
어두운 세상에 기꺼이 들어가게 해준다고 지적한다. "그리스도인
들은 자녀에게 소망을 두지 않고 도리어 아들딸을 소망의 사인으
로 본다. 하나님이 이 세상을 버리지 않으셨다는…."[6]

불행하게도 서방 세계의 교회들은 독신이 유익하다는 생각
을 접은 듯하다. 기껏해야 인생의 차선책쯤으로 여기는 분위기가
역력하다. 페이지 벤튼 브라운(Paige Benton Brown)은 '하나님이 복
주려고 택하신 사람(Singled Out by God for Good)'이라는 유명한 글에
서 교회가 '독신'을 설명하는 여러 가지 방식들을 열거한다.

○ "하나님 한 분만으로 만족하는 삶을 살다 보면 주님이 곧
너의 짝을 보내 주실 거야."-마치 자족하는 생활을 해야 은
총을 입는다는 의미처럼 들린다.
○ "넌 눈이 너무 높아."-마치 변덕스러운 기분과 까다로운
요구 때문에 하나님이 지치셨다는 말처럼 들린다.
○ "싱글이니까 온 마음을 다해 주님의 일을 할 수 있겠
다."-마치 하나님이 결혼한 이들은 거들 수 없는 거룩한 역
사를 행하시려고 정서적인 순교를 요구하신다는 소리 같다.
○ "멋진 짝을 만나기 전에 먼저 너를 멋지게 다듬으시려나
보다."-마치 충분히 거룩해진 뒤에야 결혼을 상급으로 주신

다는 말처럼 들린다.

이런 이야기들의 밑바닥에는 독신 생활이라는 것이 결혼할 만큼 성숙되지 못한 사람들이 결핍을 겪고 있는 상태라는 전제가 깔려 있다. 브라운의 반응은 고린도전서에 기록된 바울의 설명과 같은 맥락을 따른다. "나는 남편을 맞기에 합당치 않을 만큼 영적으로 불안정하거나 너무 성숙해서 어울리는 상대가 없는 탓에 혼자 살고 있는 것이 아니다. 하나님이 너무도 풍성하게 채워 주셔서, 더 바랄 것이 없기 때문에 싱글로 살 따름이다." 바울의 논리나 태도와 정확하게 들어맞는 말이다. 기독교는 다른 종교나 세계관에서 유례를 찾아볼 수 없을 만큼 단호하게 독신의 유익을 인정한다.[7]

결혼은 실재가 아닌 그림자다

오늘날은 어떠한가? 아직까지도 전통 문화가 지배하는 비서구권 사회에서는 여전히 개인의 소망을 가족과 자녀들에게 두는 암묵적인 분위기가 강하다. 서구 사회에서는 있을 수 없는 일이지만 그렇다고 해서 결혼에 대한 압력이 전혀 없다는 뜻은 아니다. 앞에서 이야기한 것처럼, 서구 문화는 영적으로든 정서적으로든 완벽할 정도로 딱 들어맞는 짝을 찾아서 '천상의 사랑'을 나누는 데 소망을 두라고 유혹한다. 남녀가 진정한 사랑을 찾는 데서 시작하여 마침내 그런 사랑을 만나는 것으로 마무리되는 디즈니 스타일의 대중문화 내러티브는 헤아리기조차 어려울 정도로 넘쳐 난다. 이런 문화 상품들에는 우리의 인생에서 로맨스와 결혼만큼 중요한 것은 없다는 메시지가 담겨 있다. 나머지는 죄다 사족과 같은 것이다. 그러니 서구 사회든 전통 사회든, 독신으로 사는 인생은 암울한 삶처럼 보일 수밖에 없는 것이다.

그러나 신약 성경의 입장은 다르다. 고린도전서 7장에서 에베소서 5장에 이르기까지 결혼관을 설파하는 것처럼 보이는 본문들도 천천히 읽어 보면 실제로는 독신 생활이 유익하다는 사상을 더 강력하게 뒷받침하고 있다. 어떤 점에서 그런가? 이미 살펴본 바와 같이 에베소서 5장은 궁극적으로 결혼이 섹스나 사회적 안정, 자아실현의 문제가 아니라고 가르친다. 결혼은 주님과 맺은 지극한 사랑의 관계와 연합을 인간의 수준에서 반사하도록 만들어진 제도다. 장차 완성될 하나님 나라의 예표이자 맛보기인 셈이다.

이처럼 고상한 시각으로 보자면 결혼은 그림자에 지나지 않는다. 심령이 소망하는 참다운 결혼, 마음이 향하게 되어 있는 참다운 공동체를 부분적으로만 보여 주기 때문이다. 남편과 아내가 이것을 제대로 인식하지 못한다면 결혼 생활을 제대로 이끌어 가기가 힘들다. 제아무리 금슬이 좋아도 그것만으로는 하나님이 심중에 남겨 두신 공백을 채우지 못하기 때문이다. 그리스도로 만족하며 그분과 따듯하고 온전한 사랑의 교제를 나누지 못한다면, 결혼 생활을 통해 인간적인 성취를 맛보고자 하는 욕구만 커져서 온갖 병적인 현상들이 삶 속에 나타나게 될 것이다.

이것은 싱글들에게도 동일하게 중요한 문제이다. 주님과 만족스러운 사랑의 관계를 형성하지 못하면, 결혼에 대해 과도한 기대나 환상을 가지게 되고 결국 행복한 삶을 살지 못하게 될 가능성이 크다.

하지만 싱글들이 그리스도와 결혼한 삶에서 안식을 얻고 기쁨을 누린다면, 무언가 불만스럽고 부족하다는 생각에 빠지지 않고 독신 생활을 적절히 이끌어 갈 수 있을 것이다. 혼자 사는 이들도 지금부터 이 영적인 숙제를 붙들고 씨름하는 것이 바람직하다. 왜냐하면 결혼을 우상으로 숭배하는 정서는 독신 생활을 왜곡시킬 뿐만 아니라 훗날 짝을 만나게 된 뒤에도 결혼 생활을 뒤틀어 놓을 수 있기 때문이다. 그러므로 기다릴 이유가 없다. 결혼과 가정이 마음에서 차지하는 지위를 격하시키라. 하나님을 앞세우고 독신 생활의 유익을 만끽하라.

남성과 여성이 이루는 '온전함'과 독신

남성과 여성은 나머지 한 쪽이 없으면 어느 면에서든 불완전하다는 이야기를 했었다. 그렇다면 어떻게 독신으로 사는 것이 함께 사는 것보다 유익할 수 있을까? 대답은 항상 같다. 이번에도 예수 그리스도 안에서 그 실마리를 찾아야 한다. 그리스도인 싱글들이 교회 안에서 '상속자'와 가족을 얻게 되는 것과 마찬가지로 형제들은 그들의 자매들을, 자매들은 그들의 형제들을 교회 안에서 찾아야 한다.

　그리스도인의 공동체인 교회는 단순한 클럽이나 같은 관심사를 가진 단체와는 차원이 다른 모임이다. 복음에 대한 믿음과 체험은 그리스도인들 사이를 혈연, 인종적인 소속감, 국가적인 정체성을 비롯해 그 어떤 관계와도 비교할 수 없을 만큼 단단하게 서로를 결합시켜 준다(엡 2, 벧전 2:9-10). 그리스도가 십자가에서 베푸신 은혜를 경험하고 회개를 통해 구원을 경험한 사람들은 세상과 자신에 대한 가장 기본적인 신념과 동시에 동일한 신앙을 가진 다른 그리스도인들과도 깊은 동질성을 경험하게 된다. 혈육을 나눈 형제자매들과 이웃들, 또는 같은 인종과 국민들도 물론 사랑하지만 이들은 심오한 본성과 실존에 대한 신념을 공유한 관계는 아니다. 이제는 그리스도인이 먼저이고 유럽인이라거나, 라틴아메리카 출신이라거나, 아시아인이라는 혈통은 부차적인 것이 되었다. 그리스도인이 먼저고 켈러니, 스미스니, 존이니 하는 성도 두 번째가 되었다.

　내가 아시아인이면서 아시아인이기를 포기하고 다른 민족이 되었다는 뜻이 아니다. 아시아인으로 예수를 믿었으면 라틴아메리칸 그리스도인이 아니라 아시안 그리스도인이다. 기본적인 신념들에 있어서는 뭇 그리스도인들과 공유하지만 그밖에 마음과 생각에 적잖이 영향을 미치는 중요하고 의미 있는 습관들은 같은 문화권이나 고향 사람들의 영향을 받을 수밖에 없다는 말이다. 성경은 저마다 가진 신념과 상관없이 가족들을 사랑하고 보살피라고 강력하게 주문하고 있다. 그럼에도 불구하고, 결국 복음은 그리스도인들끼리 견고하게 묶어 주며 교회를 궁극적인 가정이자 (벧전 4:17) 동족(벧전 2:9-10)으로 삼게 한다.

이것은 강력한 그리스도인 공동체에 속한 싱글들이 형제자매나 가족, 특히 동기간의 관계 속에서 '크로스젠더'가 주는 풍요로움을 맛볼 수 있다는 뜻이다.[8] 개인적인 경험으로 미뤄 볼 때, 다양한 기질과 문화에 부합되는 단일하고도 상세하며, 구체적인 '남성다운', 또는 '여성다운' 특성을 찾아내는 것은 거의 불가능한 것 같다. 쓸데없이 '남성성'과 '여성성'의 의미를 규정하려 든다든지(전통적인 접근) 부정하거나 억압할(세속적인 접근) 것이 아니라 그리스도인 공동체마다 세대와 문화, 민족과 지역에 따른 남녀 간의 불가피한 차이를 살피고 받아들이길 제안하고 싶다.

다른 점이 드러나길 기다리고 정확하게 파악해서 공동체 안에서 함께 이야기하라. 세대와 문화, 장소를 공유하는 남성과 여성들이 가진 우상을 분별하라. 세대와 문화, 장소를 공유하는 남성과 여성들이 보유한 장점과 강점도 찾아내라. 의사소통 방식, 의사 결정 기법, 리더십 스타일, 삶의 우선순위, 일과 가정의 균형 등에 주목하라. 전반적인 이해가 생겼으면 존중하고 인정하라. 이때 그 중심에 복음이 없으면 기질적, 문화적, 성적 차이가 윤리적 덕목으로 변질되기 쉽다. 그렇게 되면 자존감을 북돋우는 방편으로 전락해서, 일종의 '행위를 통해 의로움'을 확보하려는 시도, 또는 우월한 지위를 손에 넣는 방식이 된다.

6장에서 캐시는 결혼을 하게 되면 필연적으로 배우자가 사람을 대하는 방식이나 상황을 해석하고 반응하는 방식에 대해 늘 곁에서 관찰하게 된다는 것을 지적했다. 이것을 '크로스젠더가 주는 풍요로움'이라고 부르기로 하자. 이런 식으로 남성과 여성은 서로 '온전해지며' 함께 하나님의 형상을 반영하게 된다(창 1:26-28). 그러나 오로지 결혼한 남녀만이 그럴 수 있는 것은 아니다. 이러한 일은 마음과 삶을 공유하는 강력한 그리스도인 공동체에서도 자연스럽게 일어날 수 있다. 형제자매들이 이처럼 상호작용을 해가며 사역하는 곳에서는[9] 자연스레 크로스젠더가 주는 풍요로움이 깃들게 마련이다. 물론 결혼 관계에서보다는 농도가 옅겠지만 협력의 경험은 결코 결혼에 뒤지지 않는다. 결혼은 이성과 쌓는 우정의 범위를 아무래도 제한받지만 그리스도인 공동체에 속한 싱글들은 남성과 여성 모두에 걸쳐 한층 광범위한 교우 관계를 형성할 수 있다.

결혼을 우상으로 삼지 말라

독신을 바라보는 기독교의 시각은 독보적이라 해도 지나치지 않다. 전통적인 사회의 통념과 달리, 기독교는 하나님 나라가 영원한 유산과 상속이라고 여기기 때문에 독신을 부정적으로 생각하지 않는다. 로맨틱한 사랑에 흠뻑 빠진 서구 사회와 달리, 기독교는 그리스도와의 연합이 인간의 가장 깊은 갈망을 채워 준다는 믿음을 가지고 있어서 독신을 선한 일로 파악한다.

그렇다고 해서 결혼을 두려워하거나 회피하지도 않는다. 헌신하기 싫어하는 포스트모던 사회와는 판이한 모습이다. 서구 사회는 개인주의에 깊이 물들어 있어서 누군가를 위해 선택의 폭이 좁아지는 것을 극히 두려워하며 증오하기까지 한다. 오늘날 수많은 이들이 결혼을 간절히 원하면서도 본의 아니게 외로움 속에서 혼자 살아가는 것은 그만큼 부지불식간에 막연한 두려움에 사로잡혀 있어서일지도 모른다. 고독과 외로움의 고통을 감내할 만큼 결혼이 두려운 것이다.

전통 사회는 결혼을 우상으로 삼는 경향이 있는 반면(가족과 종족을 삶의 근간으로 삼는 탓이다), 현대 사회는 그 자리에 독립성을 앉히고 있다(개인의 선택과 행복을 신처럼 떠받드는 까닭이다). 전통적인 결혼이 사회적인 의무, 안정, 지위 따위를 좇아 이뤄졌다면 오늘날은 개인적인 성취가 결혼 사유의 대부분을 차지한다. 물론 타당한 부분들이 있지만 복음이 마음과 생각을 바꿔 놓지 않는 한, 그렇게 시작한 결혼은 극단적인 양상을 보일 가능성이 크다.

결혼에 대한 두려움은 병적인 문제들을 일으킨다. 혼인을 기피하는 현대 문화가 불러온 대표적인 폐단은 싱글들이 지나치게 완벽 주의자여서 사실상 충족시키기 불가능한 기준으로 배우자를 바라본다는 것이다. 불행하게도 이런 완벽 주의는 전형적인 남성상과 여성상을 빚어낸다. 여성들은 돈 많은 파트너를 구하고 남성들은 완벽한 외모를 가진 여성을 찾는다. 결국 오늘날의 데이트는 몹시 천박한 인간 거래 시장으로 변질될 가능성이 크다. 애인이나 파트너, 또는 배우자에게 매력적인 인상을 주려면 외모를 가꾸고 돈을 벌어야 한다. 이렇게 아리땁거나 부유한 파트너를 구하는 것은 자신의 자존감을 위해서다.

훌륭한 예외들도 적지 않지만 그리스도인 싱글들도 대부분 비슷한 궤적을 좇는다고 말하는 것이 맞을 것이다. 신앙을 가진 독신들도 속으로는 후보들의 외모, 품위, 재정적이거나 사회적인 지위 따위를 검토해서 부적격이다 싶으면 즉시 마음에서 지워 버린다. 이 역시 성적인 매력과 돈이라는 현대 문화의 우상들에 휘둘리는 그리스도인 싱글들의 슬픈 모습이다. 그들은 이미 아름다운 모습을 다 갖춘 누군가를 만나는 그날이 오기를 기다리고 있다.[10]

앞에서 이야기한 것처럼, 결혼을 부부가 서로 희생적인 섬김과 영적인 우정을 나누며 영광스러운 미래의 모습을 빚어 가는 도구로 본다면 어떤 방식으로 결혼을 추구해야 할 것인가? 사랑으로 진실을 말해 줄 짝을 만나서 독특하면서도 근본적인 방식으로 서로를 가르치고 다듬어 가는 결혼의 소명을 직시한다면 어떤 일이 벌어질까? 하나님이 배우자의 삶 가운데 행하고 계신 영광스러운 역사를 깊이 사랑하게 된다면 결혼이 어떻게 달라질 것인가? 이러한 결혼관은 결국 믿어지지 않을 만큼 만족스러운 결과를 가져오지만 아이러니컬하게도 현대인들이 기대하는 것처럼 수고와 희생이 따르지 않는 편안하고 피상적인 방법을 통해서는 아니다. 대신 제대로만 간다면 사랑과 평화, 기쁨, 소망(골 1, 갈 5, 고전 13) 같은 성품이 눈에 띄게 자라고 깊어져서(엡 5:25-27) 가슴 벅찬 만족을 가져다 줄 것이다.

수많은 싱글들이 자신과 마음이 잘 맞고, 명석하며, 아름다운 파트너를 찾고 있다. 반면 어떤 이들은 독신이 기껏해야 진짜배기 인생이 시작되길 기다리는 대기실 정도고 나쁘게 보자면 비참한 고통의 도가니에 지나지 않는다고 생각한다. 전자에 해당하는 싱글들은 두려움과 완벽 주의 탓에 배우자와 더불어 가꾸어 나가는 삶의 온갖 훌륭한 측면들을 간과해 버린다. 후자에 속하는 독신들은 스스로의 결핍 때문에 사람들을 밀어내거나 절박한 심정에 몰려 최악의 선택을 하기도 한다. 첫 번째 유형의 싱글이 두 번째 기질을 가진 상대와 사귀는 경우에는 서로 깊은 상처를 주는 조합이 될 수 있다.

페이지 브라운은 독신에 관한 글의 말미에서 균형 잡힌 그리스도인의 마음가짐을 보여 주고 있다.

> 상황을 직면하자. 독신은 본질적으로 어디가 모자라는 상태가 아니다. …그러나 결혼은 꼭 하고 싶다. 날마다 그렇게 기도한다. 누군가를 만나서 2년 안에 식을 올리게 될 수도 있다. 하나님은 늘 좋은 길로 나를 이끄셨기 때문이다. 다시는 데이트를 못할지도 모른다. 하나님은 늘 좋은 길로 나를 이끄셨기 때문이다.[11]

모름지기 균형이란 이런 마음가짐을 가리킨다.

짝짓기 문화의 출현

신랑감, 신붓감을 찾는 데 관심이 많은 싱글들을 위한 실제적인
지침에는 어떤 것이 있을까?

먼저 오랜 세월 동안 여러 세대를 거치면서 어떤 해답들이
있었는지부터 간략하게 살펴보는 것이 좋겠다.[12] 고대는 물론이고
18, 19세기 미국에서만 하더라도 결혼은 중매가 일반적이었다. 제
인 오스틴의 소설에서 보듯이 로맨틱한 사랑도 결혼의 이유가 되
었지만 그것은 여러 가지 이유 가운데 하나였을 뿐이고 오히려 사
회적, 재정적 동기가 훨씬 더 강했다. 결혼 적령기에 이른 자녀들
은 집안이 선호하는 가문의 자제와 결혼해야 했다. 집을 마련할 능
력을 가진 남자나 자식을 낳아 줄 여자와 결혼하는 것이 전부였다.

하지만 19세기 후반에 들어서면서는 사랑이 결혼 동기에서
차지하는 비중이 더 커지기 시작했고 '구혼'('구애'라고도 한다) 풍조
가 자리 잡게 되었다. 여자가 기별을 넣어 남자를 앞마당이나 거
실로 불러내면 함께 시간을 보내는 식이었다. 남자는 여자의 집으
로 초대되었고 여자 쪽 가족들은 신랑 후보의 면모를 관찰했다.
흥미롭게도 연락을 보내고 만남을 주도하는 특권은 여자 쪽에 있
었다.[13]

새로운 세기가 열리고 얼마쯤 지난 뒤부터, 현대적인 개념의

'데이트'가 나타났다. 용어 자체는 1914년 경, 인쇄 매체를 통해 처음 등장했다.[14] 이제 남성은 상대의 집으로 찾아갈 필요 없이 흥 밋거리가 있는 곳으로 여성을 불러내서 서로 알아 가는 시간을 가지게 되었다. 데이트는 사회 전반으로 급속하게 번져 나갔다. 이제 만남은 가족이라는 틀에서 벗어나 시종일관 개인 중심적으로 되었고, 로맨스의 초점 또한 우정과 성품을 평가하는 것이 아닌 돈을 쓰고, 과시하고, 즐기는 쪽으로 변해 갔다.

마지막 변화는 최근에 일어났다. 21세기에 들어서자마자 '짝 짓기(hook-up)' 문화가 얼굴을 내밀었다. 이렇게 흐름이 바뀌고 있다는 사실을 처음 전한 매체 가운데 하나인 〈뉴욕 타임스 매거진 (New York Times Magazine)〉은 한 기사에서 십대들이 이성을 짜증스럽고 까다로운 존재로 여기며 데이트를 시작하면 무언가를 주고받고, 의사소통을 해야 하고, 서로 다른 상대를 다루는 법을 배워야 하는 따위의 일을 고단하게 생각한다고 전했다. 그런 번거로움을 피할 셈으로 파트너를 만나자마자 곧장 섹스로 들어가는 새로운 방식이 개발되었다. '짝짓기'는 관계를 고려하지 않고 단순히 섹스를 위한 만남이다. '짝짓기'가 끝난 뒤에 계속 데이트를 하고 싶은 마음이 들 수도 있고 그렇지 않을 수도 있지만 그것이 전제 조건은 아니다.

짝짓기 문화의 출현은 독신 남녀들에게 결혼을 위한 만남의 장이 뚜렷이 제공되지 않았다는 반증이기도 하다. 여기에 대응해서, 가족과 공동체가 결혼에 더 깊이 관여하는 쪽으로 변모하려는 전통적인 신앙 공동체들도 우후죽순처럼 나타나고 있다. 예를 들어, 정통 유대인 공동체에는 친구와 친척들이 어울릴 만한 파트너를 추천하여 데이트를 주선하는 '쉬두크(Shidduch)'라는 전통적인 프로그램이 있다.[15] 예전에 널리 유행하던 방식들을 다시 끄집어내서 만남에 활용하는 복음주의 공동체들도 있다. 그리고 아버지들이 나서서 적절한 짝을 고르고 사귀는 과정을 이끌어 가는 '아버지 주도형 구혼'도 등장했다.

개인적으로는 '구혼 시대'로 돌아가자는 움직임은 전반적으로 여러 가지 문제점들을 내포하고 있다고 본다. 전통 사회가 품고 있는 갖가지 우상에 대한 고려가 없고 인류 사회사의 특정한 순간을 제도화하려는 자세부터가 바람직하지 않다고 생각하기 때문이다. 구혼을 하기보다는 차라리 집안끼리 모든 것을 결정하던 시절로 되돌아가는 편이 더 낫지 않겠는가? 당시에도 공동체 구성원들끼리 서로 잘 알고 지내는 안정된 사회가 상당 기간 유지되었다. 로렌 위너(Lauren Winner)의 말 그대로다. "스스로 대학 공부를 마치려고 대륙을 가로질러 온 스물여섯 살 젊은이를 생각해 보자. 로맨틱한 삶과 관련해 공동체가 해줄 수 있는 일은 지난 26년 동안 나고 자랐던 조그만 마을, 그러니까 지역에 있는 학교를 졸업하고 나면 지역에 있는 서점에 취직하는 식의 패턴이 일반적인 공동체의 역할과는 생판 다를 수밖에 없다."[16]

이런 예를 드는 것은 요즘처럼 혼란스러운 시기에 그리스도인들이 온갖 난관을 헤치고 전진할 수 있는 방안을 생각할 때 검토해 볼 만한 흥미로운 방식이라는 판단이 들어서다. 현대인들은 예전과는 비할 수 없을 만큼 기동력이 좋아진 세대에 살고 있다. 따라서 전통적인 개념의 이웃이라든지 사회나 가족의 네트워크가 가지는 영향력은 눈에 띄게 약해졌다. 이러한 현실에서 구시대의 접근 방식을 적용할 수 있을까? 돈과 섹스에서 눈을 돌려 성품에 주목할 수 있을까? 개인적인 만족을 추구하는 데서 돌아서서 공동체를 세우는 데 집중할 수 있을까? 결혼 상대를 찾는 과정에서 주변 공동체를 좀 더 개입시킬 수 있을까? 아마도 쉽지 않을 것이다. 그렇다면 이제부터 실제적인 가이드라인을 제시해 보려 한다.

결혼 상대를 찾는 이들을 위한 실질적인 제안

결혼을 추구하지 않는 시기가 있다는 것을 인식해야 한다. 적극적인 데이트나 결혼 상대를 찾으려 들 필요가 없는 시기, 또는 시절이 있다. '곁에 누가 없으면' 잠시도 견딜 수 없는 사람이라면 결혼을 우상으로 삼고 있는지도 모른다. 새 일을 시작하거나, 새로운 학교에 들어가거나, 부모가 세상을 떠나는 등 몰입이 필요한 상황, 또는 특별한 일 때문에 중대한 변화를 겪는 중이라면 새로운 관계를 시작하기에 적합한 시점이 아니다. 정서적인 부담이 큰 삶의 한 굽이를 돌아선 직후라면 판단이 흐려질 가능성이 크다. 치유나 재정비의 시간에는 데이트나 결혼을 염두에 둔 만남보다 더 깊은 그리스도인의 우정이 절실한 법이다.

'독신의 은사'가 무엇을 말하는지 정확히 알아야 한다. 고린
도전서 7장 7절에서 바울은 독신을 '은사'라고 불렀다. 이것은 일
반적으로 결혼에 대한 관심이나 욕구가 완전히 결핍된 상태를 일
컫는 말이다. 그렇게 보면 독신의 은사가 있다는 말은 결혼과 관
련된 정서적인 갈등이나 불안, 또는 기대 따위를 전혀 느끼지 못
한다는 뜻으로도 풀이될 수 있다. "적어도 독신의 은사는 없는 것
같아!"라는 우스갯소리는 사실과 아주 가까운 농담인 셈이다. 바
울이 말한 은사가 무엇인지 정확히 분별하는 것은 대단히 중요하
다. 그렇지 않으면 로맨틱한 욕구가 생기지 않은 것을 두고 하나
님이 주신 선물이라고 속단할 우려가 크다. 결혼에 무관심한 데는
이기적인 심령, 우정을 유지하는 능력 부족, 이성을 무시하는 마
음가짐을 포함해 여러 가지 건전하지 못한 이유가 있을 수 있다.

바울의 글을 보면, 다른 이들을 세우도록 하나님이 주신 능
력을 가리켜 늘 '은사'라고 말하는 것을 볼 수 있다. 따라서 독신
의 은사 역시 배타적이고 스트레스에서 자유로운 상태를 이야기
하는 것이 아니다. 독신으로 사는 결정이 바울에게 은사가 될 수
있었던 요인은 결혼한 남성으로서는 감당할 수 없을 정도로 사역
에 집중할 수 있게 해주었다는 데 있다. 바울은 요즘 독신으로 사
는 이들이 겪는 이른바 '감정적 씨름'을 충분히 경험했음에 틀림
없다. 어쩌면 결혼하고 싶은 마음이 간절했을지도 모른다. 하지만
그런 상황들을 거치면서 하나님과 다른 이들을 섬기는 삶의 능력
을 발견했을 뿐만 아니라, 독신 생활이 대단히 큰 영향력을 가지

고 있으며 나름 독특한 면모가(예를 들어 시간을 융통성 있게 사용하는 것과 같은) 있음을 깨달았을 것이다(이 부분을 더 중요하게 여겼으리라 짐작된다).[17]

바울이 말한 '독신의 부르심'은 내면의 갈등이 전혀 없는 상태도 아니고 끔찍한 씨름도 아니라는 점을 염두에 두라. 그것은 혼자라는 상황을 통해 삶과 사역에서 넉넉한 결실을 거두는 것을 가리킬 따름이다. 이런 은사를 가졌더라도 몸부림치는 순간이 있겠지만 정말 중요한 것은 그런 씨름에도 불구하고 스스로 영적으로 성장하며 다른 이들의 삶을 풍성하게 이끌도록 하나님이 도우신다는 점이다. 독신의 은사는 선택받은 소수만을 위한 선물이 아니다. 평생 계속될 수도 있지만 그렇지 않은 경우도 있다.

나이가 들수록 결혼 문제를 더 진지하게 받아들이라. 데이트에는 다양한 스펙트럼이 있다. 한쪽 끝은 밖에 나가 이것저것 재미있는 일들을 함께하는 만남이다. 하지만 오락은 핑계일 뿐 주목적은 자신이 원하는 특정한 상대와 함께 시간을 보내고 곁에 있고 싶어서다. 반대쪽 끝에는 자신이 바라고 기대하는 일들(댄스파티, 영화, 콘서트 같은)을 하러 가는 데이트가 있다. 상대는 그저 에스코트, 그러니까 함께 따라가 줄 동행일 뿐이다. 상대적으로 어린 시기에는 후자가 더 적당하며 장차 결혼할 것을 염두에 두고 파트너를 평가해 볼 필요가 없다. 하지만 나이가 들수록 누구나 '나랑 계속 만나는 걸 보면 분명 나랑 결혼하는 것까지도 진지하게 고려하고 있을 거야'라는 생각을 가지게 된다. 나이가 찼음에도 불구하고

후자에 해당하는 데이트를 고수하는 경우에는 영악하다는 소리를 듣기 쉽다. 한쪽에선 데이트를 진지한 관계의 신호로 믿는 반면, 상대방은 흥미로운 일을 하면서 함께 즐기는 정도로 여기는 것은 인간이 처할 수 있는 가장 고통스러운 상황 가운데 하나가 될 것이다.

그러므로 무엇보다 나이에 맞게 행동하라고 조언하고 싶다. 십대들은 "앞으로 몇 년 동안은 상대방을 충족시킬(결혼을 통해 책임감 있게 채울) 수 없는 정서적이고 신체적인 욕구를 자극해서는" 안 된다.[18] 하지만 30대 싱글이라면 이야기가 다르다. 비슷한 나이의 파트너와 여전히 즐기는 수준의 데이트를 지속하길 고집한다면 인간의 감정을 가지고 장난을 치는 결과가 된다는 것을 알아야한다. 나이가 들수록 더 자주 데이트를 하러 나가야 하고, 양쪽 다 결혼을 염두에 둔 만남이라는 사실을 최대한 빨리 인식해야 한다.

예수를 믿지 않는 이와 깊은 감정에 휩쓸리지 않도록 조심하라. 이 책을 읽을 정도의 독자들이라면 크게 놀라진 않겠지만, 논란의 여지가 있는 것은 사실이다. 성경은 곳곳에서 그리스도인들에게 같은 신앙을 가진 이들과 결혼하라는 입장을 보인다. 예를 들어, 고린도전서 7장 39절에서 바울은 가르친다. "아내는 그 남편이 살아 있는 동안에 매여 있다가 남편이 죽으면 자유로워 자기 뜻대로 시집 갈 것이나 주 안에서만 할 것이니라." 고린도후서 6장 14절을 비롯한 또 다른 성경 본문들도 같은 원칙을 내세우며 마땅히 그러해야 한다고 단언한다. 유대인과 이방인의 결혼을 금지하는 구약 성경의 여러 구절들은 언뜻 동족 안에서만 배우자감을 찾으라는 명령처럼 비쳐지지만, 민수기 12장(모세가 이방 여인과 결혼하는 장면이 기록된) 같은 본문들을 보면, 하나님이 염려하신 부분은 혈통이 아니라 신앙이 다른 상대와 결혼하는 행태였음을 알 수 있다.

믿음이 같지 않은 이들과 결혼하지 못하도록 막는 것은 편협한 처사라고 생각하는 이들이 많지만 성경이 이런 규정을 제시하는 데는 분명한 이유가 있다. 파트너와 그리스도인의 신앙을 공유하지 못한다면 이편이 하는 일들을 속속들이 이해시키기가 쉽지 않다. 삶의 중심이 예수님인가? 그렇다면 상대방은 이편을 전혀 이해하지 못한다는 뜻이기도 하다. 무엇이 이편의 삶을 이끌어 가는지, 행동 하나하나의 근본 동기가 어디에 있는지 납득하지 못할 것이다. 앞에서 살펴본 바와 마찬가지로 결혼하기 전까지는 아무도 파트너를 완전히 알 수 없다. 그러나 그리스도를 향한 믿음을 공유한 남녀가 결혼을 하게 되면, 최소한 짝이 가진 근본적인 동기와 인생관의 골자 정도는 알고 시작하는 셈이다. 반면에 이편이 단단히 붙들고 있는 신앙의 핵심을 나누지 못하는 이와 부부가 되면, 상대방이 도무지 이해할 수 없는 결정을 수없이 되풀이할 수밖에 없다. 삶의 일정 부분(십중팔구는 인생에서 가장 중요한)이 배우자에게는 불투명하고 비밀스러운 영역으로 영원히 남게 될 것이다.

결혼이 주는 친밀감의 정수는 마침내 자신을 정확하게 알고, 자신을 있는 그대로 받아들여 주는 이를 얻게 되는 데 있다. 배우자는 실상을 감추거나 꾸밀 필요 없이 자신을 고스란히 드러낼 수 있어야 하며 상대방도 이쪽의 전모를 알고 파악하는 사람이어야 한다. 그런데 그런 짝이 그리스도인이 아니라면 이편의 심중을 전혀 헤아릴 수 없을 것이다.

예수님을 믿지 않는 이와 결혼을 하면 갈 수 있는 길은 오로지 두 갈래뿐이다. 하나는 점점 투명성을 잃어버리는 길이다. 정상적이고 건전한 삶을 꾸려 가는 그리스도인이라면 무슨 일을 하든지 그리스도와 복음을 염두에 둘 것이다. 영화를 보면서도 그리스도를 떠올리고 결정을 내릴 때도 주님이 제시하신 원칙들을 토대로 삼는다. 하루하루 성경에서 읽은 내용들을 되씹는다. 주님을 좇는 제자로서 자연스럽고 투명하게 이런 생각을 하겠지만, 배우자는 그 모든 것을 짜증스럽거나, 괴롭거나, 심지어 불쾌하게 받아들이게 마련이다. "당신이 이 정도로 신앙에 미쳐 사는 줄은 꿈에도 몰랐어요!"라는 소리를 들을 가능성도 크다. 불화가 반복되면 믿음을 숨기게 될지도 모른다.

나머지 한 갈래는 더 끔찍하다. 의식의 중심에서 그리스도를 몰아내는 길이기 때문이다. 그리스도를 향한 열정이 차갑게 식어 버리고 모든 영역에서 주님께 헌신적인 삶을 살아야 한다는 생각을 의도적으로 지워 버리게 되는 것이다. 그리스도를 중심에 모시면 배우자로부터 따돌림을 받게 될까 두려워 마음과 생각의 중심에서 주님을 끌어 내리는 것이다.

두 길의 끝은 두말할 것도 없이 비참하다. 굳이 예수님을 믿지 않는 파트너와 결혼하지 말아야 하는 이유가 여기에 있다.

가장 포괄적인 면에서 '매력'을 찾을 줄 알아야 한다. "만일 절제할 수 없거든" 결혼하는 것이 낫다고 가르치는 고린도전서 7장 9절은 결혼에 관한 바울 서신의 말씀들 가운데 비교적 오해가 많은 본문이다. 대부분은 부정적인 느낌으로 이 구절을 읽는다. 사도는 마치 이렇게 이야기하고 있는 듯하다. "수양이 부족해서 욕구를 제어할 힘이 없다면 망설이지 말고 어서 결혼하도록 하라!" 하지만 바울의 진심은 전혀 부정적인 것이 아니다. 사도의 말뜻은 누군가에게 뜨거운 연정을 느끼거든 그이와 꼭 결혼하라는 것이다.

"사랑하기에 결혼하겠다고? 좋고말고!"라는 뜻이기도 하다. 성경학자 로이 시암파(Roy Ciampa)와 브라이언 로스너(Brian Rosner)의 주장에 따르면, 여기서 바울은 로맨틱한 열정을 무시하고 오로지 비즈니스에 도움을 주고 뒤를 이을 자녀들을 생산하기 위해 결혼하는 것이 마땅하다는 후기 스토아학파의 사고방식을 단호하게 거부하고 있다고 말한다. 아울러 당대의 이방 저술가들과 달리, 성적인 열정은 결혼하지 않은 성적 파트너를 통해서도 발산시킬 수 있다는 통념도 배격한다. 열정은 반드시 배우자를 향해야 한다는 것이다. 이렇게 바울은 결혼 상대를 고를 때 끌리는 느낌도 중요한 요소 가운데 하나라고 지적한다.[19]

하지만 이 책 전반에 걸쳐 줄곧 이야기해 온 결혼의 소명이란 주제 속으로 한 걸음 더 깊이 들어가 볼 필요가 있다. 결혼 적령기의 남녀가 신체적으로 끌리는 것은 지극히 당연한 일이다. 하지만 그저 신체적인 면을 넘어서는 더 깊은 매력에서 출발한다면 감정이 더 두터워질 것이다.

'됨됨이'나 성령의 열매(갈 5:22) 같은 것에 끌리는 면도 있을 것이다. 건국 초기의 미국 철학자 조나단 에드워즈는 인간 내면에 존재하는 '참다운 미덕'(복음에서 오는 만족, 평안, 기쁨 같은)은 정말 아름답다고 했다. 결혼이 서로를 도와서 하나님이 지으신 뜻대로 영광스럽고 독특한 존재가 되게 하는 수단이라는 사실은 이미 여러 차례 이야기한 바 있다. 결혼할 커플은 상대방에게 "당신이 어떻게 변해 가고 있고 마침내 어떤 존재가 될지(솔직히 말해서 아직은 거기에 이르지 못했지만) 잘 압니다. 당신의 빛나는 미래가 날 이끕니다"라고 고백할 수 있어야 한다.

궁극적으로 결혼 대상자는 이른바 '가치관'의 일부가 되어야 한다. C. S. 루이스는 좋아하는 책, 음악, 장소, 또는 지난날의 한 시점을 연결하는 '보이지 않는 끈'이 있다고 했다. 무언가가 방아쇠를 당겨 하나님이 주시는 '주체할 수 없는 기쁨'과 맞닥뜨리게 하는 것 말이다. 레너드 번스타인은 불가지론자였음에도 불구하고 베토벤 교향곡 5번을 들으면 하나님이 살아 계신다는 확신이 든다고 했다. 같은 곡을 들어도 내게는 그만한 감흥이 없다. 하지만 이처럼 누구에게나 마음이 움직이고 장차 다가올 하나님 나라를 갈망하게 되는 무언가가 있게 마련이다. 예수를 믿지 않는 이들은 그것을 '더 나은 무언가'를 향한 달콤 쌉싸름한 열망쯤으로 해석할 것이다.

이러한 성품이나 소명, 미래상이나 가치관 같은 것이 바로 평생 자신의 짝이 될 이에게서 찾아야 할 포괄적인 매력이다. 하지만 많은 이들이 상대의 얼굴 생김새와 돈을 토대로 결혼을 결정하고 결국 합당한 존중과 존경을 주고받지 못한 채 평생을 살아가고 있다. 마음에 큰 다짐을 하고 '돈, 외모, 반짝거리는 요소들'에 눈길을 주지 않기로 할 때 위와 같은 포괄적인 매력이 눈에 들어오기 시작할 것이다. 그렇게 되면 처음에는 다소 두려울지 몰라도 결국은 파트너에게서 결코 떨어지지 않는 매력을 보게 될 것이다.

너무 빨리 달아오르지 않도록 주의하라. 예전의 구혼 방식에서는 남녀가 가정생활, 교회 생활, 공동체 생활처럼 자연스러운 환경에서 서로를 지켜볼 수 있었다. 상대방의 성품과 포괄적인 매력을 평가해 볼 시간이 충분했던 것이다. 하지만 최근의 데이트나 '짝짓기' 문화는 로맨틱한 감정이 일어나기가 무섭게 성관계로 이어진다. 앞에서도 다루었지만, 구혼 과정은 상대방의 참다운 됨됨이를 실질적으로 가늠해 보는 전주곡의 의미를 띤다. 평생 지속되는 사랑에 필요한 것은 감정만이 아니다. 사노라면 누구나 감정이 말라붙고 냉담해지는 시기가 있다. 하지만 부부는 그때에도 기쁘고 흔쾌한 마음으로 서로 희생하며 강한 헌신으로 서로를 섬겨야 한다. 이러한 사랑은 상대방의 성품과 미래, 부르심에 포괄적으로 끌리는 마음으로부터 비롯된다. 경우에 따라서는 데이트 초기 단계에서 자칫 깊은 사랑으로 착각할 만큼 강력한 감정에 휩쓸릴 수

도 있다. 로렌 위너는 이런 감정에 대해 정곡을 찌르는 설명을 하고 있다.

> 누군가와 사랑에 '빠지면' 연인을 배려하는 것처럼 보이지만 실상은 정반대다. 배려하는 대신 집착하기 일쑤다. 자신을 빛내기 위해 상대를 이용한다. 사랑하는 이에게 투영된 자신의 이미지에 반해서 상대의 존재를 즐기고 누리기에 여념이 없다. 이는 그리스도인의 사랑과 상반된다. 심지어 연인을 우상처럼 떠받드는 행동도(심취에 따르는 위험 인자가 분명히 있다) 겉보기에는 상대를 위하는 것 같지만 실은 다 자신을 위한 일이다. 상대방을 하나님이 지으시고 구원하신 한 인간으로 진지하게 받아들이는 것이 아니라 완벽하고, 용감무쌍하며, 숭고하며, 온갖 필요를 말끔히 채워 줄 존재로 여기기 때문이다.[20]

이처럼 서로를 향해 불타는 감정을 느끼더라도 시간이 흐르면 사라지기 마련이고 때로는 그 애정이 상대를 향한 적대적이고 쓰디쓴 감정으로 변할 수도 있다. 애당초 포괄적인 매력과 사랑이 없었다면 더욱 그렇다. 요즘의 관계는 상대방의 심각한 결점을 보지 못할 만큼 감정적으로 빠지는 데서부터 시작하여 분노와 환멸에 사로잡혀 상대방의 장점까지 놓쳐 버리는 지점까지 너무나 빨리 한달음에 달려간다.

그렇다면 어떻게 해야 하는가? 요즘 젊은이들과 상담을 하게 되면, 적어도 2년 이상 살아보지 않고 결혼하는 것은 어리석은 행동 같다는 이야기를 자주 듣는다. 앞에서 했던 이야기(통계적으로 혼전 동거를 경험한 커플의 이혼 확률이 더 높다는)를 해주면 못 믿겠다는 표정이다. 오늘날의 '데이트'는 한바탕 놀이이자 섹스 파트너와 즐기는 유희쯤으로 전락하고 말았다. 결국 상대방의 성품을 평가할 만큼 일상을 들여다 볼 뾰족한 방법이 없는 까닭에 동거를 택하는 측면이 적지 않다는 것을 새삼 느끼게 된다.

그러나 동일한 신앙을 가진 남녀가 그리스도인 공동체에 참여한다면, 예전과 같은 방식으로 서로의 세계에 들어갈 기회를 얻을 수 있을 것이다. 가난한 이들을 섬기거나 성경 공부를 하거나 모임이나 예배에 참석하다 보면 파트너의 마음속 '앞마당'과 '거실'에 들어갈 길이 열리는 것이다. 이는 신앙 공동체를 통하지 않고는 쉽지 않은 일이다.

'콩깍지' 단계가 지나갔는지 여부는 몇 가지 질문만으로도 얼마든지 분별할 수 있다. 첨예한 갈등을 몇 차례 겪고 해결해 본 경험이 있는가? 뉘우치고 용서하는 사이클을 거쳤는가? 서로 상대를 사랑하기에 기꺼이 변할 뜻이 있음을 확인했는가? 이 질문에 대해 "아니오"라고 답하는 커플에는 두 가지 유형이 있다. 첫 번째는 갈등을 겪어 본 적이 없는 경우다. 그렇다면 아직 서로에게 푹 빠진 상태다. 두 번째는 티격태격하기를 거듭해 왔고 아직도 해결되지 않은 문제를 둘러싸고 힘겨운 씨름을 벌이고 있는 경우다. 이들은 아직 뉘우치고, 용서하고, 태도를 바꾸는 기초적인 기법조차 체득하지 못한 처지다. 양쪽 다 아직 결혼할 준비가 되지 않았다고 보아야 한다.

감정에 눈이 멀어 사리를 분별하지 못하거나 불같이 달아올랐다가 금방 식는 것을 피할 수 있는 확실한 방법은 혼전 성관계를 거부하는 것이다. 8장에서는 이처럼 해묵은 윤리에 대한 기독교적 입장과 성경적인 근거를 살펴보려고 한다. 여기서 짚고 넘어갈 것은 성행위라는 것이 상대방에 대해 제대로 파악하기도 전에 열정부터 뜨겁게 달아오르게 만든다는 사실이다. 로맨틱한 감정을 쌓기 전에 우정부터 쌓으라.[21]

하지만 헌신을 보여 주지 않는 상대의 허수아비 배우자가 되는 실수도 피해야 한다. 너무 빨리 심각한 관계에 들어가는 커플이 있는가 하면, 관계를 발전시켜 결혼하기를 망설이는 이들도 있다. 몇 년이 지나도 결혼에 대한 생각이 깊어지거나 진전되는 기색이 없다면, 두 사람의 관계의 수준을 되짚어 보아야 한다. 둘 중 어느 한 쪽이 원하는 것을 다 얻은 까닭에 애써 마지막 헌신의 단계에 이르고 싶어 하지 않을 수도 있다.

대학에 다니던 시절부터 캐시와 나는 이런 현상을 여러 차례 목격했다. 남자는 아무 관심도 없는데 여자 혼자 결혼에 목매는 것이다. 이런 일이 흔해서 우리끼리는 '싸구려 여자 친구 신드롬'이라고 불렀다. 어떤 남녀가 상당히 오랜 시간을 함께 지냈다 치자. 이것은 남자 입장에서 보자면 이런저런 행사에 함께 다니며

(물론 본인이 원하는 곳에만), 대화를 나누고(말하고 싶을 때만), 맞장구치며 들어 줄(부담을 덜어내고 싶어 털어놓는 곤란한 일에 대해) 여자 친구가 있다는 뜻이다. 만약 여기에 육체 관계가 없다면, 남자는 다른 이들에게 이 여자와 특별한 사이가 아니며 아무 '관련'이 없다고 이야기할 것이다. 여자 쪽에서 무슨 소리냐고 발끈하기라도 할라치면 십중팔구 "우린 그냥 친구일 뿐이야!"라는 대답이 돌아올 것이다. 대단히 부당한 일이다. 남자는 여자에게서 동성 친구들보다 훨씬 많은 유익을 얻었다. 여자 쪽에서는 서서히 내면이 고갈되고 죽어 가는 사이에 남자는 별다른 대가도 치르지 않고 결혼 관계에서만 얻을 수 있는 특전을 두루 챙겼던 셈이다.

캐시와 나는 그런 사실을 간파한 것을 무척 뿌듯해 했을 뿐, 우리 관계에 적용해 볼 생각은 전혀 하지 못했다.

하지만 둘이 알게 된 지 몇 해가 지나자 우리 관계에도 비슷한 시기가 찾아왔다. 똑같은 일이 우리에게 벌어지고 있음을 꿰뚫어 본 캐시는 훗날, 식구들끼리 '돼지 앞에 진주'라고 부르게 되는 일장 연설을 하기에 이르렀다. 더없이 좋은 친구였고 비슷한 영성을 지닌 단짝이기는 했지만, 그때까지도 나는 껄끄럽게 끝난 지난 관계 때문에 괴로워하고 있었다. 그때까지 줄곧 참고 이해해 주던 캐시가 마침내 결단을 요구했다.

"음, 더는 안 되겠어요. 그동안 친구에서 애인으로 발전하길 기대했어요. 당신이 딱 집어 말하지는 않지만, 나를 친구 이상으로 생각하지 않는다는 것을 하루하루 확인할 수 있었어요. 내 쪽에선 줄곧 저울질을 당하고 일방적으로 매달리는 기분이었어요. 이제는 나를 거부한다는 느낌까지 드는군요. 더 이상 당신이 언젠가 날 친구 이상으로 받아 주기만 기다리면서 이렇게 살 수는 없어요. 내가 진주고 당신이 돼지란 뜻은 아니지만, 예수님이 진주를 돼지에게 던져 주지 말라고 말씀하신 건 돼지가 진주의 가치를 몰라보기 때문일 거예요. 돼지는 진주를 그저 돌멩이쯤으로 여기겠죠. 나를 귀하게 여기지 않는다면, 나를 당신 발 앞에 던져 놓은 채 더 이상 목을 빼고 기다리지는 않겠어요. 절대로 못해요. 의도적이었든 그렇지 않든, 거절은 너무 고통스럽거든요."

정신이 번쩍 들었다. 치열한 자기 성찰이 시작됐다. 그리고 두 주 뒤, 나는 마침내 결정을 내렸다.

공동체의 권면을 대폭 받아들여서 충실히 따르라. 구혼 같은 옛 패턴들에는 친구와 친척들이 배우자 선택과 관련해 이런저런 조언을 해줄 여지가 많았다. 최근에 형성된 그리스도인 공동체들 가운데도 가족, 특히 아버지가 결혼 과정 전반을 주관하는 쪽으로 시도하는 사례가 있다. 하지만 그것이 현실적이지 못하며, 결혼시키려는 젊은이가 특히 집에서 한동안 떠나 있었다면 더더군다나 실행하기 어렵다는 것쯤은 정통 유대교 공동체도 다 아는 바다. 게다가 기독교 신앙에 대한 이해도 거의 없고 유익한 지침을 줄 수 없는 부모를 둔 그리스도인 젊은이들도 수두룩하다. 그럼에도 불구하고 기본적인 원칙은 늘 타당하고 또 중요하다. 결혼은 개인적으로만 결정할 문제가 아니며 개인의 시각은 종종 왜곡되기가

쉽기 때문이다.

한 걸음 더 나아가 다음과 같은 제안을 하고 싶다. 결혼한 이들이 공동체 차원에서 싱글들이나 다른 부부와 구체적인 정보들을 나눌 기회를 가지는 것이다. 서로 집으로 초대해 대접하고 친교를 나누는 것은 그리스도인들이 마땅히 해야 할 일이다(벧전 4:9). 그저 집 구경이나 시켜 주는 것이 아니라 로마서 12장 10절 말씀대로 한 식구처럼 대하며 삶을 보여 주는 것이다. 주님은 거룩한 자녀들이 서로에게 투명하게 자신을 드러내길 원하신다. "부부가 아직 미혼, 또는 비혼 남녀들에게 결혼 생활의 실상을 보이되 밝고 행복한 부분만이 아니라… 고되고 싸움이 필요한 영역까지 있는 그대로 보여 주는 것도 좋은 방법이다."[22] 그것이 얼마나 큰 영향을 미치게 될지 상상해 보라. 결혼이 늘 즐겁기만 한 것이 아니라 얼마나 힘든 일인지, 그러면서도 또한 얼마나 영광스러운 일인지 싱글들도 두 눈으로 확인하게 될 것이다.

결혼은 하나님이 교회에 주신 선물이다. 그리스도인들의 결혼을 통해 죄, 은혜, 회복으로 이어지는 복음의 메시지는 교회 안팎과 세상으로 널리 퍼져 나갈 수 있다. 그리스도를 좇는 이들의 혼인은 복음을 선포한다. 결혼의 중요성이 여기에 있다. 그리스도인 공동체는 견고하고 위대한 결혼을 세워 가는 일에 깊은 관심을 가지고 있으며 젊은 구성원들의 혼인에도 큰 힘을 쏟는다. 따라서 주님을 좇는 싱글들은 결혼 상대를 결정하는 것이 개인의 선택에만 달린 것처럼 생각하고 행동해선 안 될 것이다.

08   성생활은 결혼의 언약을
새롭게 하기 위한 것이다

그러므로 사람이 부모를 떠나 그의 아내와 합하여
그 둘이 한 육체가 될지니(엡 5:31).

결혼에 대한 논의에서 성의 문제는 절대 빼놓을 수 없
는 이슈이지만, 그 둘을 연결시켜 이야기하는 데는 두 가지 차원
이 존재한다. 우선 근본적인 차원에서 성경적인 성 윤리의 핵심적
인 원리들을 짚어 볼 필요가 있다. 하나님은 왜 성교를 부부 관계
에만 국한시키셨을까? 그리고 실질적으로 어떻게 해야 거기에 부
합되는 그리스도인의 삶을 살 수 있을까? 싱글은 어찌해야 하고
또 결혼한 부부는 어찌해야 하는가?

성은 욕구의 문제일 뿐? 천만의 말씀!

역사적으로 보면 성에 대해 수없이 다양한 태도들이 있었다. 우선 성행위를 자연스러운 욕구로 바라보는 시각이다. 말하자면 이런 식이다. "섹스는 한동안 온갖 터부에 겹겹이 둘러싸여 있었지만 이제는 성 또한 배가 고프면 밥이 먹고 싶어지는 현상과 같이 선하고 자연발생적인 욕구라고 생각하게 되었다. 따라서 언제든 필요할 때마다 거리낌 없이 채우면 된다. 아울러 다양한 요리를 맛보고 '새로운 미각'을 추구하듯 성에 대해서도 그렇게 할 자유가 있다. 자연스러운 욕구를 제한하는 행위는 마치 음식을 먹지 못하게 하는 것과 같아서 건강하지 못하며 사실상 불가능하다."

성을 바라보는 또 다른 시각은 보다 부정적인데 몇 가지 형태의 고대 사상에 뿌리를 두고 있다. 그것은 고상하고 이성적이며 '영적인' 인간의 본질과 달리 성이 낮은 수준의 육체적인 성격을 지닌다고 보는 것이다. 이에 따르면 성교는 천박하고 더러운 짓이며 인간 종의 번식을 위해 어쩔 수 없이 행하는 일종의 필요악이다. 이런 시각은 아직도 세상에서 큰 영향력을 행사하고 있다.

오늘날에는 세 번째 관점이 지배적이다. 앞의 두 입장이 성교를 불가피한 욕구나 필요악으로 본다면, 이번에는 결정적인 형태의 자기표현, 다시 말해서 자아를 '실현'하거나 '발견'하는 수단으로 인식한다. 이에 따르면 저마다 결혼의 테두리 안에서 성이라는 도구를 사용하여 가족을 꾸릴 수 있지만 그 모든 것이 온전히 개인에게 속한 문제가 된다. 성교의 일차적 목적은 개인적인 성취나 자아실현이며 인간에게는 너나없이 그것을 추구하고자 하는 마음이 있다는 것이다.

흔히 성에 대한 성경의 입장이 성을 천박하고 지저분하게 보는 두 번째 관점에 가깝다고 생각하고 있지만 이것은 천부당만부당한 착각이다. 기독교의 시각은 다른 사상들과 판이하게 다르다.

성은 단지 욕구의 문제일 뿐인가? 욕구 가운데 하나인 것은 분명한 사실이지만 식욕이나 수면욕하고 같은 범주에 속하는 욕구는 아니다. 정도의 차이가 있기는 하지만, 음식과 잠에 대한 욕구도 마음대로 채우기가 쉽지 않다. 대다수 현대인들은 먹는 것을 자제하려고 안간힘을 쓴다. 먹고자 하는 욕구가 몸의 필요와 심각하리만치 어긋나 있기 때문이다. 그런데 성욕은 그보다 더 길잡이가 필요한 욕망이다. 성교는 우리 몸뿐만 아니라 마음, 곧 속사람에도 영향을 미친다. 죄는 다른 무엇보다도 마음이 무질서해진 상태를 말한다. 따라서 이 죄는 성에도 강한 영향을 주게 되어 있다. 사람들이 가지는 성교에 대한 열정과 욕구는 완전히 뒤틀려 버렸다. 이것은 원래 자신을 온통 내어 주는 행위인데 타락한 마음은 자기를 희생하는 것이 아니라 이기적인 동기로 섹스를 이용하고 싶어 한다. 그러기에 성경은 성이라는 선물을 올바르게 사용할 수 있도록 수많은 규율들을 만들어서 앞길을 안내하고 있는 것이다.[1]

그리스도인의 성 윤리는 한 마디로 다음과 같이 압축할 수 있다. "섹스는 결혼의 울타리 안에서 남성과 여성 사이에 사용하도록 하나님이 주신 선물이다."

성은 천박하다? 천만의 말씀!

일부에서 말하듯, 성행위는 천박하고 더러운 것일까? 그렇지 않다. 성경 말씀에 충실하다면 기독교만큼 몸을 긍정적으로 보는 종교는 세상에 다시없을 것이다. 기독교 신앙은 다름 아닌 하나님이 물질계를 지으시고 몸을 만드셨으며 그 모든 것들이 보기에 좋았다고 가르친다(창 1:31). 뿐만 아니라 예수 그리스도가 친히 육신을 입으셨으며(여전히 영광을 지니셨지만), 언젠가는 모든 그리스도인들도 완벽한 몸으로 부활하게 된다고 설명한다. 성경은 성적인 열정과 기쁨을 기리는 훌륭한 사랑의 노래들을 여러 편 담고 있다. 누군가 성행위를 그 자체로 악하고 더러운 것이라고 폄하한다면 성경을 통째로 들이밀며 반박할 수도 있다.

하나님은 결혼 관계 속에 섹스를 허락하셨을 뿐만 아니라 강력하게 명령하셨다(고전 7:3-5). 잠언은 남편들에게 아내의 젖가슴에 파묻혀 기쁨을 얻으며 성적인 사랑에 취하라고 말한다(잠 5:19, cf. 신 24:5). 솔로몬의 아가는 결혼의 테두리 안에서 누리는 성적인 기쁨을 노골적인 표현을 동원하며 묘사하고 있다. 구약 학자 트렘퍼 롱맨(Tremper Longman)은 이렇게 말했다.

> 아가서 전반에서 여성의 역할은 입이 다물어지지 않을 정도
> 며 그 기원이 아주 오래되었다는 점을 감안하면 더욱 놀랍
> 기만 하다. 아가를 구성하는 시가들에서 처음부터 끝까지 지
> 배적인 목소리를 내는 것은 남성이 아니라 여성이었다. 찾

고, 추구하고, 주도하는 주체는 여성이다. 아가서 5장 10-16절에서 여인은 자신의 신체적인 끌림을 가감 없이 드러낸다. "몸은 아로새긴 상아에 청옥을 입힌 듯하구나…"(14절) 번역가들은 이 구절을 옮기길 주저한다. 히브리어 원문은 더없이 에로틱해서 대다수 역자들은 차마 의미를 명확하게 전하지 못한다. …이것은 성교의 전주곡이다. 부끄러움도, 수치심도 없고 이불 밑에서 벌어지는 역학적인 움직임만 있을 뿐이다. 둘은 잔뜩 들떠서 서로를 마주한다. 이성을 향한 수줍음은 없고 기쁨만이 가득하다.[2]

내숭을 떠는 이들에게 성경은 대단히 불편한 책이다.

성관계는 언약을 새롭게 하는 행위이다

그렇다고 성관계가 개인의 행복과 성취만을 추구하는 수단인 것은 아니다. 즐거움과 무관하다거나 오로지 의무뿐이라는 의미도 아니다. 성관계는 일차적으로 하나님을 알고 공동체를 알아 가는 통로며 개인적인 만족보다 그 뜻을 이루는 데 사용될 때 상상을 초월할 만큼 큰 성취감을 맛보게 된다. 이것이 기독교의 가르침이다.[3]

성경에서 성관계를 명확하게 언급한 대목은 저 유명한 창세기 2장 24절이다. 바울은 에베소서 5장에서 이 구절을 인용하며 남녀가 '연합'하여 '한 육체'가 된다고 말했다. 성경을 처음 읽는 독자들은 육체적, 성적 연합을 먼저 떠올리기 쉽지만 사실 이 구절은 그보다 훨씬 더 큰 의미를 함축하고 있다. 성경에서 '살과 피를 지니고 땅 위에서 사는' 모든 사람들이 속속들이 부패하였다든지(창 6:12), '모든 몸에 나의 영을'(욜 2:28, 우리말 성경은 만민으로 되어 있다-역주) 부어 주겠다고 표현하는 것들은 육신만이 죄를 지었다거나 하나님이 모든 육체에만 성령을 부어 주신다는 뜻이 아니다. 이것은 부분적인 것을 통해 전체를 표현하는 이른바 제유법으로 하나님이 모든 사람에게 성령을 부어 주신다는 의미를 가지고 있다.

다시 말해서, 결혼은 두 사람의 연합이 너무도 깊고 오묘해서 사실상 새로운 한 인간이 된다는 의미를 함축하고 있다. '연합'으로 번역된 원어는 '견고한 언약이나 계약'을 뜻하는 말이다. 이 언약은 두 사람의 삶을 모든 면에서 하나로 묶는다. 서로가 서로에게 완전히 녹아들어서 법률적, 사회적, 경제적으로 한 덩어리가 되는 것이다. 당연히 독립성은 상당 부분 잃게 되며 오히려 사랑하는 마음으로 자신의 전부를 배우자에게 맡기는 것이다.

결혼을 '한 몸'이라고 정의하는 것은 두 사람이 인격적이고 법률적인 결합을 이룬다는 의미이면서 동시에 성관계가 그것을 이루는 수단이 된다는 측면도 포함하고 있다. 성경은 상대와 정서적, 인격적, 사회적, 경제적, 법률적으로 하나가 될 의사가 없다면 신체적으로도 연합해서는 안 된다고 말한다. 자발적으로 자신의 자유를 포기하고 결혼 관계에 묶여 총체적으로 약함을 드러내기로 결정한 것이 아니라면 누구에게도 자신의 벌거벗은 몸이나 약함을 보이지 말라는 것이다.

이렇게 한 번 결혼을 통해 육체적인 관계를 맺고 나면, 두 사람이 성관계를 통해 그 연합을 계속 유지하고 더 견고하게 될 수 있을까? 구약 성경에는 '언약을 새롭게 하는 의식'이 자주 나온다. 인간과 언약 관계를 맺으신 하나님은 우선 약속의 말씀을 읽고 나서 다시 헌신하는 과정을 주기적으로 되풀이함으로써 언약의 한 구절 한 구절을 기억하는 기회를 가지라고 명령하셨다. 지속적으로 언약에 충실하기 위해서는 꼭 필요한 일이었다.

결혼의 언약도 마찬가지다. 결혼과 더불어 부부는 견고한 언약 관계 안으로 들어간다. 성경은 배우자를 '언약의 파트너'(잠 2:17)라고 부른다. 언약을 맺는 결혼식 날은 모두의 축하와 축복 가운데 신랑 신부의 심령이 더욱 충만해진다. 하지만 시간이 흐르면 마음의 불씨를 다시 지피고 언약을 새롭게 하는 과정이 필요해진다. 상대방이 나에게 어떤 의미를 갖는 존재인지 되새기고 다시 자신을 내어 주는 기회가 있어야 한다는 뜻이다. 남편과 아내의 성관계는 그러한 뜻을 살리는 독특한 행위다.

모름지기 성관계는 자신을 온전히 상대방에게 줄 수 있도록 하기 위해 하나님이 손수 열어 두신 가장 강력한 통로다. 서로에게 "나는 온전히, 영원히, 그리고 오로지 당신의 것입니다"라고 고백할 수 있도록 주님이 지정하신 방식이란 뜻이다.

그러므로 성경 말씀에 따르면, 언약은 성관계의 필수 성분이다. 언약은 연약함과 친밀함이 안전하게 섞일 여지를 만들어 준다. 하지만 비록 결혼의 언약이 성관계에 반드시 필요하기는 하지만, 언약을 유지하는 데 없어서는 안 될 요소인 것도 사실이다. 성은 언약을 새롭게 하는 기능을 한다.

온전한 연합의 몸짓이다

사실 성교를 부정적으로 본다는 오해를 가장 많이 받고 있는 성경 저자는 바울이다. 하지만 사도의 말을 꼼꼼히 들여다보면 어디서도 그것을 뒷받침할 만한 근거를 찾을 수 없다.

바울은 고린도전서 6장 16절에서 그리스도인들에게 매춘 여성들과 성관계를 가져선 안 된다고 엄하게 타이른다. 하지만 사도는 예상을 뛰어넘는 놀라운 설명을 내놓는다.

> 창녀와 합하는 자는 그와 한 몸인 줄을 알지 못하느냐 일렀으되 둘이 한 육체가 된다 하셨나니 …음행을 피하라 …너희 몸은 너희가 하나님께로부터 받은바 너희 가운데 계신 성령의 전인 줄을 알지 못하느냐 너희는 너희 자신의 것이 아니라 값으로 산 것이 되었으니 그런즉 너희 몸으로 하나님께 영광을 돌리라(고전 6:16, 18, 19-20).

'한 몸'이란 말에 성적인 결합을 초월한 무언가가 있는 것이 아니라면 "창녀와 합하는 자는 그와 한 몸인 줄을 알지 못하느냐"라는 질문은 쓸데없는 동어 반복에 불과할 것이다. 바울은 '한 몸'이 된다는 것은 곧 '한 사람'이 되는 것을 의미함을 잘 알고 있었다. '한 몸'이란 남성과 여성이 삶의 모든 차원에서 인격적인 연합을 이루는 것을 말한다. 그런데 음행과 같이 성행위에 마땅히 반영되어야 할 온전한 연합을 배제한 채 단순히 몸만 섞는 것에 대해 바울은 말이 안 되는 소리라고 꾸짖고 있다.

베일리(D. S. Bailey)는 《기독교 사상에 나타난 남녀 관계(The Man-Woman Relation in Christian Thought)》라는 권위 있는 책에서 성관계에 대한 신약 성경과 바울의 관점이 인류 사상사에 얼마나 획기적이며 전무후무한 영향을 끼쳤는지 설명해 준다.

> (바울의) 인식은 이전에 출현했던 사상에 전혀 빚진 바가 없으며, 인간의 성에 관련해 1세기의 잣대로는 지극히 예외적인 심리학적인 통찰을 보여 준다. 성행위는 생식기의 활동일 뿐이라는 통념과 달리 그는 이것이 자기 노출과 자기 헌신이라는 독특한 양식으로 전 인격을 쏟아 붓고 표현하는 행위라고 주장했다.[4]

바울의 말은 한 마디로, 성관계는 반드시 연합하는 행위여야 하므로 성을 파는 여인과의 교합은 잘못이라고 단언한다. 온 생명을 바쳐 헌신할 의사가 없는 상대에게 몸을 주는 것은 몹시 어울리지 않는 조합이라는 이야기다. C. S. 루이스는 결혼 관계를 벗어난 성관계에 대해서 삼키고 소화할 뜻이 없이 음식의 맛만 보는 행위에 빗댔다. 한 치의 어긋남도 없이 딱 들어맞는 비유다.

자신을 내어주는 헌신의 관계다

현대의 성 혁명은 결혼할 때까지 성행위를 삼가라는 요구가 너무 비현실적이며 터무니없기까지 하다는 생각을 근간으로 이뤄졌다.[5] 이것이 심리적으로 건강하지 않으며 도리어 해롭다고 믿는 이들도 적지 않다. 요즘 들어 이런 시대 조류가 폭발적으로 증가하고 있긴 하지만 그리스 정교회를 비롯하여 가톨릭, 개신교는 물론이고 모든 교회는 한 목소리로 혼전 성관계를 금하도록 가르쳐 오고 있다.

성경이 결혼할 때까지 성관계를 삼가도록 가르치는 까닭은 육체적인 관계를 무시해서가 아니라 오히려 아주 소중하고 귀하게 여기기 때문이다. 배우자가 아닌 상대와의 성관계는 윤리적으로 그릇된 행위일 뿐만 아니라 개인적으로도 유해하다는 것이 성경의 시각이다. 성행위가 언약에 참여하고 갱신을 경험하게 할 목적으로 고안되었다면, 정서적인 '헌신을 위한 장치'로 받아들여야 마땅하다.

성이 '삶을 온전히 맡기고' 자신을 내어 주도록 하기 위해 하나님이 손수 만드신 수단이라면 설령 그것이 남용되거나 오용된 경우라 해도 상대와 깊이 연결되도록 이끌릴 수밖에 없다. 의도적으로 통제하거나 훈련을 통해 원초적인 충동을 제한하지 않는 한, 누군가와 말 그대로 신체적인 결합을 이루는 순간, 두 사람은 한 덩어리로 엉클어진 감정을 가지게 될 것이다. 성적인 격정에 휩싸인 상태에서는 "언제나 영원히 사랑할게"따위의 약속을 남발하기 십상이다. 합법적인 결혼 관계가 아닌 상황에서조차도 금방 상대방이 이편에 대해 도덕적 의무를 지고 있는 듯 착각할 만큼 부부 같은 연대감을 느끼기에 이른다.

하지만 실제로 파트너에게는 법률적, 사회적, 윤리적 책임이 전혀 없다. 아침에 전화를 걸어 주지 않는다 해도 이러니저러니 할 근거가 없다는 이야기다. 결혼은 하지 않고 육체적인 관계만 나눈다면 이런 부조화는 질투와 상처, 집착을 야기하게 되고 사소한 일로도 엄청난 상처와 타격을 입을 수 있게 된다. 둘 사이에 상당한 연대감이 존재하는 까닭에 오히려 피해를 입는 관계가 되기 쉽고 그 함정에서 좀처럼 벗어나지 못할 가능성이 커지는 것이다. 실제로 그런 이들이 수두룩하다.

따라서 결혼 관계를 벗어나 성관계를 가졌다면 마음을 강하게 먹고 상대와 육체적으로 결합하고 싶은 본능에 맞서서 자신을 믿을 수 있는 사람으로 만들어 가도록 노력해야 한다. 문제는 결혼을 한다 하더라도 결국 언약을 맺는 행위로서 성관계가 갖는 영향력을 잃어버리게 된다는 데 있다. 아이러니컬하게도 결혼을 떠난 성관계는 상대에게 헌신하고 신뢰를 보내는 능력을 떨어트리는 퇴행적 결과를 가져온다.

그리스도와의 연합을 암시하는 예표이다

미혼 남녀가 기독교의 윤리를 받아들이고 순결한 생활을 하기로 작정한다면 분명히 힘들 수 있을 것이다. 특히나 오늘날과 같은 문화 속에서는 그런 신념에 대한 지지와 지원을 전혀 기대할 수 없기에 더욱 어려울 수 있다. 하지만 이제부터 소개하는 자원들에 의지한다면 성공할 수 있을 것이다.

우선, 삶 가운데서 예수님이 베푸시는 '배우자의 사랑'을 받아야 한다. 성관계는 전폭적인 헌신의 관계다. 그리고 그리스도를 통해 하나님과 온전히 연합하는 데서 오는 환희를 암시하는 예표이다. 지상에서 이뤄지는 남성과 여성 사이의 더없이 황홀한 사랑도 결국은 장차 이르게 될 실체를 가늠하게 하는 조그만 힌트에 지나지 않는다(롬 7:1-6, 엡 5:22). 이러한 사실을 인식하는 것이 큰 도움이 될 것이다. 우리가 통제할 수 없는 격정에 휩싸여 성관계를 가지는 것은 그 순간만큼은 우리 마음이 굉장하고 로맨틱한 성경험을 통해 깊은 만족을 얻을 수 있다고 믿어 버리기 때문이다.

이런 유혹에 맞서려면 스스로 내면을 향해 진실을 말해 주어야 한다. 성행위는 로맨스 안에서 우리 혼이 추구하는 장대하고 온전한 필요들을 온전히 채워 주지 못한다. 하나님과 교제가 단절되면서 죄가 빚어낸 마음의 빈자리는 예수님과 마주할 때만 메워질 수 있다. 그러나 하나님은 장차 그리스도의 온전한 사랑을 맛볼 때까지 그저 기다리게 하지 않으셨다. 성경은 거룩한 사랑이 존재한다는 것을 지성적으로 뿐만 아니라 지금 이 땅에서 실제로 경험할 수 있다고 말한다(롬 5:5, 엡 3:17). 이것은 기도를 통해 가능하다.

독신의 길을 걷기 위해서는 싱글들이 자유롭게 참여할 수 있는 그리스도인 공동체가 필요하다.

결혼에 목을 매지도 않고 결혼을 두려워하지도 않는 사람들과 공동체 안에서 어울려야 한다. 또한 배우자를 선택하는 근거로 아름다운 용모나 넉넉한 재산 같은 세상의 기준을 적용하지 않는 가치관을 공유할 수 있어야 한다. 가족을 우상으로 삼지도, 독신들에게 열등감과 무력감을 심어 주지도 않는 그리스도인 가정들과 더불어 생활하는 것도 대단히 중요하다.

그런 공동체들은 삶과 관계 속에서 성의 역할에 대해 성경은 어떤 시각을 가지고 있는지 자유롭고 서슴없이 이야기할 수 있도록 배려해야 한다. 결혼 여부를 떠나 모든 그리스도인들이 이 주제와 관련된 성경의 가르침을 더 묵상하고 연구할수록, 싱글이든 커플이든 듣고 배운 대로 살 수 있도록 지탱해 주는 공동체의 힘을 실감하게 될 것이다. 성관계를 피하면서 로맨틱한 사랑을 나누길 원하는 싱글들이라면 무엇보다도 같은 뜻을 품은 이들이 한데 모인 충분한 규모의 공동체가 필요할 것이다.

이쯤 되면 "세상에 그런 교회가 어디에 있습니까?"라고 소리치고 싶은 마음이 들지도 모르겠다. 어떤 의미에선 그 말이 사실일 수도 있다. 나만 하더라도 목회자로서 싱글들을 잘 섬기는 교회를 만들려고 애쓰고 있지만 앞에서 말한 공동체처럼 그런 교회

306

를 이끌고 있다고 말할 수는 없다. 그렇다면 저마다 출석하는 교회에서 그런 환경을 만들어 보면 어떻겠는가? 또는 그런 공동체를 만드는 데 으뜸 가치를 두는 교회를 새로 시작하는 것은 어떤가?

끝으로, 성적인 생각과 성적인 욕망의 균형을 유지하는 것이 중요하다는 말을 하고 싶다. 그리스도인들 가운데는 성적인 생각과 상상만으로도 몹시 더럽고 추해진 느낌을 받는 이들이 적지 않다. 또는 거기에 빠져 헤어날 줄 모르는 이들도 있다. 복음은 율법주의와 도덕 불감증 가운데 어느 한쪽으로도 기울지 않는다. 우리는 하나님께 순종해서 구원을 얻는 것이 아니다. 도리어 참다운 구원이 우리로 감사하는 마음을 가지고 순종하게 이끌 따름이다. 이것은 생각과 유혹에 대해서도 대단히 균형 잡힌 접근을 할 수 있게 해준다. 예를 들어, 마르틴 루터는 성적인 욕구에 대해 "새가 머리 위로 날아가는 것은 어쩌지 못하지만 정수리에 둥지를 트는 것은 막을 수 있다"는 유명한 말을 남겼다. 성적인 생각이 일어나는 것은 자연스럽고 어쩔 수 없는 불가피한 일이다. 하지만 거기에 어떻게 반응하느냐는 저마다의 선택과 책임에 달려 있다는 말이다.

성적으로 그릇된 행동을 했다면 반드시 우리 양심에 복음의 은혜를 사용해야 한다. 복음은 죄를 가볍게 해주지도 않고, 무한정 죄책감에 빠져 버둥거리게 만들지도 않는다. 용서함을 받고 죄의 허물을 씻게 하는 복음의 은혜를 얻는 것이 중요하다. 때로는 지난날 저지른 잘못에 대한 수치감을 씻어 버리지 못해서 강박적

환상에 사로잡힌 채 오늘을 빼앗기기도 하기 때문이다.

느낌이 아니라 말씀을 딛고 서라

궁극적으로 싱글 그리스도인들이 기독교적인 성 윤리를 실천하게 되는 것은 기술을 통해서가 아니다. 분명한 신념만이 그것을 가능하게 한다. 고전 소설,《제인 에어(Jane Eyre)》에서 주인공 제인은 로체스터(Mr. Rochester)와 사랑에 빠지지만, 상대가 유부남이며 정신 질환을 앓는 아내를 다락방에 가둬 두고 있다는 것을 알게 된다. 그럼에도 불구하고 로체스터는 제인에게 정부(情婦)가 되어 달라며 제인을 붙잡는다. 제인은 엄청난 심리적 갈등을 느끼며 내면에 광풍이 몰아치는 것을 지켜본다.

> …그이가 이야기를 하는 사이에도 양심과 이성이 날 배신하고 그이를 물리치는 것이 죄라고 비난했어. 감정 못지않게 큰소리로 거칠게 떠들어댔지. '하자는 대로 좀 해! 얼마나 참담할지 생각해 봐. 얼마나 위험할지, 혼자 남겨 두고 떠나면 어떤 형국이 될지 잘 보라고. 앞뒤를 가리지 못하는 성품이라는 것을 잊지 마. 낙담해서 무모한 짓을 저지를지 모른다는 것도 감안해야 해. 마음을 달래 줘. 그이를 구해 줘. 사랑해 줘. 사랑한다고, 당신의 소유가 되겠노라고 말해 줘. 누가 너한테 신경이나 쓰겠어? 네가 한 일 때문에 상처를 받기라

도 한 대?'

제인은 자신의 마음에 각기 다른 방과 구역이 있다는 것을 깨달았다. 양심과 이성과 감정의 방이다. 그런데 모든 방에서 들고 일어나 로체스터의 요청에 따르라고 닦달한다. 굴곡진 인생에 지쳐 외롭고 비참한 로체스터에게 위로를 줄 수 있는 사람은 자신뿐이라고 말이다. 그는 부자인 데다가 제인을 사랑하기까지 한다. 누가 봐도 딱 들어맞는 짝이다. 하지만 제인은 양심과 이성과 감정의 아우성에 저항한다.

> 여전히 내면의 소리가 대꾸했다. '나를 잘 지킬 거야. 더 외로워지고, 친구가 줄어들고, 지지해 주는 이가 더 없어질수록 나를 더 존중할 거야. 하나님이 주시고 인간이 인정한 법들을 잘 지키겠어. 미치지 않고 멀쩡한 정신으로 받아들인 원칙들을 단단히 붙들 거야. 법률과 원칙들은 아무런 유혹도 없을 때 쓰라고 만든 것이 아니야. 몸과 영혼이 그 엄중함에 반기를 들고 일어나는 지금 같은 상황을 위해 만들어진 거지. 법과 원칙은 단호해. 어겨서는 안 돼. 저 편리한 대로 깨트린다면 무슨 가치가 있겠어? 거기엔 그만한 가치가 있어. 난 늘 그렇게 믿었지. 그런데 이제 와서 신뢰하지 않는 것은 내가 정신이 나간 탓이야. 그래 넋이 나간 탓이고말고. 내 피가 끓고 있고 내 심장이 걷잡을 수 없이 고동치니까. 지금 붙

잡아야 할 건 진즉에 가지고 있던 의견과 미리 내려 둔 결정 뿐이야. 딛고 설 데라고 거기가 전부야.' 나는 그렇게 했다.

《제인 에어》는 여러 차례 영화나 텔레비전 드라마로 제작되었고 그때마다 로체스터가 간곡하게 부탁하는 장면이 어김없이 등장했지만, 이 내면의 대화가 구현됐던 적은 단 한 번도 없었던 것 같다. "나를 잘 지킬 거야" 같은 대사 한 마디면 제인의 저항 의지를 여실히 드러낼 수 있었을 텐데 말이다. 시청자들로서는 제인이 그저 자존심을 지키려는 뜻에서 유혹을 거부한 것처럼 이해할 것이다. 정부가 되어 달라는 로체스터의 요청에 대해 부도덕이 아닌 모욕적이어서 거부하는 꼴이 된 것이다. 여러 버전의 영화를 보았지만 하나같이 제인이 내면을 들여다보며 자신을 믿고 존중하는 마음으로 '2등' 자리를 거부하는 것 같은 인상을 받는다.

하지만 실제로 제인이 어떻게 저항하는지 찬찬히 살펴보라. 주인공은 기운을 차리려고 내면을 들여다본 것이 아니었다. 제인은 요란스러운 마음의 소리를 무시하고 하나님의 음성에 귀를 기울였다. 당시의 마음과 생각으로는 하나님의 도덕률을 전혀 이해할 수 없었을 것이다. 합리적인 것처럼 보이지도, 공평해 보이지도 않았지만 제인은 불편하다고 해서 법과 원칙을 깨트린다면 무슨 가치가 있겠느냐고 말한다. 이치에 맞고 이로울 때만 하나님 말씀에 순종한다면, 그것은 진정한 순종이 될 수 없다. 동의할 수 없을 때에라도 누군가에게 권위를 양도하는 것이 순종이다. 하나님의 법은 "몸과 영혼이 그 엄중함에 반기를 들고 일어나는" 유혹의 시기를 지나가기 위해 있는 것이다.

제인은 느낌이나 열정이 아니라 하나님의 말씀을 딛고 섰다. 유혹이 찾아왔을 때 그리스도인 싱글들이 나눠야 할 내면의 대화를 이보다 더 선명하고 유창하게 보여 주는 사례를 아직 찾지 못했다. 우리는 어떤 기초를 딛고 서야 할지 분별할 줄 알아야 한다.

결혼의 울타리 안에서만 성을 누리라

성경은 성관계를 결혼의 울타리 안으로 제한하고 있으며 다양한 본문들을 통해 남편과 아내들에게 성을 누리라고 가르치고 있다. 아가서와 잠언 5장 19절처럼 아내의 몸에서 기쁨을 얻으라고 권하는 부분에선 눈이 번쩍 뜨일 것이다. 고린도전서 7장 3-5절에서도 바울은 부부의 성관계가 얼마나 중요한지 적나라하게 설명하고 있다.

> 남편은 그 아내에 대한 의무를 다하고 아내도 그 남편에게 그렇게 할지라 아내는 자기 몸을 주장하지 못하고 오직 그 남편이 하며 남편도 그와 같이 자기 몸을 주장하지 못하고 오직 그 아내가 하나니 서로 분방하지 말라 다만 기도할 틈을 얻기 위하여 합의 상 얼마 동안은 하되 다시 합하라 이는 너희가 절제 못함으로 말미암아 사탄이 너희를 시험하지 못

하게 하려 함이라.

여성을 남편의 합법적인 소유물로 여기던 시절임을 고려하면 바울의 주장은 가히 혁명적이다. "남편도 그와 같이 자기 몸을 주장하지 못하고 오직 그 아내가 하나니"라는 말씀은 "부정적으로는 아내 외에는 그 누구와도 성관계를 하지 말아야 한다는 의무를 지적하는 한편, 긍정적으로는 아내에게 성적인 기쁨과 만족을 주어야 할 책임을 강조한다."[6] 당시 사회가 이중적인 잣대를 통해 남성들에게는 다수의 파트너와 성적인 관계를 맺는 것을 허용하면서 여성이 그렇게 처신할 경우 심하게 경멸했던 것에 대해 통렬한 일격을 날린 것이다. "아내는 자기 몸을 주장하지 못하고 오직 그 남편이 하며"라는 구절과 짝을 이루는 이 말씀에서 사도는 남편과 아내 모두 상대방에 대한 성적인 권리를 가지고 있다고 가르친다. 이전까지는 그 어디서도 들어 볼 수 없었던 획기적인 메시지다.

　　서구 사회의 인권 개념에 익숙한 요즘 독자들로서는 이 본문이 매우 만족스러울 것이다. 하지만 바울이 지적하고자 하는 핵심은 그것이 아니다. 이것은 결혼 관계 안에서 누리는 성적인 만족을 무한정 긍정적으로 바라보는 입장을 제시하는 것이다. 당시 고린도 교회 교인들이 속했던 로마 문화의 시각은 바울과 달랐다. "남성은 법적인 상속자를 얻는 한편 성적인 쾌락을 누리기 위해 여러 명의 아내를 두었으며 부부 사이에서 원하는 것을 얻지 못하면 밖으로 눈을 돌리는 것은 당연한 수순이었다." 하지만 역사가

312

들은 "가문의 명성과 재물, 신성한 의례를 물려받고 다시 후대에 전할 합법적인 상속자를 낳는 것이 결혼의 목적이라고 생각했던 이방의 철학 사상과 달리 바울은 에로틱한 욕구를 서로를 만족시키는 맥락을 보면서 결혼 관계를 재정립했다"[7]고 지적한다. 다시 말해, 바울은 결혼한 그리스도인들이 서로에게 만족을 주는 성관계를 가지는 것이 부부가 더불어 사는 데 있어서 아주 중요한 부분임을 부각시키고 있다. 이 본문은 사실상 사랑 안에서 성관계를 더 자주 하도록 격려하고 있다. 남편과 아내 어느 쪽이든, 상대방의 요구를 거부해서는 안 된다.

하나가 되는 경외감만으로 충분하다

고린도전서 7장의 이 본문은 중요한 자료라고 믿는다. 남편과 아내는 성적인 즐거움을 누리는 쪽이 아니라 주는 데 관심을 기울여야 한다. 간단히 말해서, 성관계에서 얻는 가장 큰 기쁨은 배우자가 희열을 얻는 것을 지켜보는 환희가 되어야 한다는 뜻이다. 배우자를 흥분시키는 데서 가장 큰 자극을 받는다면 이 원칙을 지키고 있다고 볼 수 있다.

이 장을 쓰기 위해 자료들을 조사하다가 캐시와 나는 오래전에 나눴던 이야기 한 토막을 기억해 냈다. 아직 젊었던 때, 그런 씨름을 했다는 사실조차 잊고 지냈는데 우연히 발견한 쪽지 한 장이 성관계를 두려워하기 시작했던 그때의 기억을 되살려 주었다.

당시 캐시는 사랑하면서 오르가즘을 느끼지 못하면 둘 다 낭패감이 들 것 같다고 했다. 나 역시 "어땠어요?"라고 물었다가 "아팠어요"라는 대답이 돌아오기라도 하면 충격을 받았고 아내 역시 마찬가지였다. 우리는 상당히 곤혹스러워 하다가 마침내 새로운 사실을 깨닫기 시작했다. 캐시는 쪽지에 이렇게 적어 놓았다.

> 오르가즘이 굉장하다는 걸 알게 됐다. 특히 둘이 동시에 절정에 이르면 더 바랄 게 없다. 하지만 그런 게 없다손 치더라도, 다만 하나가 되는 경외감, 경이감, 안전감, 행복감만으로 충분히 아름답고 감동적이다. 잘 해내려고 안간힘을 쓸 필요 없이 그저 성관계를 통해 서로 사랑하려고 노력하기만 해도 상황은 훨씬 나아지기 시작했다. 우린 성적인 능력에 대한 염려를 버렸다. 무엇을 얻을지에 대한 생각도 접었다. 사랑하는 이에게 무얼 줄 수 있을지, 그것만 생각했다.

이것은 수많은 부부들이 결혼 생활 가운데 마주치는 전형적인 문제, 어느 한쪽에서는 더 자주 관계를 갖고 싶어 하고 다른 쪽은 마다하는 문제의 해결에도 실마리가 될 수 있다. 성관계의 주목적이 즐거움을 얻는 것이 아니라 주는 데 있다면, 신체적으로 성적인 욕구가 적은 쪽은 상대방에게 선물을 줄 수 있다. 이는 합법적인 사랑의 행위이므로, "마음도 없는데 몸만으로는 싫어"라는 식의 반응으로 폄하해서는 안 된다. 선물을 기꺼이 주라.

성관계에서 가장 만족스러운 환경이 무엇이냐를 두고 수많은 부부들이 경험하는 의견 차이도 이것과 관련이 있다. 보편화시킬 수는 없겠지만, 남성인 나의 경우에는 상황이라는 것이 별 의미가 없다. 솔직히 말하자면 언제, 어디서든 상관없다는 뜻이다. 하지만 시간이 지나면서 여성인 아내에게는 분위기가 대단히 중요한 부분이라는 것을 깨닫게 되었다. 분위기란 무엇을 말할까? 촛불 같은 것을 말하는가? 다른 여성들도 대개 비슷하겠지만 캐시에게 적절한 분위기란 은은하게 불을 밝히는 것이 아니라 정서적으로 관계를 가질 준비가 되는 것을 의미했다. 따뜻한 분위기와 대화 같은 것들이다. 이런 사실을 알게 되긴 했지만 나로서는 그것을 배우고 익히는 속도가 너무 느렸다. 그러므로 성관계에 관해서는 서로가 인내심을 가지고 기다려 줄 필요가 있다. 우리 부부의 경우에는 서로 만족스러운 관계를 갖게 되기까지 몇 년이란 시간이 소요됐다. 하지만 기다려 볼 만한 가치가 있었다.

먼저 친밀감을 향상시키라

성경은 성관계에 대해 아주 고상한 시각을 가지고 있다. 성관계가 두 사람뿐만 아니라, 하나님과 그리스도인이 하나 됨을 보여 주는 표시와 도장이라고 말하기 때문이다. 그러므로 일상에서는 절대로 알 수 없을 만한 문제가 '침대에서' 드러날 수도 있다. 그것은 과거의 관계에서 비롯된 죄책감, 두려움, 또는 분노 같은 것일 수도 있고 현재의 관계에서 자라고 있는 불신이나 무례함, 또는 풀리지 않는 차이들일 수도 있다. 성관계는 중요하고도 매우 예민한 것이어서 이런 문제들이 숨김없이 드러나게 마련이다. 부부 관계가 원만하게 유지되고 있는 것이 아니라면 성관계 또한 삐걱거릴 가능성이 크다. 그러므로 수면 아래를 면밀히 들여다보아야 한다. 기교가 부족해서 '성적으로 잘 맞지 않는' 일은 거의 일어나지 않는다. 오히려 관계의 기저에 더 깊고 근본적인 문제가 있음을 보여 주는 신호일 공산이 크다. 그럴 경우에는 속내를 털어 놓고 이야기하다 보면 성적인 친밀감이 훨씬 향상되곤 한다.

　루이스 스미디스의 말마따나 시간이 지날수록 한 여성, 또는 한 남성이 아니라 여럿과 함께 살게 된다는 것은 결혼의 기본 법칙에 속한다. 시간, 자녀, 질병, 나이 따위의 요소들은 성관계에 온갖 변화를 일으킨다. 따라서 예전과 달리 성적으로 친밀한 관계를 구축하기 위해서는 창의적이고 훈련된 반응이 필요할지도 모른다. 우리 부부는 결혼 생활과 성의 관계를 엔진에 기름을 칠하는 데 빗대어 설명한다. 엔진에 윤활유를 부어 주지 않으면 맞물려 돌아가는 부분마다 마찰이 생겨 모터가 망가지거나 다 타 버리고 말 것이다. 행복하고 사랑스러운 성관계가 사라진다면 결혼 생활에서 일어나는 갖가지 마찰이 분노와 원망, 냉담한 분위기와 실망으로 이어지기 쉬울 것이다. 헌신이라는 접착제로 단단히 붙여 놓지 않으면 그런 감정들이 강력한 힘이 되어 둘 사이를 갈라놓을 수도 있을 것이다. 만족스러운 성생활을 위한 노력을 포기하지 말라.

성적 연합은 영광스러운 것이다

성적으로 연합되는 것은 영광스러운 일이다. 이것은 굳이 성경을 들추지 않더라도 알 수 있는 사실이다. 성적인 연합은 흠모와 경탄의 말들을 쏟아 내게 하며 문자 그대로 기뻐 외치며 칭찬하는 말들을 자아낸다. 성경을 보면 그 까닭을 알 수 있다. 요한복음 17장은 창세전부터 성부와 성자와 성령님이 서로 찬양과 영광을 돌렸으며, 서로 깊이 헌신했고, 서로의 마음에 쉴 새 없이 사랑과 기쁨을 쏟아 부었다는 것을 보여 주고 있다. 남편과 아내의 성관계는 이러한 아버지와 아들의 깊은 사랑을 암시하며 드러내 보인다 (고전 11:3). 삼위일체 하나님이 가지신 생명과 그 안에 있는 기꺼운 자기 헌신과 사랑의 기쁨을 반영하고 있다.

성적 연합이 영광스러운 것은 삼위일체의 환희를 반영할 뿐만 아니라 언젠가 하늘나라에서 하나님과, 그리고 다른 그리스도인들과 나누게 될 사랑의 관계 및 그 안에서 누릴 영원한 기쁨을 암시하기 때문이다. 로마서 7장 1절은 최상의 결혼이야말로 사랑 안에서 그리스도와 이루게 될 심오하고, 무한정 만족스러우며, 영원히 변치 않는 연합을 상징적으로 보여 준다고 말한다.

누군가의 말처럼, 남녀 간의 성관계는 둘이 하나가 되어 육체를 떠나는 경험이다. 더없이 황홀하고, 숨 막히며, 대담하며, 장래의 영광을 짐작하게 하기 때문이다.

사랑이 결혼이라는 집을 떠받치게 하라

사랑하는 자들아 하나님이 이같이 우리를 사랑하셨은즉
우리도 서로 사랑하는 것이 마땅하도다(요일 4:11).

17세기 그리스도인 시인인 조지 허버트(George Herbert)는 사랑에 관한 노래 세 편을 썼다. 그중에서도 '사랑(Ⅲ)'이라는 짤막한 제목을 단 마지막 한 수가 가장 유명하다.

사랑은 반갑다고 인사했지만 내 영혼은 뒷걸음질 쳤다.
가책과 죄의 먼지를 덮어쓴 채로.
하지만 눈치 빠른 사랑은 문간에서 미적거리는 날 보고
더 가까이 다가와 부드럽게 물었다.
혹시, 필요한 게 있느냐고.
"손님으로 왔는데, 자격이 될지 몰라서"라고 대답한다.
사랑이 말했다. "되고말고."
"무정하고 은혜를 모르는 내가요? 아, 소중한 분이여,

318

난 당신을 바라볼 수 없습니다."

사랑은 내 손을 잡고 웃으며 대꾸했다.

"누가 눈을 만들었더냐? 내가 아니더냐?"

"맞습니다, 주님. 하지만 제가 망쳐 놓았는걸요.
부끄러운 이 몸, 마땅히 가야 할 곳으로 보내 주세요."

"모르겠니?" 사랑은 말한다. "누가 죄를 짊어졌는지?"

"소중한 분이시여, 그럼 제가 섬기겠습니다."

"자리에 앉으렴." 사랑은 말한다. "그리고 내 살을 먹으렴."

나는 자리에 앉아 그분의 살을 먹는다.

사랑은 반가이 맞아들이지만 시인은 죄책감과 죄 때문에 뒷걸음질 치며 문간으로 물러난다. 하지만 사랑은 모든 것을 눈치 채고 주저하는 시인에게 다가와 따뜻하게 말을 건넨다. 그리고 마치 주막의 나이 지긋한 주인장처럼 묻는다. "뭐 필요한 거라도?" 손님은 정말 중요한 한 가지, 사랑받을 자격을 갖추지 못했노라고 대답한다. 주인은 냉철하면서도 자신 있는 말투로 자격을 주겠노라고 답한다. 듣고도 믿을 수가 없어서 손님은 사랑을 감히 쳐다보지도 못하겠다고 고백한다.

    수수께끼 같은 인물은 마침내 자신이 누구인지 밝힌다. "그대는 아는가? 내가 바로 눈을 만든 이일세. 나를 바라보도록 두 눈을 지었지." 상대를 '주님'이라고 부르는 것을 보면 손님은 이제 사랑이 어떤 존재인지 깨달았음에 틀림없다. 하지만 여전히 소망은 없다.

"이 비열한 인간을 부끄러움 속으로 밀어 내십시오."

"정말 모르겠니? 내가 네 죄를 짊어졌다는 걸?"

이쯤 되니 깊고 깊은 두려움과 의심에 잠겨 있던 손님도 말문이 막힐 수밖에 없다. 그러자 주님은 사랑스럽게, 한편으론 단호하게 자리에 앉으라고 말한다. 겸손하게 제자들의 발을 씻기신 온 우주의 주인이신 주님이 이제 사랑을 입은 무가치한 인간을 위해 상을 차리신다.

"내 살을 먹어야 한다."

"나는 자리에 앉아 그분의 살을 먹는다."[1]

프랑스 철학자이자 작가이며 사회 운동가였던 시몬 베유 (Simone Weil)는 유대인 불가지론자였다. 하지만 1938년 어느 날, 조지 허버트의 이 시를 묵상하다가 압도적이리만치 강력한 하나님의 사랑을 체험했다. 시몬은 그 순간을 이렇게 적고 있다. "그리스도께서 오셔서 나를 사로잡으셨다."[2] 그날 이후로 시몬은 거듭난 그리스도인이 되었다. 그녀는 한 번도 그런 체험을 기대하거나 추구하지 않았다. 신비로운 체험에 관한 책을 읽어 본 적도 없다. 불가지론을 따르는 유대인으로서 그리스도가 이런 역사를 일으키시리라고는 꿈에도 생각지 않았다. 그런데 시를 읽는 사이에 십자가에 달리신 그리스도의 희생이 사실로 다가왔다. "돌연히 그리스도께 사로잡히면서… 마치 고통의 한복판에서, 마치 사랑하는 이의 얼굴에서 미소를 읽어 내듯, 사랑의 임재를 느꼈다."[3]

루이스 잠페리니의 회심에서도 그리스도의 사랑이 밀물처럼 들이닥쳐서 여러 해 동안 자신을 고문했던 원수들을 용서하게 되었음을 볼 수 있다. 하지만 영적인 성장이 늘 그런 식으로 이뤄지는 것은 아니다. 시몬 베유의 경험에 대해서도 같은 이야기를 할 수 있다. 허버트의 시는 영감이 넘치는 걸작이다. 이 시는 내게 끝없는 통찰을 주는, 내 마음속 살아 있는 노래이기도 하다.

무엇보다 중요한 것은 결국 그리스도의 사랑이 결혼이라는 집을 떠받치는 탄탄한 기초가 된다는 사실이다. 예수님께 회심하는 이들 가운데 더러는 거룩한 사랑이 거대한 파도처럼 자신들의 메마른 마음으로 곧장 밀려드는 경험을 하기도 한다. 반면 동일한 사랑이 마치 이슬비처럼 조금씩 내려앉는 것을 느끼는 이들도 있다. 어느 경우가 됐든지, 우리 마음은 그리스도의 사랑으로 촉촉하게 젖어 온갖 종류의 사랑들이 자랄 수 있는 밭이 되기를 바란다.

> 사랑하는 자들아 우리가 서로 사랑하자 사랑은 하나님께 속한 것이니… 사랑하지 아니하는 자는 하나님을 알지 못하나니 이는 하나님은 사랑이심이라 …사랑은 여기 있으니 우리가 하나님을 사랑한 것이 아니요 하나님이 우리를 사랑하사 우리 죄를 속하기 위하여 화목 제물로 그 아들을 보내셨음이라 사랑하는 자들아 하나님이 이같이 우리를 사랑하셨은즉 우리도 서로 사랑하는 것이 마땅하도다(요일 4:7-8, 10-11).

주

프롤로그

1. 스무 살이었던 캐시는 C. S. 루이스에게 편지를 썼으며, 작가 C. S. 루이스가 보내
온 답장을 자신이 가지고 있던 《나니아 연대기》 표지 안쪽에 붙여 놓았다. 이 네
통의 편지는 그가 쓴 *Letter to Children*과 *Letters of C. S. Lewis* 3권에도 실려 있다.

2. C. S. Lewis, *The Problem of Pain*(HarperOne, 2001), 150. 아이러니컬하게도 루이스야
말로 아내와 나를 이어 주는 끈의 주 재료였다.

3. 1787년, John Rippon이 쓴 찬송가.

4. 성 역할과 성생활은 오늘날 문화와 사회 전반에 걸쳐 가장 뜨거운 논란이 벌어지
고 있는 이슈다. 앞으로 살펴보게 될 주요 본문 두 곳(에베소서 5장과 창세기 2장)은 신
학적인 전쟁터나 다름없다. 거기에 등장하는 '머리'라든지 '돕는 배필' 같은 용어
는 그 의미와 중요성을 둘러싼 허다하고도 장구한 논쟁의 대상이 되어 왔다. 두
번째 이슈는 동성 간의 결혼에 관한 것이다. 성경은 이성 사이의 결혼을 강력하게
지지하는 한편, 동성 결혼을 금한다. 하지만 현대 사회에서는 같은 성을 가진 이들
도 결혼할 수 있는 권리가 있다는 주장이 갈수록 힘을 얻고 세를 불리고 있는 것
이 사실이다. 이런 이슈들에 얽힌 여러 주장들에 대해 우리가 취하는 입장은 남성
의 리더십, 성 역할, 동성애에 대한 전통적인 기독교 사상과 맥락을 같이 한다. 여
기 소개된 결혼 생활의 비전을 검토하면서 그 주장들을 받아들여 하나하나 시험
해 보길 권하고 싶다.

5. 성과 결혼에 대한 성경의 가르침은 일관성이 있으며 깊은 지혜를 담고 있다. 하
지만 대중문화로부터 맹렬한 공격을 받아 온 것도 사실이다. Jeniffer Knust
의 *Unprotected Text : The Bible's Surprising Contradictions About Sex and
Desire*(HarperOne, 2011)가 대표적이다. Knust는 성경이 일부다처와 성 매매를 인정
하다가(구약의 특정 부분에서) 나중에 금지하는 쪽으로 돌아섰다(신약의 특정 부분에서)고
주장한다. 따라서 성경은 전반적으로 일관성이 결여되어 있으며 성과 결혼에 대해

통일된 지침을 주지 못한다는 것이다. 예를 들어, Knust는 서문에 이렇게 적었다. "성경은 매춘에 반대하지 않는다. 적어도 초지일관은 아니다. 성경에 등장하는 족장, 유다는 일 보러 가던 길에 매춘부의 유혹을 받았고 기꺼이 그 뒤를 따라갔다. …나중에야 그 '창녀'가 실은 며느리 다말이었음을 알고 분통을 터트렸다. …성경이 매춘부를 문제 삼고 있는가? 꼭 그런 건 아니다."(p. 3). 하지만 성경 기자들의 기록이 있다고 해서 그와 같은 행위들을 장려하거나 홍보하는 것으로 볼 수는 없다. 창세기의 내레이터는 유다의 행위와 바로 다음 장에 등장하는 요셉의 태도를 의도적으로 비교하면서, 혼외 성관계를 '나쁜 일'이자 '하나님을 거역하는 죄'(창 39:9)로 규정한다. Knust가 다룬 텍스트들이라면 나 역시 지난 40여 년 간 하나도 빠짐없이 개인적으로 연구했을 뿐만 아니라 공개적으로 가르치기도 했다. 상식적인 차원에서 Knust의 본문 이해를 반박하는 사례는 말할 것도 없고 훌륭한 학술 논문도 수두룩하다. 희한하게도 Knust는 그런 점들에 대해서는 일언반구 말이 없다. 심지어 진보와 보수를 가리지 않고 성경을 연구하는 학자들이 한 목소리로 반론을 제기하는 부분들(가령, 창세기 38장에 대한 해석처럼)에 대해서도 각주를 포함한 그 어느 곳에서도 한 마디 언급조차 없다. 성생활과 관련된 성경의 지혜를 공격하는 강연이나 서적, 기사들을 보면 절대 다수가 이런 식이다.

01

1. 이 단락에 제시된 수치들은 W. Bradford Wilcox, ed., *The State of Our Unions : Marriage in America*, 2009(The National Marriage Project, University of Verginia)와 *The Marriage Index : A Proposal to Establish Leading Marriage Indicators*(Institute for American Values and the National Center on African American Marriages and Parenting, 2009)에서 가져왔다. 두 자료 모두 온라인에서 PDF형태로 볼 수 있는데 각각 www.stateofourunions.org와 www.americanvalues.org(Wilcox), www.hamptonu.edu/nccamp(American Values)에 올라와 있다.

2. 1970년에는 초혼 가정 가운데 77퍼센트가 망가지지 않은 채 유지되었지만 오늘날은 61퍼센트 정도로 낮아졌다(*The Marriage Index*, 5). 다시 말해서 지금은 결혼한 부부 가운데 45퍼센트가 별거나 이혼을 택한다(*The State of Our Unions*, 78).

3. *The Marriage Index*, 5.

4. "The Decline of Marriage and the Rise of New Families"(Pew Research Center Report, November 18, 2010). http://pewsocialtrends.org/2010/11/18/the-decline-of-marriage-and-the-rise-of-new-families/2/에서 온라인으로도 볼 수 있다.

5. Wilcox, *The State of Our Unions*, 84.

6. David Popenoe and Barbara Dafoe Whitehead, *The State of Our Unions: 2002-Why Men Wo't Commit*(National Marriage Project), 11.

7. Ibid., 85.

8. Ibid. 결혼하기 전에 함께 산 커플들은 혼전 동거를 거치지 않은 부부보다 이혼으로 끝나는 비율이 높았다. 그러나 그 이유에 대해서는 의견이 분분하다. 어떤 이들은 동거 경험을 통해서 결혼 생활을 엉망으로 만들 수 있는 나쁜 습관들이 드러나기 때문이라고 믿는다. 반면에 혼전 동거를 택한 부부들은 그렇지 않는 커플들과 다른 특성을 가지고 있으며, 부부 생활을 파국으로 몰아 가는 요인은 동거 그 자체가 아니라 기왕에 가지고 있던 기질들이라는 주장을 내세우는 이들도 있다. 이론은 달라도 결과는 매한가지다.

9. "Your Chances of Divorce May Be Much Lower than You Think," in Wilcox, *The State of Our Unions*, 2009, 80.

10. Popenoe, *The State of Our Unions*, p. 7, 남자들이 결혼하기 전에 함께 사는 열 가지 이유 가운데 하나는 "아내보다 집이 필요해서"다(9번).

11. "The Surprising Economic Benefits of Marriage," in Wilcox, *The State of Our Unions*, 86.

12. http://answers.yahoo.com/question/index?qid=20090823-064213AAoKwvq

13. Adam Sternburgh, "A Brutally Candid Oral History of Breaking Up," *New York Times Magazine*, March 11, 2011.

14. Ibid.

15. Linda Waite, et al., Does *Divorce Make People Happy? Findings from a Study of Unhappy Marriages*(American Values Institute, 2002). www.americanvalues.org/UnhappyMarriages.pdf.을 보라.

16. Linda J. Waite는 말한다. "조사 결과, 불행한 결혼 생활 끝에 이혼한 부부는 불행한 대로 결혼 생활을 유지하는 부부에 비해 심리학적으로 행복을 규정하는 12개 항목 가운데 어느 한 곳에서도 더 나은 점수를 받지 못했다. 인종, 연령, 성, 수입을 막론하고 비슷한 결과가 나왔다. …이러한 결과는 이혼으로 얻을 수 있는 실익

이 과대평가되었음을 보여 준다." *Does Divorce make People Happy?* 보도 자료에서 발췌. www.americanvalues.or g/html/r-unhappy_ii.html에서 볼 수 있다.

17. "The Decline of Marriage"(2010 Pew Center report). 보고서는 결혼한 부부의 84퍼센트는 가정 생활에 만족하고 있다고 결론지었다. 파트너와 동거하는 커플은 71퍼센트, 혼자 사는 남녀는 66퍼센트였던 데 반해 이혼하거나 별거중인 이들의 만족도는 50퍼센트에 그쳤다.

18. Wilcox, *The State of Our Unions*, 101.

19. "Teen Attitudes about Marriage and Family"(Wilcox, *The State of Our Unions*, 113)를 보라. 놀랍게도 결혼 전에 동거하는 것이 '좋은 생각'이라고 생각하는 십대의 숫자는 몇 년에 걸쳐 증가하다 감소 추세로 돌아섰다. 보고서는 "최근 혼전 동거를 받아들이는 비율이 하락세를 보이고 있기는 하지만 전반적으로는 남녀 청소년 모두 결혼과 관련해 혼인하지 않고 자녀를 낳아 키우는 등의 대안적인 라이프스타일을 점점 더 인정하는 양태를 보이고 있다"고 결론지었다(p. 112).

20. John Witte, Jr., *From Sacrament to Contract : Marriage, Religion, and Law in the Western Tradition*(Louisville : John Knox Press, 1977), 209.

21. *New York Times*, December 31, 2010, www.nytimes.com/2011/01/02/weekinreview/02parkerpope.html.

22. Popenoe and Whitehead, *The State of Our Unions*. www.virginia.edu/marriageproject/pdfs/SOOU2002.pdf에서도 볼 수 있다.

23. Sternburgh, "A Brutally Candid Oral History."

24. Ibid., 13.

25. Ibid., 15.

26. Ibid., 17.

27. Sara Lipton, "Those Manly Men of Yore," *New York Times*, June 17, 2011.

28. Popenoe and Whitehead, *The State of Our Unions*, 14. www.virginia.edu/marriageproject/pdfs/SOOU2004.pdf에서도 볼 수 있다.

29. John Tierney, "The Big City : Picky, Picky, Picky," *New York Times*, February 12, 1995.

30. *Haven in a Heartless World : The Family Besieged*(New York, Basic Books, 1977). Lasch는 결혼을 인간과 공동체를 창출하는 제도로 보는 전통적인 결혼 이해와 자율적인 개인의 필요를 성취하는 '치료의' 통로로 인식하는 오늘의 결혼관을 대비

시킨 초기 인물 가운데 하나다.

31. Tierney, "The Big City : Picky, Picky, Picky."

32. C. S. Lewis, *The four Loves*(New York : Harcourt, 1960), 123.

33. Stanley Hauerwas, "Sex and Politics : Bertrand Russell and 'Human Sexuality,' " *Christian Century*, April 19, 1978, 412-422. www.religion-online.org/showarticle. asp?title=1979에서도 볼 수 있다.

34. 마르틴 루터가 인간의 죄성을 표현하는 데 사용한 라틴어 용어로 '자기 안으로 굽어' 있다는 의미다. 원죄와 일반적인 죄를 설명하면서 여러 차례 이 단어를 사용하고 있는 마르틴 루터의 로마서 강의를 참조하라. 자기중심적인 성향이 결혼 생활에서 일으키는 문제들에 관해서는 제2장을 보라.

35. *Love in the Western World*(New York : Harper and Row, 1956), 300. Diogenes Allen, *Love : Christian Romance, Marriage, Friendship*(Eugene, OR, Wipf and Stock, 2006), 96 에서 인용.

36. Ernest Becker, *The Denial of Death*(New York : Free Press, 1973), 160.

37. Sharon Jayson, "Many Say Marriage is Becoming Obsolete," *USA Today*, November 11, 2010도 그중의 하나다.

38. Rashida Jones, speaking to E! 기사는 http://ohnotheydidnt.livejournal. com/57296861.html에 실려 있음.

39. '자유 결혼(open marriages)'이 대다수에게 더 유익하다는 증거가 전혀 없을 뿐만 아니라 도리어 이루 헤아릴 수 없이 많은 자료들, 또는 심증이 그 반대일 가능성을 제기하고 있다. Nena O'Neill이 세상을 떠났을 당시에 나온 메시지도 같은 맥락이었다. O'Neill은 14개 언어로 번역되어 3,500만 권 이상 팔려나간 기념비적인 책 *Open Marriage : A New Life Style for couples*(M. Evans and Company, 1972)의 공저자 가운데 한 명이었다. 이 책은 더할 나위 없이 조심스럽게 제안한다. "혼외 성관계를 권하는 것은 아니지만 그렇다고 반드시 피해야 한다는 이야기도 아니다. 선택은 오로지 각자의 몫이다." 70년대를 풍미했던 심리학에 토대를 둔 이러한 선언은 "성적인 순결은 배타적인 결혼이라는 거짓된 신화의 산물"이라는 유명한 말과 더불어 기혼 독자들에게 배우자 외에 파트너와 자유롭게 관계를 가질 수 있는 길을 터주었다. O'Neill의 사망 소식을 전하면서 *New York Times*는 이런 평가를 붙였다. "혼외 관계는 처음부터 끝까지 민감한 주제다. 다수가 가진 지배적인 개념으로 보지 않으며 두말할 것도 없이 타당성이 입증되지도 않았다." O'Neill의 주장은 그

가설을 좇은 이들을 파국으로 몰아넣고 친밀감을 깨트리고 질투와 배신감을 부추기는 결과를 낳았을 뿐이다(인용문은 Margalit Fox, "Nena O'Neill, 82, an Author of 'Open Marriage,' Is Dead" *New York Times*, March 26, 2006에서 가져왔다).

40. Elissa Strauss, "Is Non-Monogamy the Secret to Lasting Marriage?" June L, 2011, slate.com/blogs/xx_factor/2011에 포스팅.

41. 논란의 여지가 많은 얘기 같지만 그렇지 않다. 사회사를 다룬 어느 책자를 보든 결혼의 기원은 '선사시대'까지 거슬러 올라감을 알 수 있을 것이다. 다시 말해 인류는 결혼이 존재하지 않았던 시기를 기억해 낼 수 없다. 다양한 문화나 소규모 부족 집단을 뒤져 결혼 없이 유지되는 사례를 찾아내려는 노력이 더러 있었지만, 널리 인정받는 데 성공한 경우는 없었다. 중국 남부의 소수민족인 모수오족(Mosuo) 또는 나족(Na people)을 둘러싼 논쟁만 해도 그렇다. 모수오족 사회에서 결혼한 커플은 한 집에 살지 않는다. 형제와 자매들이 가정을 이루고 함께 살며 아이를 공동 양육한다. 자매들의 아이들(자신의 생물학적인 자녀가 아닌 조카들)을 부양하고 키우는 책임은 대부분 남자들이 진다. 가족 구성은 몹시 희한하지만 그렇다고 해서 결혼이나 가족이라는 관습이 존재하지 않는다는 뜻은 아니며 도리어 더 강력하다. 비록 한 집에 살지 않더라도 아버지는 자녀들의 삶에 절대적인 영향을 미치는 존재다. 여성들은 파트너와 장기적이고 지속적인 관계를 갖는다. 결혼한 커플 가운데는 더러 동거하는 경우도 있다. web.pdx.edu/~tblu2/Na/myths.pdf.를 찾아 Tami Blumenthal이 2009년에 펴낸 보고서, *The Na of Southwest China : Debunking the Myths*를 보라.

42. P. T. O'Brien, *The Letter to the Ephesians*(Grand Rapids, MI : Eerdmans, 1999), 109-10. 이 책은 전반적으로 O'Brien의 에베소서 5장 주해를 충실하게 따르고 있다. 특히, "여러 가지 비밀이 있는 게 아니라 한 가지 비밀의 여러 측면이 존재할 뿐"(pp. 433-4)이라는 말에 깊이 공감한다. "결혼 자체는 신비(비밀)가 아니다. …(결혼은) 신랑 되신 주님과 신부인 교회 사이의 아름다운 관계를 보여 주는 축소판이다. 그를 통해 복음의 신비가 모두 드러난다"(p. 434).

43. G. W. Knight, "Husbands and Wives as Analogues of Christ and the Church : Ephesians 5:21-33 and Colossians 3:18-19." in *Recovering Biblical Manhood and Womanhood : A Response to Evangelical Feminism*, eds. J. Piper and W. Grudem(Wheaton, IL : Crossway, 1991), 176. O'Brien, Ephesians, 434n.

44. Robert Letham, *The Holy Trinity : In Scripture, History, Theology, and*

Worship(Phillipsburg, NJ : Presbyterian and Reformed, 2004),k 456.

45. O'Brien, *Ephesians*, 434.

02

1. 에베소서 5장 21절은 그리스도인이라면 누구나 제각기 모든 신앙의 형제자매들에게 복종해야 한다는 뜻인가? 아니면 따라야 할 대상을 소개하는 '의도된' 언급이어서 다양한 역할과 사회적 위치에 따라 권위를 가진 이들에게 순종해야 한다는 일반적인 말인가? P. T. O'Brien(*The Letter to the Ephesians*[Grand Rapids, MI : Eerdmans, 1999], 436)을 비롯한 학자들은 이 본문의 메시지를 후자에 가깝게 해석해야 한다는 사실을 잘 변증해 냈다. 가령 21절은 부부에 관련된 부분(22-23)뿐만 아니라 부모와 자녀 사이를 규정하는 영역의 도입부 구실도 하고 있다. 아들딸들이 부모에게 순종하는 것과 똑같은 방식으로 아버지 어머니도 자녀에게 복종하라는 뜻이 아님은 두말할 것도 없다. 다른 한편으로는 남편과 아내가 서로에게 의무와 책임을 지고 있음을 잊어버리는 정반대의 실수를 저지르지 않도록 조심해야 한다. 바울은 갈라디아서 5장 13절에서 노골적으로 서로의 'douloi', 곧 계약 노예(은유적인 표현이다)가 되라고 가르치면서 그리스도인이라면 누구나 사랑이라는 '빚'을 지고 있다고 했다(롬 13:8). 결국 남편과 아내는 모두 상대방을 위해 '자신을 내어 주며' 희생해야 한다.

2. 엄격하게 말하자면, 예수님이 말씀하신 성령 역사의 일차적 수혜자는 사도들이다. 요한복음 13-17장에 기록된 이른바 '다락방 강화(Upper Room Discourse)'에서 예수님은 돌아가셨다가 부활하신 뒤에 복음의 전수자로 일할 수 있도록 제자들을 준비시키고 계신다. 특히 세상에 머물며 일하시는 동안 친히 가르쳐 주신 모든 것들이 생각나도록 성령님이 이끄실 것이라고 하신다(요 14:26). 사역을 시작하실 때부터 줄곧 함께했기 때문이다(요 15:27). 사도들의 목격담과 가르침은 신약 성경의 토대가 되었다. 하지만 다른 한편으로는 "거기에 근거해 예수님을 따르는 오늘날의 제자들 속에도 성령님이 지속적으로 역사하신다고도 말할 수 있다"(D. A. Carson, *The Gospel According to John*[Leicester, England : Inter-Varsity Press], 541). 모든 그리스도인 안에서 벌어지는 성령님의 사역은 요한복음 14-17장에 설명되어 있는 것처럼 한 사람 한 사람의 마음과 생각에 예수님을 영화롭게 한다. 에베소서 1장 17절, 18-20절,

3장 14-19절, 데살로니가전서 1장 5절을 보라. 요한복음 14-17장에서 예수님이 사도들에게 가장 먼저 성령님을 보내시겠다고 약속해 주신 덕분에 성령님이 거룩한 자녀들을 보살피는 으뜸가는 도구, 즉 성경을 놓치지 않고 붙잡을 수 있게 되었음을 잊지 말아야 한다. 결론적으로, 말씀을 조명해 주시는 역사는 성령 충만의 보편적인 통로가 된다.

3. 그렇다고 해서 그리스도인이 아니면 행복한 결혼 생활을 할 수 없다는 뜻은 아니다. 그러나 적어도 상대를 생각하며 갈수록 만족감이 커지는 부부 관계는 스스로 느끼든 그렇지 못하든 하나님의 도우심에 힘입고 있다는 사실만큼은 분명하다(약 1:17). 기독교 신학자들은 이를 가리켜 '일반은총'이라고 부른다. 야고보서 1장 17절과 로마서 2장 14-15절을 비롯한 수많은 성경 본문들이 그러한 사실을 뒷받침한다. 성경은 곳곳에서 신앙을 갖지 않은 이들의 행위와 업적을 선하고 의롭다고 표현하지만(왕하 10:29-30, 눅 6:33) 그 의로움의 근원이 하나님께 있음을 어김없이 지적한다.

4. C. S. Lewis, The Problem of Pain(HarperOne, 2001), 157. Lewis는 George MacDonald를 인용하고 있다.

5. C. S. Lewis, Mere Christianity(Macmillan, 1960), 190.

6. Derek Kidner, Psalms 73-150 : An Introduction and Commentary(Leicester, UK : IVP, 1973), 446.

7. 인용문과 설명은 Laura Hillenbrand, Unbroken : A World War Ⅱ Story of Survival, Resilience, and Redemption(Random House, 2010). Chapter 37(Twisted Ropes), Chapter 38(Beckoning Whistle), Chapter 39(Daybreak).

8. '주님을 향한 두려움'은 영적인 체험을 언급할 때 구약 성경이 주로 사용하는 표현으로 신약에는 거의 등장하지 않는다. 반면에 '성령 충만'은 신약 성경에 광범위하게 쓰이지만 구약에서는 쉽게 찾아보기 어렵다. '주님을 향한 두려움'이란 개념을 개괄하려면 Principles of conduct : Aspects of Biblical Ehtics(Grand Rapids, MI : Eerdmans, 1957)에 실린 John Murray의 글을 보라. 저자는 구약 성경을 근거로 내면의 영적 체험이나 동기가 결여된 외면만의 신앙과 순종은 그릇된 신앙임을 보여 준다. 성령님의 사역에 관한 글은 헤아릴 수 없을 만큼 많다. 구약에 기록된 '주님을 향한 두려움'이 신약의 성령 충만과 동일한 개념이라고 말하는 것은 지나친 일반화라는 생각이 든다. 그렇기는 하지만 실질적으로 그 둘은 동일한 본질을 가진 표현이다.

1. 신명기 10장 20절과 11장 22절. 여호수아서 22장 5절과 23장 8절. 특히 "네 하나님 여호와를 경외하여 그를 섬기며 그에게 의지하고 그의 이름으로 맹세하라"라고 한 신명기 10장 20절 말씀을 보라.

2. Russell, *Marriage and Morals*, 1957. Stanley Hauerwas, "Sex and Politics : Bertrand Russell and 'Human Sexuality'" in the *Christian Century*, April 19, 1978, 417-22에 인용.

3. Linda Waite, et al., *Does Divorce Make People Happy? Findings from a Study of Unhappy Marriage*(American Values Institute, 2002). www.americanvalues.org/UnhappyMarriages.pdf에서 온라인으로도 확인할 수 있음.

4. 결혼과 이혼, 재혼은 방대한 주제인 데다가 성경적인 가이드라인을 설정하려면 섬세하게 해석하는 작업을 거쳐야 하므로 이 책으로 소화할 수 있는 성질의 것이 아니다. 그럼에도 불구하고 오랫동안 성찰하고 연구해서 내린 개인적인 결론을 여기에 요약해 싣는다. 그리스도인으로서 이혼을 허용하는 성경적인 근거는 대략 두 가지 정도라고 본다. (a)배우자가 불륜을 저질렀을 경우 그리스도인도 이혼을 요구할 수 있다. 마태복음 19장 3-19절이 그러한 사실을 지적하고 있다. (b)배우자가 버리고 떠나서 돌아오길 거부하는 경우다. 이때도 이혼을 청구하는 것이 가능하다(고전 7:15). 두 번째 근거의 배경이 되는 본문은 '믿지 않는' 배우자를 버리는 문제를 언급한다(이러한 행동을 하는 남녀에 대해서는 신앙을 저버렸음을 공표하거나 교회가 나서서 징계를 해야 한다. 다시 말해서 그리스도인답게 행동하지 않으면서도 회개하기를 거부하면 교회는 마태복음 18장 15-17절의 가르침을 따라 당사자를 징책할 수 있다). 바울은 어느 경우든 학대를 견디다 못해 이혼한 배우자는 '얽매일 것이' 없다(고전 7:15)고 했다. 이는 재혼을 염두에 둔 표현이 분명하다. 다음 질문은 '버리고' 떠난다는 건 무슨 뜻인가 하는 것이다. 성경의 본문은 배우자에게 기꺼이 '같이 살기를 원하는'(고전 7:13) 마음이 있음을 전제로 한다. 그럼 가정 폭력은 어떻게 보아야 하는가? 아내를 때리는 남편은 본질적으로 떠났다고, 다시 말해서 기꺼이 '같이 살기를 원하는' 마음을 버렸다고 말할 수 있는 게 아닐까? 개인적으로는 그렇다고 생각한다. 하지만 이 질문은 대단히 중요한 결론과 이어진다. 이혼 가능성을 저울질하는 그리스도인들은 평생 하나님과 더불어 양심적으로 살고 싶다면 절대로 혼자서 그 결정을 내려선 안 된다. 마태복음 18장 15절은 자신에게 누군가 죄를(간음, 가족에 대한 의무 불이행, 학대 같은 극심한) 짓거든 '교회에' 말하라고 가르친다. 대다수 주석가들은 이를 적어

도 지도자들과는 상의를 해야 한다는 뜻으로 풀이한다. 마지막으로 성경적이 제시하는 근거 외에 다른 이유로 이혼한 이들은 재혼할 수 있는가 하는 문제를 살펴볼 필요가 있다. 이는 대단히 복잡한 이슈고 목회자나 성경학자들 사이에 일치된 견해도 없다. 개인적으로는 가능하다고 본다. 양쪽이 마음으로 회개하고 공개적으로 잘못을 인정해야 하지만 결론은 그렇다. Jay Adams의 질문은 그 이유를 한 마디로 함축해 보여 준다. "유독 이혼만을 용서받지 못할 죄로 삼을 까닭이 무어란 말인가?"(Jay E. Adams, *Marriage, Divorce, and Remarriage* [Grand Rapids, MI : Zondervan, 1980], 92ff.를 보라).

5. 본문은 다른 신들을 숭배하는 쪽으로 돌아선 이스라엘에 대해 하나님이 깊은 슬픔과 분노를 드러내시는 대목이다. 영적인 간음이었다. 백성들은 새로운 상대와 언약을 맺었다. 새로운 연인을 구한 셈이다. 하나님은 "내게 배역한 이스라엘이 간음을 행하였으므로 내가 그를 내쫓고 그에게 이혼서까지 주었으되…"라고 말씀하셨다. 본문 말씀에 따르면, 주님은 배신과 이혼의 아픔을 잘 알고 계셨음에 틀림없다. 똑같은 고통을 겪는 이들에게 이 사실은 커다란 위로가 된다.

6. Gary Thomas, *Sacred Marriage*(Grand Rapids, Mi Zondervan, 2000), 11에서 인용.

7. *Christianity Today* 1983년 1월 21일자에 수록.

8. Peter Baehr, *The Portable Hannah Arendt*(New York : Penguin Classics, 2003), 181. Smedes's 글에서도 인용.

9. Wendy Plump, "A Roomful of Yearning and Regret," *New York Times*, December 9, 2010. www.nytimes.com/2010/12/12/fashion/12Modern.html으로도 볼 수 있다.

10. J. R. R. Tolkien, *The Lord of the Rings : The Return of the King*(New York : Houghton-Mifflin, 2005) p.146 chapter8, The Houses of Healing.

11. 키르케고르는 여러 글에서 로맨틱한 사랑과 결혼의 특성을 설파했다. *Either / Or, Concluding Scientific Postscript*에 실린 "The Aesthetic Validity of Marriage"와 *Three discourses on Imagined Occasions*에 수록된 "On the Occasion of a Wedding"을 보라. 여기서는 Diogenes Allen이 *Love : Christian Romance*, 68ff에 키르케고르의 사상을 요약 정리한 내용에 주로 의지했다.

12. Ibid., 15.

13. Lewis, *Mere Christianity*(Harper San Francisco, 2001). p.130-131.

14. Ibid., pg 131-132.

15. 전통적인 문화를 유지하는 지역에서 볼 수 있는 '중매결혼'이 성경적인 패턴과

더 잘 들어맞을 수 있음을 지적하고 넘어가야겠다. 개인적으로는 성경이 제시하는 전형에 아주 잘 부합된다고 본다. 이탈리아에서 태어나 20세기가 되기 직전에 미국으로 온 이민자였던 할머니는 중매로 할아버지를 만나 결혼하셨는데 늘 내게 말씀하셨다. "좋은 남자란 걸 알고 있었어. 처음엔 사랑하지 않았지만 차츰 사랑하게 되었지. 옛날엔 다 그랬단다." 사랑의 행동은 사랑의 감정을 불러온다.

16. Lewis, *Mere Christianity*, Book Ⅲ, chapter 6, christian Marriage에서.

17. Ibid.

18. Ibid.

04

1. 창세기 1장에 되풀이되는 "보시기에 좋았다"라는 표현은 물질세계와 물리적인 실재가 본질적으로 선했음을 보여 준다. 그리스인들은 물질계의 피조물들이 우연, 또는 저등한 신들이 저지른 모반 행위의 결과라고 여겼다. 그래서 물질은 영혼을 가두는 감옥이라고 가르쳤으며 태생적으로 악하고, 지저분하며 정신과 영혼을 망쳐 놓는다고 믿었다. 그런 관점에서 보자면 육신은 영적으로 높은 수준에 이르기 위해 반드시 초월해야 할 대상이었다. 그러다 보니 그리스-로마 사회에서는 성적인 쾌락을 비하하거나 하찮은 것으로 여기는 분위기가 지배적이었다. 이와는 대조적으로, 창세기 1-2장에서는 친히 당신의 손으로 세상을 지으시고 생기를 불어넣으시는 하나님의 모습을 확인할 수 있다. 여기에 그리스도의 성육신과 육신의 부활까지 감안하면 아마도 기독교는 물질세계를 가장 옹호하는 신앙인지도 모르겠다. 심지어 장차 올 세상마저도 물질적이다. 물질과 영이 하나로 통합되어 영원히 산다고 보는 신앙은 세상 어디에도 없다.

2. 'ezer라는 말은 '감싸서 보호하다'라는 의미를 가진 동사에서 왔다. 이 단어를 둘러싼 논쟁들은 그 안에 내포된 성 개념과 성 역할에 관련된 것이 대부분이다. 여기에 관해서는 앞으로 더 다룰 예정이다. 당장은 그저 첫 번째 배우자는 단순한 연인이 아니라 친구였다는 사실만 지적하고 넘어가기로 하자.

3. Dinah Maria Mulock Craik, *A Life for a Life*(New York : Harper and Brothers, 1877, pg 169).

4. Ralph Waldo Emerson은 우정에 관한 에세이에서 가장 좋은 친구는 서로 좋아하

기도 하고 싫어하기도 하지만 그럼에도 불구하고 같은 비전을 가지고 그것을 실현하기 위해 나란히 걸어가는 이들 안에 있다고 주장했다. "우정은 호(好)와 불호(不好) 사이의 이례적인 중도를 요구한다. 한편이 되어 맞장구를 쳐주기보다 시비를 걸어 주는 친구가 더 낫다. 하나가 되기 전에 둘이 되어야 한다. 어마어마한 본성을 가진 두 인간이 서로 주목하고 서로 두려워함에도 불구하고 차이를 뛰어넘어 둘을 하나로 묶어 주는 뿌리 깊은 동질성을 가질 수 있다면 연합체가 될 수 있을 것이다." www.emersoncentral.com/friendship.htm에서 온라인으로 볼 수 있다.

5. C. S. Lewis, *The Four Loves*, first paperback ed.(New York : Mariner Books, 1971), chapter4.

6. Peter O'Brian은 교회를 '정결하게' 하시는 예수님의 사역은 오랜 시간을 두고 점진적으로 거룩해지는 과정이 아니며 단번에 이뤄지는 역사(신학자들은 이를 '근본적인 성화'라고 부른다)라고 주장한다. 성경에서는 '성화'가 영광스럽고 그리스도인다운 모습으로 변해 가는 점진적이고 단계적인 과정을 가리키는 사례가 더러 있지만, 그리스도를 믿는 순간 단번에 이뤄지는 '구별'의 의미로 쓰이는 경우가 더 많다. O'Brian은 바울이 서신들에서 부정 과거형을 사용했음은 '깨끗하게' 하는 작업이 장기적인 과정이 아니라 단번에 이뤄진 과거사임을 보여 준다고 말한다(P. T. O'Brian, *Letter to the Ephesians*[Grand Rapids, MI : Eerdmans], 1999, 422). 그렇기는 하지만 O'Brian의 빌립보서 1장 6절 주석을 보면 예수님이 우리를 감찰하시는 점진적인 성화 과정도 존재한다. 영적인 신랑(에베소서는 그렇게 적고 있다)으로서 주님의 목표는 우리를 '아름다운 모습으로' 만드시는 것이었다(27절, 헬라어로는 endoxan). 이것은 장차 이르게 될 '영적이고 도덕적인 완전함'(O'Brian, *Ephesians*, 425)을 가리키는 것이 분명하다. O'Brian이 빌립보서 1장 6절에 대해 설명하는 *The Epistle to the Philippians : The New International Greek Testament Commentary*[Grand Rapids, MI : Eerdmans, 1991], 64-5도 참조하라.

7. Lewis, *Mere Christianity*, 174-5.

8. "교회를 향한 그분의 사랑은 남편들에게 자기희생(25절)뿐만 아니라 목적과 목표를 설정하는 데에도 본보기가 된다. 그리스도가 교회를 거룩하고 정결케 하려고 자신을 온전히 내어 주셨던 것처럼, 남편들도 아내들의 온전한 행복, 특히 영적인 행복을 도모하기 위해 헌신적으로 노력해야 한다"(O'Brian, *Ephesians*, 423).

9. C. S. Lewis, *The Problem of Pain*(New York : HarperOne, 2001), 47.

05

1. Stanley Hauerwas, "Sex and Politics : Bertrand Russell and 'Human Sexuality'" *Christian Century*, April 19, 1978, 417-22.

2. Gary Chapman, *The Five Love Languages : The Secret to Love that Lasts*(Chicago : Northfield Publishing, 2010), from chapter 3, Filling in Love.

3. 전문을 인용하자면 이렇다. "너나없이 가면을 벗어 던져야 하는 자정이 다가오고 있다는 것을 모르는가? 삶이 항상 조롱만 당하고 있을 것 같은가? 자정이 되기 직전에 살짝 피해 달아날 수 있다고 생각하는가? 아니면, 아예 두렵지도 않은가?" Soren Kerkegaard, *Either/Or*, Ⅱ, Princeton : Princeton University Press, 1988, p 160.

4. 잔 받침을 박살내는 시위가 기발하긴 하지만, 부부 사이의 갈등을 처리하고 까다로운 메시지를 서로 주고받는 통상적인 방식이 될 수는 없다. 아내는 혼수 접시를 부수는 전략을 '딱 한 번만 통할 수 있는 작전'이라고 말한다.

5. 5장은 상당 부분 Arvin Engelson : "Marriage as a vehicle for sanctification." (Gordon-Conwell Theological Seminary에 제출한 미 발간 논문에서)의 신세를 졌다.

6. 여기에 대한 설명은 Chapman, *The Five Love Languages : The Secret to Love that Lasts*(Chicago : Northfield Publishing, 2010), chapter 10, Love Is a Choice에서 가져왔다.

7. Ibid.

06

1. 하나님이 "우리의 형상을 따라 우리의 모양대로 우리가 사람을 만들"자고 말씀하신 것은 단지 언어학적으로만 특이한 것이 아니다. 하나님이 스스로 '우리'라고 칭하신 경우는 창세기에서 남자와 여자를 만들려 하셨을 때뿐이다. 남성과 여성의 관계가 삼위일체 가운데 나타난 세 분 하나님의 관계를 반영하고 있다는 사실을 암시하는 대목이다. 양성 간의 관계는 성부, 성자, 성령 사이의 관계를 시사한다. 하나님이 3위(성부, 성자, 성령)라면 주님의 형상을 온전히 포착해 내기 위해서는 사랑하고, 섬기고, 존중하고 서로 영화롭게 하는 관계를 이룰 수 있도록 적어도 둘 이상의 주체가 필요했을 것이다. 성부와 성자, 성령 하나님이 서로 다른 역할을 맡아 창조와 구속 사역을 이루셨던 것처럼 두 사람에게도 서로 다른 역할을 맡기셨

다는 점은 한층 더 의미심장하다. 성부, 성자, 성령 하나님이 본질적 특성을 그대로 유지하면서도 서로 다른 역할을 맡아 창조와 구속 사역을 행하셨다고 고백하는 초기 기독교의 니케아 신조를 살펴보라. 남녀를 불문하고 모든 이들이 하나님의 형상을 품고 있으며, 거룩한 자녀로 주님을 닮았고, 그분의 영광을 되비치며, 창조주의 심부름을 하는 청지기로서 자연계를 다스리기는 할지라도, 삼위일체 하나님 안에 존재하는 사랑의 관계를 반영하기 위해서는 결혼을 통해 남녀가 한 몸이 되는 독특한 연합이 필요하다.

2. "아담이 그의 아내의 이름을 하와라 불렀으니 그는 모든 산 자의 어머니가 됨이더라"(창 3:20). 이름을 짓는 일의 중요성을 간과하면 안 된다. 머리 됨과 권위의 증거이기 때문이다. 상대에 대한 책임과 권위를 가졌을 경우에만 그 이름을 붙일 수 있는 법이다. 아담이 짐승들의 이름을 정하고, 세례 요한과 예수님의 이름을 부모들에게 맡기지 않으시고 하나님이 손수 지으셨던 사례와 비교해서 생각해 보라. 주님은 아브람, 사래, 야곱을 비롯해 여러 이름을 고쳐 주셨다. 명명에 관한 전통적인 관념을 더 깊이 알아보려면 Bruce, Waltke, *Genesis : A Commentary*(Grand Rapids, MI : Zondervan, 2001), 89.를 보라. 반면에 이름을 붙이는 아담의 행위에는 어떠한 권위도 수반되어 있지 않으며 그저 분별하는 능력을 보여 줄 따름이라는 주장도 있다. 여기에 관해서는 Victor Hamilton, *The Book of Genesis : Chapters 1-17*(Grand Rapids, MI : Eerdmans, 1990), 176을 보라. Gerhard von Rad는 이 두 갈래의 생각을 조합해서 이름을 짓는다는 것이 "적절한 질서를 잡는 행위"라고 규정했다. 아담은 존재의 본질을 분별하고 자신과의 고유한 관계에 따라 이름을 붙였다는 것이다. 하지만 이는 단순히 이름을 붙이는 작업이 아니라 질서를 잡는 일이다. Gerhard von Rad, *Genesis*(Philadelphia Westminster, 1961), 81을 보라.

3. Gordon J. Wenham, *Genesis 1-15*(Waco, TX : Word, 1987), 68.을 보라. "다른 본문에서는 'ezer가 하나님의 도우심을 가리키는 것이 일반적이지만, 선지서 본문 세 군데에서만큼은 군사적 지원을 의미한다(사 30:5, 겔 12:14, 호세아 13:9). 누군가를 돕는다는 것은 받는 쪽보다 주는 쪽이 더 강함(또는 약함)을 암시한다. 후자의 힘만으로는 적절치 않다는 뜻이다."

4. Gordon Wenham은 본문이 "정체성보다 보완성을" 표현한다고 말한다. Wenham, Genesis, 68.을 보라.

5. 복음은 시종일관 예수님이 여성들과 만나는 장면들을 긍정적으로 기술한다. 여성들은 남성들보다 먼저 예수님을 알아보았으며, 집안일을 제쳐 두고 둘러앉아 주님

의 말씀을 들었다(눅 10:38). 예수님이 십자가에 달리셨을 때도 남자들은 거의 모두 달아나 버렸지만 여자들은 묵묵히 자리를 지켰다. 부활하신 그리스도를 처음 만난 것도 여성이었다. 비록 잠깐이기는 했지만 온 교회를 통틀어 오직 막달라 마리아라는 여성만이 주님을 만났다. 그녀는 예수님이 부활에 관해 설교하시고 제자들에게 특별한 명령을 주시는 것을 듣고 변화를 받았던 첫 번째 그리스도인이었고 첫 번째 복음 전도자였다(요 20:1). 예수님의 사역을 통해 당시 2류 인간으로 취급받던 여성들의 지위가 크게 향상되었다. 오순절 성령이 남성과 여성들에게 골고루 임하시는 것을 목격한 초대교회의 그리스도인들은 급진적인 여성관을 가질 수밖에 없었다. 바울이 남성과 동일한 방식으로 사역에 접근하는 것을 경계하며 남성과 마찬가지로 사역에 참여하기는 하되 여성의 역할을 부정하지 말고 거기에 부합되는 방식을 취하라고 권면해야 할 정도였다. 고린도전서 11장과 14장을 보라.

6. "Notes on the Way," Time and Tide, Volume XXIX(August 14, 1948)에서.

7. 신학 교육을 받으면서 줄곧 성경의 가르침이라고 믿고 있던 대로 안수를 받지 않고 평신도 사역자의 길을 걷겠다고 피츠버그 노회에서 발표하자 350명에 이르는 참석자들이 일제히 거센 야유를 보냈다.

8. Marietta Cheng, "When Women Make Music," New York Times, April 19, 1997.

9. Carol. Gilligan, *In a Different Voice : Psychological Theory and Women's Development*(Cambridge, MA : Harvard University Press, 1993)을 보라. Gilligan의 책은 '도덕성 발달 단계'를 설명한 Laurence Kohlberg에게 지대한 영향을 미쳤다. Kohlberg는 도덕성 발달 단계에 있어서 남성들은 전반적으로 여성들에 비해 더 높은 단계에 이른다고 결론지었지만, Gilligan은 Kohlberg는 남성들이 여성들보다 도덕적인 논리들을 앞세운다고 주장했다. Kohlberg에게 가장 높은 수준의 도덕성 발달 단계란 "추상적인 원리들에 토대를 둔 개인적인 도덕 체계"를 지칭하는데 이는 여성들을 배제시킨 사고방식이라는 것이 Gilligan의 지적이다. 여성들은 개인적인 관계, 그리고 연민과 공감을 토대로 옳고 그름을 헤아리는 반면, 남성들은 추상적인 원리들에 따른 논리로 판단하는 성향을 보이기 때문이라는 것이다. 혹자는 이를 두고 '비대칭적 페미니즘(Difference Feminism)이라고 부른다.

10. Gilligan은 성인기 발달을 '상호 독립성의 성숙'이라는 개념으로 새롭게 정의했다(p. 155). Marietta Cheng과 마찬가지로 Gilligan 역시 여성의 성인기 발달 과정이 남성보다 상대적으로 우위에 있다고 보았지만 많은 전문가들은 반대 입장을 보였다. Gilligan의 논리를 그리스도인에게 적용해 보면, 여성들은 남성들보다 덜 '타

락'했다는 얘기가 되는데 이는 성경의 가르침에 어긋난다. 그러나 정신적이고 심리 사회적인 기질과 발달 과정에 있어서 여성은 남성들과 현격하게 다르다고 주장하는 등 Gilligan이 끼친 선한 영향도 적지 않다.

11. "정해진 사람이 나쁜 남편일 수도 있다. 이것은 역할을 바꾸려 노력한다고 해결될 문제가 아니다. 나쁜 남편은 함께 춤을 추기에 좋지 않은 파트너일 수도 있을 것이다. 이에 대한 해법은 남성들이 더 부지런히 댄스 교실에 다니는 것이지 성구별을 없애고 춤추는 이들을 모두 중성으로 취급하는 것이 아니다. 그 말이 대단히 합리적이고, 세련되고, 깨친 것처럼 들릴지 모르지만 그렇게 되면 '무도회 분위기가 전혀' 나지 않을 것이다." C. S. Lewis, "Notes on the Way," in *Time and Tide*, Volume XXIX (August 14, 1948).

12. 유럽의 철학자 Jacques Lacan과 Emmanuel Levians는 '동일자(the Same)'와 대조되는 '타자(the Other)'와 '차이(Difference)'라는 용어를 보편화시켰다. 여기에 대한 기독교적인 설명과 반응은 Miroslav Volf, *Exclusion and Embrace : A Theological Exploration of Identity, Otherness, and Reconciliation* (Nashville : Abingdon, 1996)을 보라.

13. "Let every creature rise and bring Peculiar honors to the king." (Issac Watts, Jesus shall Reign, 1719).

14. Volf, Exclusion and Embrace, quoting Jurgen Moltmann, 23.

15. 그리스도가 교회의 머리인 것과 마찬가지로 남편은 아내의 머리다. 그리스도가 교회를 사랑하듯 남편은 아내를 사랑하게 되어 있다 (엡 5:25). 이런 머리 됨은 누구나 원하는 남편이 아니라 십자가의 길을 가듯 결혼 생활을 꾸려 가는 남편, 곧 가장 많이 받고 가장 적게 주는 아내와 사는 남편… 순수하게 본성만 보면 사랑할 만한 구석이 거의 없는 아내를 둔 남편을 통해 구현된다." C. S. Lewis, *The Four Loves*, p. 148.

16. 아담과 하와가 죄에 빠졌을 때, 하나님은 그 결과를 알려 주시며 여자에게 말씀하셨다. "내가 네게 임신하는 고통을 크게 더하리니 네가 수고하고 자식을 낳을 것이며 너는 남편을 원하고 남편은 너를 다스릴 것이니라" (창 3:16). Derek Kidner은 "'사랑하고 소중히' 여기는 속성이 '갈망하고 지배하는' 관계로 바뀌었다"고 해석한다 (Genesis : an Introduction and Commentary [Leicester, England : Tyndale, 1967], 71.).

17. 디모데전서 3장 15절에서 바울은 교회를 가리켜 '하나님의 가족'이라고 했다. 그러나 앞서 말한 것처럼, 교회 생활 가운데 성 역할을 규정하는 문제를 다루려면 책을 한 권 더 써야 할 것이다. 여기서는 거룩하게 지음 받은 남성과 여성의 역할

이 결혼 생활 가운데 어떻게 작동되어야 하는지에 대해서만 말하고자 한다.

18. 결혼식을 올릴 즈음, 혼인이 하나님의 구원 사역을 상징한다는 개념에 매료된 나머지, 교회력을 상징하는 여러 색깔 드레스를 만들어서 신부 들러리들에게 골라 입게 하고 둘이서 그리스도와 교회를 상징하는 무언극을 벌일 계획을 세웠었다. 어머니는 손님들 가운데 상당수가 그 의미를 헤아리지 못할 테고, 그런 퍼포먼스를 벌여 메시지를 전하기보다 결혼한 뒤에 부부로 살아가는 일상생활을 통해 진리를 보여 주는 편이 훨씬 효과적이며 말리셨다. 결국 나는 들러리들과 비슷한 평범한 드레스를 입었고 팀과 신랑 들러리들 역시 갈색 턱시도를 입고 등장했다. 개인적으로는 아직도 어머니의 조언을 따른 것이 잘한 일인지 확신이 서지 않는다.

07

1. 고린도전서 7장은 그리스도인의 독신 생활과 결혼에 관해 토론할 때 단골로 등장하는 본문이다. 그러나 해석을 둘러싸고 상당한 논란이 있는 것이 사실이다. 여기서는 Roy Ciampa and Brian Rosner, *The first Letter to the Corinthians*(Grand Rapids, MI : Eerdmans, 2010)와 Anthony Thistelton, *the First Epistle to the Corinthians*(Grand Rapids, MI : Eerdmans, 2000) 등 두 갈래 주석에 따랐다. 바울은 '복잡다단한 도시 생활을 하는' 젊은 독신자들에게 많은 조언을 남겼다(Ciampa and Rosner, 328). "바울은 독신이 유익할 뿐만 아니라 상황에 따라서는 더 나을 수도 있다고 말했다"는 것이 두 주석가의 기본적인 주장이다. 이들이 말하는 상황이란 다음과 같다. 1) 25-28절에서 사도는 일시적으로 위기가 닥쳤을 때라면 더더구나 독신이 유익하다고 지적한다. '지금 닥쳐오는 재난'(26)이 계속되는 동안은 결혼을 삼가는 게 현명하다는 것이다. Thistelton과 Ciampa, Rosner는 이 구절이 기근이나 전쟁, 또는 사회적 격변 같은 일시적인 위기를 언급할 때 자주 쓰이는 표현이라고 입을 모은다. 어째서 다른 교회에 보낸 편지와 달리 고린도 교회 교인들에게 쓴 서신에서만 결혼을 크게 장려하지 않는지 설명해 주는 대목이라는 것이다. 2) 29-31절에서, 바울은 때가 얼마 남지 않았으며 이 세상의 것들은 모두 사라지기 때문에 독신이 유리하다고 말한다. 사도는 독신으로 사는 것이 돈이나 재물, 가정, 사회적 지위 등 세상에 속한 것들에 대한 지나친 집착과 소망에서 벗어나는 데 도움을 줄 수 있다는 힌트를 주고 있다. 3) 32-35절에서는 독신이 복음을 전파하고 하나님의 사역을

감당하는 데 유리하다고 말한다. 가정생활은 적잖이 소모적인 측면이 있어서 불가
피하게 소수의 인원에게 상당한 시간과 관심을 쏟아야 한다. 반면 독신 생활은 더
많은 이들을 섬기며 사역할 수 있는 자유를 부여한다. 바울은 그리스도인이 가능
한 한 싱글로 남아 있어야 할 또 하나의 이유가 바로 그것이라고 말한다.

2. 성경의 이러한 가르침에는 이미 전폭적인 합의가 이뤄져 있는 터라 뒷받침이 될
만한 참고 문헌도 여럿 있다. 그중에서도 탁월한 자료로는 Oscar Cullman, *Christ
and Time : The Primitive Christian Conception of Time and History*(Philadelphia :
Westminster, 1962) ; Herman Ridderbos, *The Coming of the Kingdom*(Philadelphia :
Presbyterian and Reformed, 1962)와 *Paul : An Outline of His Theology*(Grand Rapids, MI :
Eerdmans, 1997)를 꼽을 수 있다.

3. 골로새서 3장 1-4절도 연관된 본문으로 볼 수 있다. 여기서 바울은 지상의 그 무
엇도 '생명'이 될 수 없다고 지적한다. 부와 성공, 가족을 가졌을지 모르지만 진정
한 안전과 소망, 정체성은 "그리스도와 함께 하나님 안에 감추어져" 있다. 믿음으
로 그분과 하나가 되었기 때문이다. 따라서 "땅에 있는 것들을 생각하지" 말아야
한다. 저축이나 식구들의 생계, 결혼, 또는 먹고 놀고 일하는 일상적인 생활을 생
각하지 말라는 뜻이 아니다. 그런 것들로는 마음과 생각이 궁극적인 안식과 소망
을 누릴 수 없다는 뜻이다.

4. Stanley Hauerwas, *A Community of Character*(South Bend, IN : University of Notre Dame
Press, 1991), 174.

5. Rodney Stark, *The Rise of Christianity : A Sociologist Reconsiders History*(Princeton, NJ :
Princeton University Press, 1996), 104.

6. "싱글들의 '희생'은 단지 '섹스를 포기'할 뿐만 아니라 상속을 포기하는 것을 의미
한다. 그보다 더 급진적인 행위는 없었다. 그것은 가족이 아니라 교회(하나님 나라
와 아울러)가 미래를 보장해 줄 것이라는 명확한 선언이었다."(Hauerwas, A Community
of Character, 190). "이제 독신과 결혼은 둘 다 하나님 나라에 대한 교회의 증언을 뒷
받침하는 상징적인 제도가 되었다. 어느 한 쪽이라도 빠지면 나머지 하나도 효
력을 잃어버린다. 독신이 교회의 성장을 위하여 삶을 변화시키는 하나님의 능력
에 대한 신뢰의 상징이라면, 결혼과 출산은 세상을 향한 교회의 소망을 상징한
다."(Hauerwas, 191).

7. Paige Benton, Brown, "singled Out by God for Good," www.pcpc.org/ministries/
singles/singedout.php.을 비롯해 여러 인터넷 사이트에서 볼 수 있다.

8. 그리스도인의 결혼 생활에서 남성이 머리가 된다는 원칙을 믿는다면, 당연히 남성 과 여성 사이의 머리 됨이 교회 안에서 이뤄지는 여러 관계 속에서 어떻게 구현되 는지 궁금해질 것이다. 대답은 이중적이다. 첫째로, 교회에 모든 장로와 목회자가 남성이라면, 그건 남성이 머리가 된다는 원칙을 드러낸다. 남성과 여성은 힘을 모 아 공동체 안에서 섬기는 리더십 원리를 몸으로 살아 내야 한다. 둘째로, 그렇다 손 치더라도 교회에 속한 뭇 남성들이 저마다 여성 개인들에 대해 머리 됨을 주장 하는 일이 벌어지지 않도록 조심해야 한다. C. S. 루이스는 "Equality"라는 짤막한 에세이에서 사회의 보편적 정서와 달리 교회에서는 여성들에게 순종할 것을 기대 하거나 장려해서는 안 된다고 지적한다. 루이스는 타락의 실상을 심각하게 받아들 일 필요가 있다고 강조했다. 죄악이 관영한 이 세상에선 권위가 남용되기 쉽다. 특 히 창세기 3장은 죄 때문에 남자들이 여자들을 압제하는 성향을 갖게 될 것임을 보여 준다(창 3:16). 따라서 루이스는 성을 초월해 모든 시민, 모든 인간에게 평등 과 정의가 실현되어야 한다는 개념을 적극적으로 지지해야 한다고 주장했다(C. S. Lewis, "Equality" in *Present Concerns*[London : fount, 1986]).

9. 그리스도인들이 다른 모든 그리스도인들과 더불어 상호작용을 하며 함께 사역하 도록 되어 있음을 보여 주는 신약 성경의 본문들은 이루 헤아릴 수 없이 많다. 서 로의 장점과 능력, 은사를 인정한다든지(롬 12:10, 약 5:9, 롬 12:3-6), 그리스도 안에서 평등함을 서로 확인한다든지(롬 15:7, 고전 12:25, 벧전 5:5), 눈에 보이는 일들을 통해 서로의 애정을 확인한다든지(롬 16:16, 약 1:19, 살전 3:12), 공간과 시간과 재화를 서로 나눈다든지(롬 12:10, 살전 5:15, 벧전 4:9), 필요와 문제들을 서로 공유한다든지(갈 6:2, 살전 5:11) 하는 것이 모두 여기에 포함된다. 아울러 믿음과 생각과 영성을 서로 나 누거나(롬 12:16, 골 3:16, 고전 11:33, 엡 5:19), 서로 책임감을 가지고 섬기거나(롬 15:14, 히 3:13, 엡 4:25), 용서와 화해를 통해 서로 섬기거나(엡 4:2, 32, 갈 5:26, 롬 4:19, 약 4:11, 마 5:23, 18:15), 자기보다 남을 앞세우며 서로 섬기는(롬 14:9, 히 10:24, 갈 5:13, 롬 15:1-2) 일이 모두 이 범주에 해당한다.

10. 대도시에는 교회마다 싱글들이 넘쳐 나는데 왜 더 많은 선남선녀들이 결혼을 해 서 가정을 이루지 않은지 궁금해 하는 사람들이 더러 있다. 내 생각엔 세 가지 정 도의 이유가 있는 듯하다. 첫 째로, 문화의 힘 때문이다. 요즘 유행하는 데이트나 '짝짓기' 식의 접근 방식을 들여다보면, 1)데이트는 단순히 재미와 섹스, 또는 사 회적 지위 상승을 염두에 둘 뿐이며, 2)결혼 상대를 찾는 것 또한 선택적이어서 자 아실현이나 섹스, 경력 따위에 개의치 않는 용감한 이들에게만 가능한 일이 되었

음을 알 수 있다. 문화의 힘은 워낙 강력해서 자신들의 데이트는 그와 달라야 한다는 점을 알고 있는 그리스도인들마저 그 흐름을 거스르지 못하는 경향이 있다. 둘째로, 기질적으로 개인의 자유와 자율을 특별히 소중하게 여기는 이들이 적지 않기 때문이다. 이들은 대도시에 매력을 느끼고 몰려든다. 바깥 세계와는 달리 거기서는 자신에게 쏟아지는 온갖 통제와 기대에서 벗어나 혼자만의 라이프스타일을 구축할 수 있다. 그런 이들로서는 결혼과 동시에 자유를 잃어버린다는 생각만으로도 숨이 막힐 것이다. 셋째로, 어느 세대든 데이트와 결혼을 겁내는 이들이 상당한 비중을 차지하기 때문이다. 전통적인 사회의 경우, 싱글들은 주로 결혼한 공동체 식구들과 문화 전반으로부터 엄청난 지원과 안내를 받는다(결혼하라는 압력으로 느낄 만큼). 하지만 대도시에서는 그런 공동체적이고 문화적인 지원을 찾아보기 어렵다.

11. Paige Benton Brown, op, cit.

12. Lauren Winner, "The Countercultural Path" in *Five Paths to the Love of Your Life*, ed. A. Chediak(Colorado Springs, CO : NavPress, 2005). Winner는 전반적으로 Beth L. Bailey, *From Front Porch to Back Seat : Courtship in Twentieth Century America*(Baltimore : Johns Hopkins University Press, 1989)를 참조해 가며 데이트의 사회사를 간략하게 들려 준다.

13. Bailey, *Front Porch*. 15-20, Winner, "The Countercultural Path"에서 인용.

14. Bailey, *Front Porch*. 16.

15. *shidduch* dating에 관한 Lauren Winner의 흥미로운 글을 보라("The Countercultural Path," 17-19). 이 관습에 관한 포괄적인 설명은 http://en.wikipedia.org/wiki/shidduch를 참조하라.

16. Winner, "The Countercultural Path," 25.

17. "이슈는 어느 개인이 포착하기 어려운 독신의 은사를 가지고 있느냐의 여부가 아니라 성욕에 시달리지 않고 복음의 가치를 구현해서 하나님께 영광을 돌리는 삶을 사는 데 집중할 수 있느냐 하는 것이다"(Ciampa and Rosner, *Corinthians*, 285).

18. Winner, "The Countercultural Path," 45.

19. Ciampa and Rosner, *Corinthians*, 289.

20. Winner, "The Countercultural Path," 38.

21. '결혼하기 전에는 성관계를 갖지 않는다'라는 생각은 대다수 젊은이들에게 생소한 개념이다. "섹스를 하지 않으면서도 신체적으로 친밀감을 표현할 방법이 있는

가요? 친밀감을 드러내는 다른 바른 방법이 있나요?" Lauren Winner는 곧 결혼하게 될 남자 친구와 함께 캠퍼스 사역자에게 이런 질문을 던졌다고 한다. 그러자 재치 있는 답변이 돌아왔다. 'Rotunda(University of Virginia 캠퍼스 중앙부에 있는 건물) 계단에서 맘 편히 할 자신이 없는 짓이라면 그 어떤 성적인 행동도 해서는 안 돼지!' 그들은 이 말이 곰곰이 새겨 볼 여지가 많은 실제적인 답변이란 생각이 들었다. Rotunda 계단을 오르내릴 때 한두 번은 온 마음을 다해 열정적인 키스를 했지만 옷을 벗는 것까지는 마음이 편치 않을 것 같았기 때문이다. 이것이 그들의 답변이다"(Winner, "The Countercultural Path," 30).

22. Winner, "The Countercultural Path," 32-3.

08

1. C. S. 루이스는 1940년대 영국과 유럽의 세련된 시민들이 성에 대해 다음과 같은 생각을 가지고 있었다고 적고 있다. "성적 욕구도 다른 자연스러운 욕구들과 똑같은 것이므로 성에 대해 쉬쉬했던 옛 빅토리아 시대의 어리석은 사고방식을 버리기만 한다면 모든 문제가 해결된다(Mere Christianity, 97-8)." 하지만 루이스는 곧 이어 반박한다. "이 말은 사실이 아닙니다." 성욕도 욕구일지는 모르지만 음식에 대한 욕구와 같은 차원은 아니라고 루이스는 주장한다. "스트립쇼-무대 위에서 여자가 옷 벗는 것 구경시키기-에는 구경꾼들이 많이 몰려듭니다. 그런데 여러분이 어떤 나라에 가서 보니, 덮개로 가린 접시를 무대에 들고 나타나 모든 사람이 볼 수 있도록 조명을 비추고 천천히 덮개를 들어 올리며 양 갈비나 베이컨 조각을 보여 주는 쇼를 하는데 그것만으로도 극장이 꽉꽉 찬다면, 그 나라 사람들의 식욕에 무언가 문제가 있다고 생각하지 않겠습니까? 그처럼 다른 세계에서 자란 누군가가 우리를 보면 우리의 성욕 상태를 이상하게 생각하지 않을까요? 한 비평가는 만약 그런 음식 스트립쇼를 하는 나라가 있다면, 자신은 그 나라 사람들이 굶주리고 있다는 결론을 내리겠노라고 했습니다."(Mere Christianity, 96)

2. Dan B. Allender and Tremper Longman, *Intimate Alles : Rediscovering God's Design for Marriage and Becoming Soulmates for Life*(Wheaton, IL : Tyndale, 1999), 254.

3. 에세이스트이자 비평가인 Wendell Berry는 *Sex, Economy, Freedom, and*

Community(New York : Pantheon, 1994)라는 책에서 기독교 윤리에 대해 적대적인 다음과 같은 전제를 맹렬하게 공박했다. "섹스는 사사로운 영역이며 마음이 맞는 상대와 침실에서 무슨 일을 벌이든 남이 관여할 바가 아니다." Berry와 같은 사상가들은 이런 주장들이 언뜻 보기에는 너그러워 보이지만 실제로는 독단적이기 짝이 없는 것이라고 하며 단호하게 배격한다. 그런 부류의 철학적인 가정들은 중립적이지 않으며 도리어 종교에 못지않은 속성과 주요한 정치적 함의를 가지고 있다는 것이다. 특히 인간 본성에 대한 개인주의적인 이해가 짙게 깔려 있다. Berry는 이렇게 적었다. "성은 한 개인만의 문제라든지 어느 커플의 사사로운 관심사가 아니며 그렇게 될 수도 없다. 흔히 필수적이고, 소중하며, 정당하다고 인정되는 다른 권력들처럼 성도 모두와 관련된 문제다."(p. 119) 공동체는 사랑에서 비롯된 개인의 자발성이 서로 한데 묶여 저마다의 자유를 제한할 때 구축된다. 결혼의 울타리를 벗어난 섹스의 가장 명확한 대가는 걷잡을 수 없는 질병의 확산과 부모의 충분한 지원을 받지 못하는 아이들의 부담이다. 또 하나, 이보다는 덜해도 여전히 큰 대가는 삶의 상당 부분을 안정된 가정환경에서 살지 못한 아이들이 성장 과정에서 정신적, 심리적인 문제들을 아주 많이 겪게 된다는 점이다.

4. D. S. Bailey, *The Man-Woman Relation in Christian Thought*(London : Longmans, Green, 1959), 9-10.

5. Mark Regnerus and Jeremy Uecker, *Premarital Sex in America : How Young Americans Meet, Mate, and Think about Marring*(Oxford, 2011)은 대단히 중요한 책으로 그동안 성과 결혼에 대한 젊은이들의 실수와 오해들에 관해 우리가 내놓았던 여러 가지 의견과 주장들(특히 1, 7, 8장)에 대해 풍부한 실증적 자료들을 제공하고 있다. 마지막 장은 미국의 젊은이들이 "뒷받침할 만한 증거가 없음에도 불구하고" 흔히 믿고 있는 "성과 결혼에 대한 열 가지 신화"를 정리해서 소개하고 있다(p. 240). 신화에는 다음과 같은 내용들을 일부 포함하고 있다. 1) "섹스에 서툰 남녀가 사귀게 되면 어설프고 갈등이 심한 사이가 될 수밖에 없다"(p. 242). 지은이는 정반대라고 말한다. 일찍 성적인 관계로 발전할수록 헤어질 확률이 더 높아진다. 2) "포르노는 관계에 영향을 주지 않는다"(p. 246). 지은이는 포르노그래피는 "모든 이들의 관계에 실질적인 파장을 미친다"고 말한다. 음란물을 즐겨 보는 이들은 외모와 성적인 능력에 대해 비현실적인 기대를 갖게 된다. Regnerus와 Uecker는 거기서 한 걸음 더 나아가 포르노그래피가 인간관계에 얼마나 짙은 그늘을 드리우는지 여실히 보여 준다. 포르노를 사용하는 남성들 가운데 절대 다수는 까다로운

문제들을 동반하는 진실한 관계와 결혼에 대해 기피하는 경향이 있으며 자연히 만날 수 있는 여성의 범위도 줄어든다. 여성들은 점점 더 포르노 이미지와 스타일의 성행위에 적응할 수밖에 없을 것이라는 것이 그이들의 주장이다. 3) "섹스에 특별한 의미를 부여할 필요가 없다"(p. 247). 쾌락을 얻으면 그만일 뿐, 이것저것 생각할 필요가 없다는 것이다. 글쓴이들에 따르면, 상당수의 남성들은 감정적인 끌림이나 헌신 없이 관계를 가질 수 있다. 그리고 점점 더 많은 여성들이 평등을 내세우며 남성들과 같은 성격의 섹스를 추구한다. 하지만 저자들은 제5장에서 이처럼 객관화된 수준을 원하는 여성은 극소수라고 말한다. (4) "동거는 결혼으로 가는 수순임에 틀림없다"(p. 249). 일반적으로 혼전 동거를 선택한 이들은 이혼 확률이 더 높다. 이러한 통계에도 불구하고 젊은이들은 함께 사는 것이 관계를 발전시키는 데 큰 도움이 된다고 믿고 있다. "결혼으로 귀결된 동거 커플들을 보고 그편이 지혜롭다는 통념을 받아들이지만, 종종 관계가 끝난 커플들의 이야기는 무시하고 잊어버린다."

6. "가장의 한 마디가 곧 법이었던 시절이었음을 감안하면 상호관계에 관한 바울의 언급(남편은 아내의 몸에 대한 권위를 가지고 있으며, 아내 역시 남편의 몸에 대해 같은 권위를 갖는다)은 가히 혁명적이다. …그것은 남성의 성적인 자유를 전례가 없을 만큼 철저하게 제한한다. 우리가 아는 바로는 바울과 비슷한 사상을 전하는 이전의 문서라고는 상호 소유를 노래하는 아가서(2:16a ; 6:3a ; 7:10a)뿐이다. '임은 나의 것, 나는 임의 것'"Ciampa and Rosner, *Corinthians*, 280-1).

7. Ciampa and Rosner, *Corinthians*, 278-9에서 인용.

에필로그

1. 예수님이 허리에 수건을 매고 제자들의 발을 씻기며 섬기셨던 장면(요 13)에서 나온 구절이라고 보는 이들이 많지만, 이것은 또한 역사가 종결되는 최후의 만찬 자리에서 일어날 일에 대한 주님의 약속과도 명확하게 연결되어 있다. 예수님은 허리를 동이시고 우리를 섬겨 주시며 한없는 능력으로 우리의 깊은 갈망을 채워 주실 것이다(눅 12:37).

2. Simone Weil, *Waiting for God*(New York : Harper, 2009), 27.

3. Ibid. 이 주관적인 체험은 시몬 베유의 세계관을 완전히 바꿔 놓았다. 'Spiritual

Autobiography'(*Waiting for God*에 함께 수록되어 있다)에서 베유는 젊은 날, 하나님의 존재는 풀리지 않는 철학적 수수께끼였음을 회상한다. 그분이 살아 계신다든지 또는 그렇지 않다든지 하는 분명한 증거나 공감할 만한 주장을 보거나 듣지 못했다. 하지만 베유는 이렇게 적고 있다. "하지만 인격과 인격으로, 하나님과 인간 사이의 이 낮은 자리에서 진짜 대면할 수 있으리라고는 전혀 생각지 않았다"(p. 27).

우리 집에서 '의사 결정'을 할 때의 원칙들

남편과 나(캐시)는 다음에 소개하는 원칙들을 정해서 복잡한 사안들은 물론, 하루하루 사소한 일과 관련된 결정을 내리는 지침으로 삼았다. 우리는 다음 항목들이 대단히 유용하다는 것을 실생활에서 확인했다. 부디 독자들에게도 그러길 바란다.

1. 남편의 권위는(성자의 권위가 그러하듯) 스스로의 만족을 위해서가 아니라, 오로지 아내의 유익을 도모하는 데 사용한다.

   머리 됨이란 남편 혼자 모든 결정을 내린다는 의미가 아니며 다른 식구들의 의사와 상관없이 제멋대로 결정한다는 뜻이 아니다. 그리스도께서도 당신에게 좋을 대로만 하지 않으셨다(롬 15:2-3). 섬기는 리더는 배우자에게 기쁨을 주고 상대방을 세우기 위해 스스로의 욕구와 필요를 희생해야 한다(엡

346

5:21).

2. 아내는 남편이 시키는 대로 따르는 사람이 아니라, 하나님이 주신 자원을 활용해서 권한을 행사하는 존재다.

남편이 그러하듯, 아내는 상대방의 가장 미더운 친구이자 카운슬러가 되어야 한다(잠 2:17). 차이를 넘어 상대방을 포용해야 하며 온전한 인간으로 완성되어 가는 과정에서 무수한 양보와 중재를 이끌어 가야 한다. 남편과 아내가 서로의 부족한 부분을 메우기 위해서는 상대방의 말에 귀 기울이고 매사에 의견을 교환해야 한다. 부부가 잘 다듬어지고, 풍요롭게 되며, 서로 존중하고 발전할 수 있도록 사랑으로 단장하고(벧전 3:3-5) 언쟁할 수 있어야 한다(잠 27:17). 두 사람이 합의점을 찾아야 할 때 아내는 자신이 가지고 있는 모든 은사와 자원을 그 논의에 쏟아 부어야 하며 지혜로운 관리자인 남편은 최선을 다해 아내의 도움을 수용해야 한다.

3. 아내는 남편에게 무조건 순종해서는 안 된다.

상대가 그 누구라도 무조건 순종해야 하는 사람은 없다. "사람보다 하나님께 순종하는 것이 마땅하니라"(행 5:29)라는 베드로의 말 그대로다. 만약 남편이 마약을 팔거나 툭하면 가족들을 학대하는 경우처럼 하나님이 금하시는 일을 한다면 절대로 순종하거나 도움을 주어서는 안 된다. 예를 들어, 남편이 아내에게 주먹을 휘두른다면, 마음으로는 사랑하고 용서하되 경찰에 전화를 거는 것이 배우자로서 할 수 있는 가장

'강력한 도움'이 될 것이다. 상대방이 서슴없이 잘못을 저지르게 내버려 두는 것은 절대로 친절이나 사랑이 될 수 없다.

4. 남편은 아내와 가족을 돌보는 목적으로만 머리로서의 역할을 감당한다.

성자가 성부께 순종했듯 우리도 머리 되신 그리스도께 순종해야 한다는 것은 명백한 사실이다(고전 11:3). 하지만 동등한 권위를 가진 인간들이 서로 섬기는 상황에서 이 권위를 어떻게 행사할 것인가? 아내가 스스로에게, 또는 가족들에게 파괴적인 선택을 하는 경우에 한해서, 머리인 남편은 배우자를 제지할 수 있다. 하지만 어떤 색깔의 자동차를 구입할지, 누가 리모컨을 집어 올지, 아들아이를 데리고 밤새 캠핑을 할지 아니면 아내가 부탁하는 대로 집에서 꼬마들을 보살필지 같은 사안들에서는 자신의 의견을 고집하는 따위의 이기적인 목적으로 주도권을 행사하지 않는다.

남성과 여성 모두가 가장 헷갈려 하는 자리가 바로 이 영역이다. 섬기는 리더의 역할을 모르거나 따를 의사가 없는 남성들은 단지 남성이라는 이유만으로 권한을 가져야 한다고 믿는다. 여성들은 (그런 그릇된 사고방식의 피해를 보기 일쑤인) 자신의 지위를 격하시킬 가능성이 있는 가르침은 무엇이 되었든 받아들이려 하지 않는다.

하지만 '단 두 명의 유권자'만 존재하는 결혼 생활에서 어떻게 양보 없이 교착 상태를 타개할 수 있겠는가? 십중팔구는 서로가 서로에게 기쁨을 주려고 노력할 때 그 매듭이 풀릴 것이다. 아내는 남편의 머리 됨을 존중하고 남편은 아내의 마음을 즐겁게 해 주다 보면 건전하고 성경적인 기초가 다져져서 서로 '거부권'을 행사하는 일이 드물어질 것이다.

하지만 좀처럼 합의가 이뤄지지 않는 상황에서 모종의 결정을 내려야 한다면 어떻게 해야 하는가? 그럴 때는 누군가 캐스팅 보트를 행사할 권한과 그 결정이 불러올 결과에 대한 책임을 떠맡으면 된다.

성경이 말하는 '머리'가 나서야 할 자리가 바로 이곳이다. 그런 일이 생기면 남편과 아내 모두 자신의 역할에 '순종해야' 한다. 간혹 똑똑한 남편이 그 역할을 회피하는 반면, 똑똑한 아내는 기꺼이 맡고 싶어 하는 경우가 있다. 자칫 상황이 뒤죽박죽 엉클어질 수 있지만, 성자가 자원해서 "내 뜻대로 되게 하지 마시고, 아버지의 뜻대로 되게 하여 주십시오"라고 하셨던 구원의 드라마를 재현할 필요가 있다.

1980년대 후반, 우리 가족은 필라델피아 외곽의 제법 괜찮은 동네에서 편안하게 지내고 있었다. 그런데 어느 날, 대학에서 정교수로 일하던 남편이 불쑥 뉴욕 시로 집을 옮기고 교회를 개척하는 것이 어떻겠느냐고 제안해 왔다. 남편은 새로운 아이디어에 잔뜩 들떴지만 나로서는 영 내키지가 않았다. 이리 뛰고 저리 뛰는 세 아들을 맨해튼에서 키운다는 것은 생각만 해도 끔찍했다. 뿐만 아니라 맨해튼에 대해 아무것도 모르는 처지라 자칫 너무 쉽게 일을 벌였다가 성공하지 못할 수도 있다는 생각도 들었다. 정시에 출근하고 정시에 퇴근하는 일상이 보장되지 않으리라는 건 불 보듯 뻔했다. 온 가족이 온 종일 매달려도 모자랄 판이었다.

남편이 부르심에 따르고 싶어 하는 것은 분명했지만 나는 그것이 올바른 선택인지 확신이 서지 않았다. 내가 깊은 회의감을 전하자 남편은 이렇게 대답했다. "당신이 가지 싫다면 안 가도 돼요." 난 펄쩍 뛰었다. "아뇨, 그건 싫어요! 나한테 결정을 미루지 말아요! 그건 직무유기예요. 그렇게 하는 것이 옳다고 생각한다면 리더십을 행사해서 결단을 내리세요. 막힌 것을 뚫는 것이 가장의 일이에요. 기쁜 마음으로 당신을 지원하기까지 하나님과 씨름하는 건 내 몫이고요."

팀은 뉴욕 시에 가서 리디머 장로교회를 개척하는 쪽으로 결론을 내렸다. 아이들을 포함해 온 가족들은 그때가 남편이 가장 '사나이다웠던' 때라고 기억한다. 정말 두려웠지만 하나님의 부르심을 뚜렷이 감지했기 때문이다. 우리 부부는 마음이 편하지는 않았지만 둘 다 서로의 역할에 순종했고 그것을 하나님의 선물로 받아들였다.

때때로 왜 여자가 이같이 순종해야 하는지 궁금할 때가 있다. "여자들은 결단력이 없기 때문"이라는 식의 '전통주의적인' 답변 따위엔 귀 기울일 필요가 없다. 사실 아내가 남편보다 더 단호한 경우가 얼마나 많은지 모른다. 그렇다면 어째서 하나님은 여성들에게 그런 자리를 맡기신 것일까? 다음의 질문이 그 물음에 대한 답이 될 수 있을 것이다. "왜 그리스도는 모든 권세를 성부께 맡기신 걸까?" 우리로선 알 길이 없다. 하지만 그것은 성자의 우유부단함이 아니라 위대함을 드러낼 뿐이다. 여성들은 그리스도의 그런 모습을 따르도록 부름 받은 자들이다. 하지만 잊지 말라. 합당한 권위를 가지는 일 또한 그것을 맡기는 것 못지않게 어려운 일이다.

Timothy Keller

Kathy Keller